KB150127

LIGHTLY

How to Live a Simple, Serene
& Stress-free Life

가볍게
살고 있습니다

프랜신 제이 지음

권기대 옮김

베가북스

VegaBooks

줄리엣에게

contents

시작하기 전에 가볍게 한마디 8

하나 : 물건부터 가볍게 Lighten your Stuff

여러 가지 정리의 기술 22

하나씩 차근차근 55

둘 : 일상의 발걸음을 가볍게 Lighten your Step

시작하기 전에
가볍게 한마디

삶의 무게가 나를 짓누른다는 느낌을 받은 적이 한 번이라도 있는가? 가령 집안에 쌓여 있는 물건이라든지, 다이어리에 적혀 있는 반드시 해야 할 일들, 혹은 마음을 어지럽히는 이런저런 걱정거리들 등등으로 인해서 말이다.

하루하루를 살아가노라면 일상의 삶이 너무 무거워질 수 있다. 애당초 우리가 스스로에게 부담을 줄 요량은 아니었지만, 소유물이든 책임이든 감정이든 이것저것 내버리지는 못하고 오히려 쌓아나가는 경향이 되레 자연스럽다. 게다가 업무다, 집안일이다, 혹은 다른 의무다, 해서 따라가느라 아등바등하고 있을 땐, 아예 늘어나는 것들을 알아차리지도 못한다. 그러다 보면 어느새 우리의 옷장은 가득 차다 못해 흘러넘치고, 우리의 다이어리는 약속과 일정으로 빡빡하고, 우리의 기운은 무언가에 압도되고 만다.

하지만 여기 좋은 소식도 있다. 우리 삶이 반드시 위에 묘사한 것처럼 우울할 필요는 없다는 것! 당신이 원하기만 한다면, 그런 부담의 상당한 부분을 떨쳐버리고 한층 더 가볍게 살 수 있다는 것! 지친 발을 질질 끌며 하루하루를 견디는 게 아니라, 봄바람 불 듯이 가볍고 우아하게 살아갈 수 있다는 얘기다. 바로 이 책에서 그 방법을 보여줄 생각이다.

자, 그럼, 먼저 내가 어떻게 해서 미니멀리스트가 되었는지, 그것부터 이야기해보자. 요컨대 내가 왜 가볍게 여행하는 것에 '꽂혀버렸는지' 말이다. 사실 간단하다. 세상 무거운 슈트케이스를 낑낑대며 끌고서 여행하느라 몇 차례 죽도록 고생하고서야 나는 이제부터 자그마한 손가방 딱 한 개만 들고 여행하겠노라고 맹세했다. 그런데 그 가벼운 여행 경험이 어찌나 자유로웠던지! 과도한 짐가방이 없어지니 나는 새처럼 자유롭게 훨훨 날아갈 것만 같았다. 활기에 넘치고, 거추장스러운 거라곤 하나도 없이, 뭐라도 기꺼이 할 마음의 준비가 되었다.

나는 이와 꼭 같은 자유의 느낌을 일상생활에서도 만끽하고 싶어졌다. 그래서 여행을 끝내고 돌아와서부터 다음 여행을 떠날 때까지 나는 집에 있는 필요 이상의 물건들을 깔끔히 치웠다. 그런 잉여 물품을 담은 가방 하나하나가 마치 내 어깨에서 내려놓는 무게처럼 느껴졌다.

"가볍게!" 그것은 내 기도, 나의 주문이 되었다. 그 시작은 집에 있던 물건들이었지만, 그것은 곧 커지고 넓어져서 내 삶 전체를 아우르게 되었다. 내가 맞닥뜨리고 있었던 것이 조리기구이건, 누구와의 약속이건, 불안과 초조이건, 나는 자신에게 항상 이렇게 묻곤 했다. 어떻게 해야 이 엄청난 것들의 일부만이라도 내던져버릴 수 있을까?

쓸모없는 것들을 줄여나감에 따라, 나의 기운은 날아올랐다. 스트레스와 피로감이 떨어졌다. 나는 한층 더 쉽게, 더 효율적으로, 더 우아하게 하루하루를 살아가기 시작했다.

"가볍게!"는 내 삶의 모습을 확 바꾸어놓았다. 그것은 당신이 사는 모습도 변화시킬 수 있다.

독자 한 사람 한 사람에게 이 책은 미니멀리즘을 위한 매뉴얼이다. 반드시 있어야 할 물건만 남기는 수준으로 소유물을 확 줄이고 싶건, 아니면 그저 옷장 속에 공간을 좀 더 마련하고 싶건, 아무런 차이가 없다. 내 스케줄을 한번 확 엎어버리고 대폭 정리하기를 원하든, 아니면 그저 저녁에 한두 시간만 더 얻기를 원하든, 마찬가지다. 인생을 바라보는 관점을 완전히 뒤바꾸고 싶은 것이든, 아니면 끊임없는 잔소리처럼 나를 귀찮게 구는 죄책감을 없애고 싶은 것이든, 조금도 상관없다.

또한 살짝 가벼워질 수도 있고 두드러지게 가벼워질 수도 있다. '가벼워짐'의 길을 어디까지 갈 것인가는 전적으로 당신에게 달려 있다. 이 책에서 나는 단지 내가 체득한 모든 테크닉과 철학과 당신에게 필요한 영감을 제공하고 싶을 뿐이다. 언제든 당신이 마음의 준비가 되었을 때 그것들은 이 책 안에서 당신을 기다릴 것이다.

지금 서점에 나가보라, 정리-정돈에 관한 책은 얼마든지 널려 있다. 어쩌면 그중의 몇 권은 당신도 이미 읽었을지 모른다. 다만 그 방법들이 당신에게 먹히지 않았을 수도 있고, 아니면 먹혔다 하더라도 어느새 어수선한 혼란이 다시 시작되었을 수도 있다. 혹은 당신이 쓸데없는 것들을 다 없애고 나머지를 가지런히 정리했음에도 불구하고, 기대했던 만족감과 평안을 이룩하지 못했을 수도 있고. 그렇다면 당신은 이렇게 고개를 갸우뚱하고 있을지도 모른다. "그래, 요점이 뭐야?" 혹은 "자, 그런 다음엔 어떡하라고?"

이 책 〈가볍게 살고 있습니다〉는 다르다. 이 책은 정리-정돈의 수준을 '훌쩍' 넘어서서 당신의 생각과 당신의 행동과 당신 삶의 매 순간과 매 단계를 향상해주기 때문이다. 정리-정돈을 하고는 그냥 "이제 끝!"이라고 방심해버리면 예전으로 되돌아가기 십상이다. 그렇지만 나의 삶 전체가 "가볍게 살기"라는 길잡이 원칙에 일사불란하게 맞춰져 있다면, 나는 전혀 새로운 목적의식과 성취감을 찾을 것이며, 그 길에서 벗어나지 않으려는 강력한 동기도 생길 것이다.

무엇보다 가장 좋은 점은 조금도 압박을 느낄 필요가 없다는 것이다. 무슨 프로그램을 따를 필요도 없고, 모든 일을 차근차근 순서대로 해야 하는 것도 아니며, 모든 걸 한꺼번에 해낼 이유도 없다. 내가 이 책을 쓴 까닭은 당신이 언제든 그걸 집어 들고 어느 페이지를 펼치든 여전히 영감을 얻을 수 있게 하고 싶었기 때문이다.

'물건부터 가볍게' Lighten your Stuff란 제목의 첫 번째 챕터는 우리 집에 있는 물건들을 줄이는 방법을 정확하게 보여준다. 활짝 트여 있고 바람 잘 통하는 공간이 영혼을 평온하게 만들고 기운을 드높여주는 것처럼, 좀 더 가볍게 살기 위한 첫 단계가 바로 주변을 간결하게 만드는 것이기 때문이다.

물건을 소유한다는 것은 심리적으로 강렬한 자극이 될 수 있다. 뭐랄까, 나의 여러 가지 감정들이 내 소유물에 찰싹 달라붙어 있는 것처럼. 그래서 물리적인 부담을 없애버리면 심리적인 부담까지 덩달아 휩쓸려 없어지면서 내면의 복리를 증대하는 길로 나아가도록 시동을 걸어주는 경우가 허다하다.

물건을 줄임으로써 삶이 가벼워지는 일은 지루하거나 복잡할 필요가 없다. 나는 그 과정의 정수만 추출해서 '가벼워지기'를 쉽고도 재미있게 만들어주는 몇 가지 강렬한 테크닉을 만들어봤다. 당신이 서랍 하나를 치우려고 나섰건, 방 하나를 온통 치우려고 나섰건, 그 기술들은 '내버리는' 일을 가볍게 해줄 것이다.

그렇게 말해놓고 보니, 아주 중요한 포인트를 언급할 때가 된 것 같다. 처음엔 작은 규모로 시작하고 천천히 진행해도 전혀 상관없으니 맘을 놓으라는 포인트다. 사람들은 대부분 단번에 집안 전체를 완전히 정리할 수 있는 시간이나 에너지가 없다. 그래서 간헐적으로 바쁜 일이 없는 한두 시간쯤을 이용해 정리하는 것이다.

내가 물건의 범주 하나하나마다 별도의 단락을 마련한 것도 바로 그런 이유에서다. 그러니까 그런 단락을 미니멀리즘을 위한 레시피라고 생각해주기 바란다. 책이나 가방이나 신발이나 이불에 이르기까지 지금 당신이 무엇을 줄이려고 하든, 그와 관련된 페이지로 가서 도움말과 영감을 얻을 수 있을 것이다. 가령 접시가 너무 많아 줄이고 싶다고 해서, 하나의 챕터 전체를 처음부터 끝까지 통독해야 할 필요는 없다는 얘기다.

또 있다. 순서대로 차근차근 읽어나가야 할 필요도 없다. 일단 나에게 수월한 것으로 시작해서 점점 더 묵직한 과제로 올라가도록 하자. 만약 사무실의 어떤 물품이라든지 주방의 조리기구에 그다지 애착이 안 느껴진다면, 그런 것들부터 먼저 정리하자. 그렇게 버리고 정리했더니 얼마나 기분이 상쾌해지는지를 알게 되었을 때 우리는 자신감을 느끼게 될 것이고, 그 여세를 몰아 아끼는 책들이나 물려받은 가보家寶 같은 것에도 손을 댈 수 있게 될 것이다.

보편적인 테크닉에다 특별히 어떤 범주에 해당하는 충고까지 더하면, '과잉상태'를 정리하는 데 필요한 요소는 다 갖춘 셈이다. 그런 다음엔 과감히 실행하자! 나는 바로 이 책으로써 당신의 손을 꼭 잡아주고 당신이 정리-정돈을 마칠 때까지 도와줄 것이다.

그러기 위해 나는 당신의 집을 '큐레이트curate'하는 것부터 시작할 것이다. 좀 더 가벼운 라이프스타일로 나아가는 자연스러운 출발점이 바로 당신의 집이니까, 당연하지 않겠는가. 주변에 물건들이 어지럽게 흩어져 있을 땐, 약속이나 책임이나 이런저런 걱정과 같이 좀 더 추상적인 부담에 초점을 맞추기가 여간 어렵지 않다. 그리고 한층 더 심오한 마음과 영혼의 물속으로 뛰어들기 전에 가령 양말 같은 피상적인 사물에 대한 애착을 벗어버리는 일은 더욱 쉬울 것이다. 그러나 이미 마음이 깔끔하게 정리된 상태라면, 마음 놓고 곧장 뒤쪽의 챕터부터 읽어도 된다. 나중에 다시 생각할 필요가 있을 때 언제든 '물건부터 가볍게' 챕터로 돌아오면 되니까 말

인생을 즐기기 위해서는
살아가는 것의 대부분을
가볍게
건드려야 한다.

볼테르

이다.

자, 그럼 정말 신나는 것은 무엇일까? 수납장에 넉넉한 공간이 생기고 서랍이 텅텅 빈다고 해서 미니멀리즘이 거기서 끝나는 것은 아니란 점이다. 물건들을 정리해 가벼워진다는 것은 내 삶의 다른 영역에도 놀라운 파급효과를 가져오기 때문이다.

우리는 지나치게 쌓인 물건들을 치워가면서 우리가 이 땅에 가하는 충격을 좀 더 심중하게 깨달을 수 있을 것이다. '일상의 발걸음을 가볍게' Lighten your Step 챕터는 그런 충격을 줄일 수 있는 몇 가지 크고 작은 방법들을 보여줄 것이다. 우리가 이 지구 위에서 좀 더 가볍게 살아가면 갈수록, 현재와 미래의 세대들이 살아갈 지구는 한층 더 깨끗하고 더 건강하며 더 아름다워질 것이다.

물건을 줄이는 것은 이 신통한 방정식의 절반에 불과하다. 우리의 스케줄 역시 '큐레이팅'이 필요하다. '스트레스를 가볍게' Lighten your Stress 챕터는 우리가 '정신없이 바쁜' 삶을 벗어날 수 있게 우선순위를 정하고 그것이 체계적으로 움직이도록 도와준다. 그 목적은 더 많은 일을 성취하자는 것이 아니라, 꼭 해야 할 일을 줄이자는 것이다. 주의가 흐트러지는 일이 적어지고 좀 더 집중하게 되면, 한층 더 자유로우면서도 더 흡족한 나날이 이어질 것이다.

그뿐만이 아니다. 우리 내면의 혼잡함도 잊어서는 안 된다. 온갖 걱정, 극적인 사건들, 정서적인 부담 등은 우리의 소유물이나 꼭 마찬가지로 그 무게로 우리를 짓누를 수 있으니까. 부정적인 생각이나 느낌이나 그 밖의 스트레스 요인들을 내던져버림으로써 좀 더 자유롭고 행복하고 의미 있는 경험들을 위해 이성과 감성을 후련하게 털어내고 싶은가? 그렇다면 '마음을 가볍게' Lighten your Spirit 챕터가 도움이 될 것이다. 아니, 그저 도움 받는 정도가 아니라, 당신을 둘러싼 세계와 새롭게 상호 연결되고 조화를 이루는 느낌마저 들 것이다.

아울러 나는 내가 소중히 여기는 격언이라든지 영감을 얻을 수 있는 원천을 당신과 나눌 수 있어서 정말 기쁘다. 그런 글을 만나면 좀 더 탐구해보라는, 당신을 향한 권유라고 받아들여주기 바란다. 스칸디나비아 디자인, 스토아학파의 철학 같은 것들이 당신에게 말을 건다면, 귀를 기울이고 마음 가는 대로 따라 가보라. 가벼우면서도 한층 더 의미 있는 삶으로 나아가는 길은 하나로 정해져 있는 게 아니다. 당신만의 길을 찾도록 내가 도울 수 있다면 정말 좋겠다.

'가볍게'는 간결하면서 일목요연한 삶의 철학이다. 별의별 책에서 이런저런 지침들을 날림으로 때워 붙여놓고는 꼭 필요한 순간에 그걸 생각해내겠다고 안간힘을 쓸 필요는 없다. 당신이 기억해야 할 것은 '가볍게'라는 딱 한 단어뿐. 이보다 더 쉬울 수가 어디 있겠는가!

또 '가볍게'는 의사결정을 위한 강력한 필터이기도 하다. 충동구매의 유혹을 느끼거나, 맛있는 초콜릿 도넛을 거절하려고 애쓰거나, 또 다른 의무를 거절하려고 진땀을 흘릴 때, 그저 "가볍게"를 생각하기만 하면 나아갈 길이 보일 것이다. 그런 상황이 생길 때마다 일일이 득실을 따지는 대신, 자신의 가치관대로 살아갈 수 있는 단 하나의 시금석을 손에 쥔 셈이 될 것이다.

　당신이 이 책을 커피 테이블 위나 여행가방 안에 늘 가까이 두고 언제든 들여다보면서 당면한 문제를 위한 잠깐의 영감이라든지 실용 팁 같은 것을 얻을 수 있다면, 바로 그게 내가 바라는 바이다. 이 책은 앞으로 당신이 살아가면서 몇 달, 몇 년, 몇 십 년을 두고 아무 때나 들춰보면서 그때그때의 상황에 필요한 가이드를 얻도록 고안한 작품이다. 상황이라는 건 언제든 변할 수 있지 않은가. 아무리 완벽하게 '큐레이팅'을 해놓은 삶이라도, 이사나 출산이나 일자리의 변화 등등으로 단번에 뒤집힐 수 있으니 말이다. 느닷없이 재산이 생기든, 아이가 태어나게 되든, 어려운 감정 문제에 봉착하든, 당신은 이 책의 한 페이지를 들치기만 해도 그때 필요한 도움을 얻을 수 있으리라.

　"가볍게"를 당신의 모토로, 삶의 등대가 될 사랑스러운 한 마디로 만들어보라. 이 책을 한 페이지씩 읽어나가면서 당신이 줄일 수 있는 무게는 더 많아질 것이고, 어느새 당신은 '새로운 경쾌함'으로 당신의 인생을 부유하고 있을 것이다.

하나 :
물건부터 가볍게

지나치게 많이 소유한 물건들을 과감히 버리자.

그러면 즉시 가벼워짐을 느낄 것이다.

이번 챕터에서는 당신의 필요에 완벽히 어울리도록

당신의 물건을 정리하는 방법을 보여줄 것이다.

여기서는 먼저 일반적인 정리의 기술을 배우게 될 것이고,

이어서 당신이 지닌 것들 하나하나에 최적화된

특별한 도움말을 얻게 될 것이다.

필요하다면 여기저기 뛰어넘으면서 듬성듬성 읽어도 좋다.

당신의 옷가지들, 주방의 이런저런 물건들,

혹은 사무실에서 사용하는 물건들을 정리해나가면서

필요하면 언제든 빼고 넘어간 부분으로 돌아와

다시 읽으면 되니까 말이다.

정말로 가장 아끼는 것이 어떤 물건인지 골라내면서

재미있는 시간을 가지기 바란다!

여러 가지 정리의 기술

연연하지 않기 { 백지상태에서 새로 시작하자
비슷비슷한 것끼리 모으자
'큐레이트'하자

여기에 넣어두기 { 아웃 박스를 활용하자
'잠시 보류' 하자
체계적으로 정리하자

가볍게 유지하기 { 세련되게 가다듬자
확실히 통제하자
절제하는 마음으로

뒤죽박죽 물건더미를 애써 치워본 적이 있는가? 서랍이며 옷장이며 캐비닛 따위를 하나씩 뒤져 없애버릴 것들을 찾아내는 일이 얼마나 지겨운지 아는가? 어떻게든 그 지겨운 일을 빨리 끝내려고 상당히 많은 잡동사니를 있던 곳에 그냥 놔두고 지나쳐버릴 확률도 상당히 높다.

이렇게 지저분한 물건들을 줄이는 데는 좀 더 쉽고도 효율적인 방법이 있다. 우선 소위 백지상태Clean Slate에서 새로 시작하는 방법이다. 다시 말해서 그 서랍이며 옷장이며 캐비닛 혹은 물건이 넘치는 곳들을 완전히 비워버리는 것이다. 몽땅 들어내고 깔끔히 비워 단 하나의 물건도 남지 않게 만드는 것이다.

그렇게 되면 기울인 노력은 거의 제로이지만 텅 빈 아름다운 공간을 하나 얻게 된다. 즉각적인 만족감으로는 최고 아닐까? 생각해보라, 물건들을 다시 집어넣는 것보다는 없애버리는 편이 훨씬 더 수월할 것이다. 이제 무언가를 그대로 두려면, 왜 그게 꼭 있어야 하는지를 정당화한 다음 실제로 그것을 그 공간에 다시 넣어줘야 하니까 말이다. 그건 그냥 봉지에다 쓸어 넣어 내던져버리는 것보다 훨씬 더 힘든 일이 아니겠는가.

백지상태가 어째서 그토록 신기한 마술인지, 그 이유를 알겠는가? 이처럼 정리의 과정을 그냥 뛰어넘어 곧바로 '큐레이팅' 단계로 들어가게 해주기 때문이다. 그렇게 되면 무엇을 쓰레기통에 던져 넣을까가 아니라, 무엇을 계속 갖고 있을까만 결정하면 된다.

얼핏 이것은 정리하기의 정반대로 들릴 수도 있지만, 내 말을 믿어도 좋다. 좀 더 차분히 정리된 공간에 이르려면, 때로는 먼저 엉망진창을 만들어야 할 수도 있다. 가진 물건을 몽땅 끄집어내지 않으면, 결과는 전혀 완전하지도, 드라마틱하지도 않을 것이란 말이다.

백지상태를 만들어버리면 어떤 물건도 숨을 데가 없어진다. 외투를 넣어두는 옷장의 저 안쪽 구석이라든지 주방 캐비닛의 어두컴컴한 모퉁이에 과연 무엇이 숨어있는지, 당신은 상상할 수 있겠는가? 완전히 비워내지 않는 한, 그런 곳들은 절대로 알 수 없는 법이다. 그렇게 숨어있는 것들은 눈에 보이지 않으니 생각에서도 사라져버린다. 영영 숨어버려서 우리가 늘 듣는 정리의 기술에서는 달아나버리고 마는 것이다. 백지상태는 그런 것들을 깡그리 훑어내서 단호하게 처리한다.

백지상태는 또 무기력증을 극복해주기도 한다. 때로는 뒤죽박죽 물건더미를 그냥 놔두는 유일한 요소가 바로 무기력함 아니던가! 여러 달, 여러 해, 혹은 (으윽!) 수십 년 동안 꼼짝도 않고 집안 여기저기 숨어있는 물건들이 있는가? 그런 것 없이 살았던 날들을 기억하지 못한다고 해서 그런 걸 끼고 살아야 한다는 의미는 아니다.

일단 물건들을 훌훌 비워내 백지상태로 만들었다면, 잠시 한숨 돌리며 그 빛나는 공간을 가만히 쳐다보라. 더는 정나미 떨어지게 꽉꽉 차 있지 않고 당신이 아끼는 것들만 잘 정리해서 모아둔 그 모습이 얼마나 아름다올지, 머릿속에 그려보라. 운만 따라준다면 이제 당신은 다시는 그 혼란 상태를 재연하고 싶지 않을 것이다.

게다가 때로는 뭔가 대단히 놀랄만한 일이 벌어지기도 한다. 어떤 수납공간에는 다시 집어넣을 물건이 너무 적어서 아예 그 공간이 쓸모없어지는 식이다. 장식장, 파일 캐비닛, 플라스틱 상자 등을 쓸데없는 내용물과 함께 깔끔하게 정리해버린다고 생각해보라! 신나지 않는가? 내친김에 옷장이나 창고로 쓰는 방이나 지하실처럼 좀 더 커다란 공간을 정리해버린다면, 심지어 내가 좋아하는 활동을 위한 새로운 공간으로 탄생시킬 수도 있을 것이다.

백지상태가 이루어지면 당신에겐 텅텅 빈 공간, 물건 한 더미, 그리고 '이제 뭔가가 가능하리라는' 황홀한 느낌이 남는다. 벌써 한결 가벼워졌다는 느낌 아닐까? 이제 당신이 할 일은 무엇이 당신의 삶에 가치를 더해주는지 결정하고, 바로 그런 물건을 끄집어낸 다음, 나머지는 훌훌 내던지는 것이다. 남겨두는 게 적으면 적을수록, 정리는 한층 더 빨리 끝날 것이다.

비슷비슷한 것끼리 모으자

무엇을 버리고 무엇을 남길까를 결정할 땐, 우선 비슷비슷한 물건들을 한데 모으자. 왜 그것이 중요한지 알겠는가? 유사한 물건끼리 모아놓으면 버리기가 훨씬 더 쉽기 때문이다.

예컨대 접시는 접시끼리, 펜은 펜끼리, 양말은 양말끼리, 혹은 어떤 물건이든지 끼리끼리, 분류해서 쌓아놓자. 그렇게 모여 있는 물건들을 바라보고 있노라면, 여러 가지 깨우침을 경험할 뿐만 아니라, 정리해서 가벼워져야겠다는 강력한 동기도 느낄 수 있다.

집안을 뒤져서 흩어져 있는 비슷비슷한 물건들을 찾아내자. 같은 것들이지만 다른 경로를 통해서 결국은 집안 여기저기에 흩어져 있기 마련이다. 예를 들어 사무실에서 쓸 물품들이 내 침실에 있다든지, 내 스웨터가 아내(남편)의 옷장 안에 들어가 있는 건 아닌지? 정리 과정에 들어가기 전에 그런 것들부터 전부 모아보라는 것이다.

그렇게 같은 범주의 물건들을 한데 모았다면, 그 수를 헤아려보자. 비슷비슷한 걸 이렇게나 많이 갖고 있었단 말이야? 당신은 깜짝 놀랄 것이다. 그나마 그 숫자가 둘이나 셋, 혹은 여섯 정도만 되어도 어떻게 변명이라도 할 테지만, 열 개 이상을 갖고 있었다면 그걸 정당화하기란 참 난감할 것이다.

이처럼 분류해서 끼리끼리 모으는 '컨솔리데이션consolidation'은 다소 엄격한 태도라 하겠다. 지나치게 많은 내 물건들을 직시하지 않을 수 없게 만드니까 말이다. 이런 과잉 자산이 구석구석에 퍼져 있는 경우, 당신은 그것을 부정할 수도 있고 아니면 정말로 전혀 몰랐을 수도 있다. 하지만 도저히 믿을 수 없다는 듯이 "세상에! 정말로 구두가 스물다섯 켤레나 있었단 말이야!" 하고 외칠 때가 바로 행동에 들어가지 않을 수 없게 박차를 가하는 순간이다.

도대체 그런 어마어마한 컬렉션을 어떻게 소유하게 되었는지, 어리둥절한가? 그렇게 된 경위를 내가 설명해보겠다. 우리는 무언가 소유하고 있던 것을 그보다 더 좋은 것으로 대체하게 되면, 대개 예전의 물건을 버리지 않는다. "예전의 것도 아직 쓸만한데 그래." 혹은 "언젠가는 필요하게 될지 모르잖아." 그런 식으로 비슷한 물건 더미는 커져만 간다. 그러다 끝내 놓아둘 공간이 없어질 때까지는 대개 알아채지도 못한다.

어떤 물건들은 대체 무슨 목적으로 갖고 있었는지, (저 신비한 케이블이며 충전기며 조립식 가구 부품처럼) 무슨 제품에 속한 것인지, 아리송한 경우도 더러 있다. 그런가 하면 도무지 설명할 길이 없는 물건들도 적지 않다. 티셔츠라든지 운동복 바지나 요리책, 혹은 화장품이라든가 그 외의 이런저런 아이템들은 그냥 내키는 대로 가져와 쌓인 것들 아닌가.

'비슷비슷한 것끼리 모으기'의 파워는 실로 강력하다. 이처럼 문제 있는 지점들을 콕콕 집어내, 정확히 어디에서 '버리고 가벼워지기'를 실행할 수 있는지 보여주기 때문이다. 그러니까 집안을 돌아다니며 "내 일상을 무겁게 내리누르는 게 뭐지?" 하면서 뒤통수를 긁적일 필요가 없다는 얘기다. 대답은 너무도 또렷하니까.

하지만 용기를 잃지 마시라. 그토록 물건이 넘치니까 줄이고 덜어내기도 식은 죽 먹기 아니겠는가. 갖고 있던 커피잔을 헤아려보니 서른두 개라고? 그럼, 절반 정도 뚝 떼어내 버리기는 일도 아니지! 버리는 것들이 아쉬워 슬퍼하는 대신, 그렇게 많았다는 사실이 고마울 것이며 버리고 나서도 커피잔은 여전히 넉넉하니까 맘이 편안할 것이다.

지나치게 많은 걸 깔끔히 정리한 후에도 남는 것들은 역시 분류하고 모아서 보관하자. 그래야만 다시 재산이 늘어나는 경우 '뒤죽박죽'의 가능성을 아예 싹부터 잘라버릴 수 있기 때문이다. 게다가 뭔가가 필요할 때 찾기도 한층 더 쉬워진다. 그러면 '잃어버린' 물건 하나 찾겠다고 온 집안을 샅샅이 뒤질 필요도 없고 같은 물건을 새로 살 필요도 없을 것이다. 다시 말해서 앞으로 스트레스나 지출이나 재산도 줄어들 거라는 얘기다.

'큐레이트'하자

비슷비슷한 것끼리 모으는 일이 끝났는가? 그러면 가벼워지기 과정 가운데 신나는 부분, 그러니까 무엇을 계속 지니고 있을지 선택하는 단계가 되었다.

보유할지 말지의 '커트라인'을 어떻게 정할 것인가? 간단하다. 내 삶을 더욱 수월하게 더욱 행복하게 만들어준 것만 보유하면 되니까. 정말 마음에 쏙 드는 것만 선대하는 즐거움을 만끽하자. 사랑스러운 내 재산을 감탄하며 바라보고 제대로 평가하는 기회를 얻은 셈이다.

그런데 모든 물건이 전부 마음에 들면 어떡할까? 흠, 그럴 땐 "우리는 대체로 가진 물건들의 20%밖에 사용하지 않는다"라고 하는 파레토 법칙을 기억해야 할 것이다. 무슨 말이냐 하면 내 재산의 거의 전부는 아주 특별하지도, 아주 중요하지도 않다는 얘기며, 그것들이 없더라도 내 인생은 변함없이 계속될 거라는 뜻이다. 고로 '큐레이팅Curating'이란 바로 그 마법의 20%를 찾아내고 나머지는 과감하게 정리하는 것을 의미한다.

큐레이팅은 소위 '캡슐 옷장Capsule Wardrobe'이란 아이디어를 집안 전체에까지 확대 적용하는 것이다. [꼭 필요한 최소한의 의류와 액세서리만으로 한 시즌을 보내기 위해 갖추는 미니멀리스트 옷장을 캡슐 옷장이라 부른다_옮긴이] 이런 큐레이팅의 목표는 무엇일까? 훌륭하게 편집되어

나의 욕구와 완벽하게 조화를 이루는 물건들만 소유하는 것이다.

사실 내가 가진 물건을 '큐레이트'해놓고 보면, 매일의 일상이 얼마나 수월해지는지 깜짝 놀라지 않을 수 없을 것이다. 지나치게 많았던 물건들을 싹 치워버렸으니, 이걸 고를까 저걸 고를까 전전긍긍하던 그 피로감도 남의 일이 되기 때문이다. 어떤 셔츠가 이 바지에 어울릴까, 어떤 커피 잔을 써야 할까, 등등의 시시콜콜한 문제에 시간과 에너지를 낭비하는 대신, 이제부터 훨씬 더 부드럽고 효율적으로 하루하루를 영위할 수 있을 것이다.

물론 어느 프로젝트이건 마찬가지겠지만, 시작하는 것이 가장 어렵다. 하지만 그게 어려우면, 쓰지 않는 것들과 맘에 들지 않는 것들부터 시작하라! 내가 제안할 수 있는 충고의 말씀은 이거다. (그거야 정말로 쉬운 노릇 아닌가.)

알고 보면 갖고 싶지도 않은 물건들이 얼마나 많은지, 스스로 놀랄 것이다. 부모에게 물려받은 케케묵은 골동품이며, 언니가 선물로 준 저 천박한 양말이며, 돈깨나 써서 사놓고는 한 번도 안 신은 신발 등등, 이런저런 선물이라든지 유산이라든지 실수로 사들인 것들에 대해서는 스스로를 속이지 말자. 그런 것들을 그러안고 있는 것은 죄책감이나 의무감 때문은 아닌지?

이제 그런 것들을 없애도 좋다는 허락을 받았다고 치자. 좋아하지도 않는 것들을 품고 살기에 인생은 너무 짧으니까.

그런 다음, 중복되어 있는 것들을 처리할 차례다. 딱 내 맘에 드는 것만, 그것도 적당한 만큼만 남기자. 이런 면에서는 좀 까다로워지자. 나는 매일같이 최고의 물건만을 사용할 자격이 있으니 말이다. 같은 물건을 여러 개 갖고 있으면, 우리는 그 가운데 오래되고 추레한 것을 사용하고 품질 좋은 것은 '특별한 기회'가 오면 쓰겠다고 모셔두기 십상이다. 하지만 그래선 안 된다. 좋은 것을 지금 사용하고, 나머지는 과감히 버리도록 하자.

그러니까, 이렇게 자신에게 물어보라. 여러 개의 같은 물건 중에서 딱 하나만 보관할 공간이 나한테 있다면, 과연 어느 것을 보관하겠는가? 말하자면, 이건 가장 좋아하는 물건들로 여행 가방을 싸는 것이랑 다를 게 없다.

잊지 말자. 물건도 중요하지만, 공간도 마찬가지로 중요하다. 서랍이며 옷장이며 방들을 모두 가득 채울 능력이 있다고 해서 꼭꼭 채워 넣어야 하는 것은 아니다. 말이야 바른 말이지, 여유 공간을 좀 가지고 있으면 훨씬 더 기분이 좋아진다.

내 경우엔 집안에도 '여백white space' 이란 디자인 콘셉트를 즐겨 사용한다. 다시 말하자면, 물건들을 빼곡하게 채우기보다 그 주변에 빈 공간을 두는 게 좋다는 뜻이다. 이런 여백이 있으면 시각적으로 평온하고 차분해질 뿐만 아니라, 나의 삶에서 소중한 것들이 두드러져 보이기도 한다.

그뿐이 아니다. 여백은 활동을 위한 공간을 만들어주기도 해, 내가 요가를 할 수도 있고, 남편(아내)이 밤에 친구들과 포커도 한판 벌일 수 있으며, 유치원에 다니는 아이가 발레동작을 연습할 수도 있게 된다. 집은 내가 살아가는 공간이지, 물품을 보관하는 창고가 아니다. 집은 내 재산을 반영하는 것이 아니라, 내가 하는 활동을 반영해야 한다.

내 물건들을 평가할 때는, 그것이 들려주는 스토리를 고려하자. 내가 지닌 물건들은 나의 희망과 두려움, 나의 야망과 꿈, 따라서 나의 과거와 미래를 드러내 보여준다. 그런 물건들이 실현되지 못한 나의 목표나 완수하지 못한 프로젝트나 실패로 끝난 관계 따위를 들추어낸다면, 어느 누가 좋아하겠는가? 그런 것을 상기시키는 물건들과 더불어 산다면, 내 발목을 붙잡고 나를 과거에 옭아매는 엄청난 심리적 부담이 될 수 있다.

'큐레이팅'은 자기성찰을 할 수 있는 아주 멋진 기회이며, 한낱 소유물에 머물지 않고 뛰어넘는 질문을 던질 수 있게 해준다. 그런 과정에서 우리는 우리의 과거와 화해하고(옛 애인이 주었던 선물과는 작별) 우리의 현재를 포옹하며(지금 몸에 맞는 청바지는 보관), 우리의 미래를 구체화한다(과거의 커리어를 위한 책은 과감히 포기).

'큐레이트'할 때는, 부정적인 감정을 떠올리게 하는 것은 뭐든 빠짐없이 내던져버리고, 행복을 상기시키는 것들로 주위를 감싸도록 하자. 내 물건들이 내가 진정 살고 싶은 삶을 이야기하도록 만들자. 반드시 그렇게 해야 한다.

'아웃 박스'를 활용하자

작고 수수한 마분지 상자들이 우리가 가볍게 살아가기 위한 가장 강력한 도구가 될 수 있다. 그렇게 말하면 대체 무슨 소리인가, 싶을 것이다. 이제부터 무슨 뜻인지 차근차근 설명하겠다.

집안으로 물건이 흘러들어오기는 참 쉽다. 쇼핑백에 담겨 오든, 아파트 우편함으로 들어오든, 아이들의 배낭에 실려 오든, 뭔가 새로운 물건이 집안으로 들어오지 않고서 하루가 지나가는 일은 거의 없다.

그렇다면 문제는 뭘까? 물건이 들어오기는 너무도 쉬운데, 그걸 밖으로 내보내기는 훨씬 더 어렵다는 사실! 일단 집안에 들어오기만 하면, 물건들은 무슨 식구라도 된 것처럼 느긋하게 자리를 잡고야 만다. 어떤 물건을 좀 없애버리고 싶어도 그 방법을 몰라 쩔쩔매는 경우가 허다하다.

생각해보라. 이젠 더 필요하지 않은데도 도무지 어떻게 처치해야 할지 알 수 없는 물건들을 몇 번이나 맞닥뜨렸는가? 그런 경우 당신은 아마도 "나중에 (자선 가게에 다시 들를 때나 '공식 정리 모임'에 갔을 때) 어떻게든 처분해야지!"라고 생각하면서 그냥 서랍 속에 다시 집어넣고 말았을 것이다.

집집마다 '아웃 박스'를 하나씩 갖고 있어야 할 이유가 바로 여기에 있다. 그러니까 아웃 박스는 원하지 않는 물건들을 위한 출구_{出口}다. 어떤 아웃 박스가 좋을까? 간단하다. 큼직한 마분지 상자 하나면 충분하다. 코트 따위를 걸어두는 옷장이나 세탁기 옆이나 다른 편리한 구석에다 그런 상자를 얌전히 갖다두면 된다. 무언가 내다 버릴 게 눈에 띄면, 나를 포함해서 가족 중 아무나 그 상자에 집어넣기만 하면 된다. 쓸데없이 넘치는 물건의 처리가 이보다 더 쉬울 수 있겠는가?

거기다 약간 멋을 부리고 싶다든지, 남편(아내)이나 아이들의 아웃 박스 사용을 좀 더 부추기고 싶다면, 아웃 박스를 색종이로 예쁘게 포장해도 좋고, "무용지물" "떠나보내자" 혹은 "가볍게 살기" 같은 깜찍한 레이블을 붙여도 좋겠다. 이처럼 살짝 세련미를 더해주면, 아웃 박스는 식구들의 관심도 끌고 본래의 목적도 또렷하게 전해줄 것이다. 어쨌거나 아웃 박스는 깔끔한 정리의 긍정적인 '바이브vibe'를 발산해서, 필요 없는 물건들은 없애는 게 최선이라는 진리를 상기시켜주어야 한다.

우리는 쓸데없는 물건의 퇴출을 위해서는 온종일 혹은 주말을 바쳐야 한다고 생각하기 때문에 망설이고 미루는 경우가 많다. 그래서인지 일부 인기 높은 정리 프로그램들은 그 일을 단숨에 해치우라고 권하기도 한다. 그러나 내 생각에는 그렇게 하는 건 필요하지도 않고 딱히 가능할 것 같지도 않다.

물건 정리를 한답시고 특별히 하루를 잡을 필요는 없다. 사실 그보다는 정리를 아예 나의 라이프스타일로 만들어버리는 게 훨씬 더 효과적이다. 바로 이런 점에서 아웃 박스란 것은 참으로 '원더풀'한 아이디어다. 내가 날마다 조금씩 가벼워질 수 있도록 도와주니까 말이다.

감자 껍질 벗기는 도구가 두 개 이상 있다면, 하나만 남기고 모두 아웃 박스에 집어넣자. 블라우스를 입었다가 너무 노출이 심한 것 같아 다시 벗어야 했다면, 그것도 아웃 박스 행이다. 한 번 읽고는 다시 읽을 일이 없는 소설? 그것 역시 아웃 박스로 보내야 한다. 그 밖에 내 몸집이 커져서 더는 입을 수 없는 옷, 사용하지 않는 물건, 마음에 들지 않는 것들, 전부 아웃 박스에 던져 넣자.

나의 아웃 박스는 나의 일상생활로부터 필요 없는 것들을 제거함으로써 그것들이 내 삶에서 사라지기 전에 머물 공간이 되어준다. 그리고 이런 폐기물들을 한데 모아 '컨솔리데이트'함으로써, 나중에 기부하든, 팔든, 다른 방법으로 없애든 한꺼번에 처리할 수 있도록 해준다. 의도나 목적이 어떤 것이든, 그것들은 '없어진' 셈이 되며 새로운 보금자리로 이동시켜주기만을 기다리고 있는 셈이다.

그뿐이랴, 아웃 박스라는 것에는 절대로 실패하지 않는 (잘못될 수 없는) 속성이 아예 내재되어 있다. 어떤 물건을 아웃 박스에 넣는 시점과 박스의 내용물을 기증하는 시점 사이에 시차가 있으므로, 실수의 가능성은 마음을 푹 놓아도 될 만큼 적다는 얘기다. 우리는 무언가를 내버렸다가 바로 다음 날 그게 다시 필요하면 어쩌지, 걱정하는 경우가 (그리고 후회하느라 마음을 썩이는 경우가) 많다. 아웃 박스가 있으면 이런 우려가 줄어든다. 그 물건은 다음 날에도, 아니, 며칠 뒤까지도, 여전히 거기 있을 테니까. 아니, 오히려 버린 물건이 아웃 박스에 오래 있으면 있을수록, 우리는 그 물건이 정말로 필요 없다는 사실을 거듭 깨닫게 된다.

아웃 박스를 가득 채우는 즐거움을 만끽하시라! 과도한 짐을 덜어내 가벼워지는 것이기도 하지만, 그것을 필요로 할지 모르는 누군가와 잉여분을 나누는 것이기도 하니까. 그렇게 함으로써 내가 넘치게 갖고 있다는 사실과 그 풍족함을 나의 공동체에 베풀 수 있다는 사실을 깨닫는다. 또 완벽하게 훌륭한 물건들이 쓰레기가 되어 묻히는 일을 막고 그것이 다시 한번 사랑받을 기회를 제공한다. 다시 말해서 나의 정리를 통해 선행을 실천하는 것이다.

그러니까 아웃 박스를 가득 채우고, 그 내용물을 기증한 다음, 다시 가득 채우자. 아웃 박스를 일회용이 아닌 상비 도구로 만들어, 매일같이 뭔가 새로운 것을 더해주자. 아웃 박스가 묵직해질수록 당신의 집은 가벼워질 것이다.

'잠시 보류'하자

우리의 삶으로부터 무거운 짐을 덜어내는 과정에는, 더러 버리기 난감한 것이 나타나 가벼움을 향한 우리 발걸음을 더디게 할 수도 있다. 꼭 필요하지는 않은데 왠지 이런저런 이유로 아직은 내던져버릴 마음의 준비가 안 된 물건들이다.

많은 사람들이 자신감과 모멘텀(추진력)을 잃고 '아무래도 난 미니멀리스트가 되긴 글렀나보다'라고 탄식하게 되는 것이 바로 이 지점이다. 그러나 이런 힘든 고비를 부드럽게 넘기고 계속 전진할 수 있는 테크닉이 있으니, 그것이 바로 '잠시 보류^{On hold}'다. 버릴까 말까의 결정을 잠깐 보류하자는 얘기다.

'잠시 보류'는 가벼워지기를 위해 내가 꼭꼭 숨겨둔 몇 가지 비밀 가운데 하나다. 왜 비밀이냐고? 왜냐하면, 설사 잠깐이라 하더라도 무언가를 몰래 숨겨두는 것은 딱히 미니멀리스트다운 짓이 아닌 것 같으니까.

바로 그런 이유로 나는 여러 해에 걸쳐 이 테크닉을 거부해왔다. 그랬던 내가 마음을 바꾼 계기가 뭔지 아는가? 아이를 갖고 나서부터는 꼬마를 위해 샀던 물건들을 처분하는 일이 그리 만만하지 않다는 것을 깨달았기 때문이다. 좀 더 구체적으로 말해보자. 내가 그런 아이의 물건을 정리해버리면 녀석은 금방 그와 비슷한 걸 달라고 졸라댈 것이 뻔했으며, "넌 이제 그런 장난감 갖고 놀기엔 너무 컸다고!" 식의 논리를 아무리 들이대더라도 전혀 도움이 안 되더라는 얘기다.

그래서 나는 딸아이가 화내거나 슬퍼하지 않도록, 그러면서도 녀석이 행여 물건만 쌓아두는 욕심쟁이로 변하지 않을까 걱정되어서, 아이가 더는 쓰지 않는 물건이라도 '잠시 보류'하기 시작했다. 그냥 눈에 띄지 않는 바구니에다 6개월 정도 넣어두었다. 그 사이 아이가 그것을 전혀 찾지 않는다면, 그땐 영영 다른 데로 치워버려도 괜찮을 터였다. 이런 '향후 정리 대상물'은 안 보이는 곳에 보관하더라도, 딸아이가 갑자기 예전에 좋아했던 노리개를 보고 싶어 하면 아주 쉽게 갖다줄 수 있었다.

이 방법이 딸아이에게 어찌나 잘 먹혀들었던지, 나는 나 자신에게도 그걸 써먹기 시작했다. 물론 비밀리에. '가볍게 정리하기'와는 거꾸로 가는 것이 아닐까 하는 생각도 들었지만, 사실상 '잠시 보류'는 나의 무게 줄이기를 한 단계 높은 차원으로 업그레이드해주었다.

그렇다, 미니멀리스트조차도 어떤 물건에 대해서는 작별하기가 난감할 수 있는 법이다. 그처럼 만만치 않은 물건과 맞닥뜨리는 경우, 내가 보기엔 '잠시 보류'가 베스트 옵션이다. 그 물건과 심리적으로 완전히 결별하기 위한 첫 번째 단계니까 말이다. 단순히 훗날 제거할 대상이라는 표시만 해놓아도, 그것이 누렸던 '특별함'은 갑자기 빛을 잃고 권력의 균형이 슬그머니 움직인다. 놀랍도록 짧은 기간 안에 그것은 나를 사로잡았던 힘을 잃고, 나는 그걸 내버릴 마음의 준비를 마친다. 이 방법을 사용함으로써 나는 여러 해 동안 맘속으로 씨름해왔던 물건들을 불과 몇 달 만에 놓아줄 수 있었다.

'잠시 보류'는 목발 짚고 걷기랑 약간 닮았을까? 그럴지도. 하지만 어쨌든 결과가 훌륭하다. 나는 그것을 오히려 물리치료와 비슷하다고 생각한다. 그 방법은 나의 미니멀리스트 근육을 북돋울 뿐 아니라, 한층 더 처리하기 어려운 물건들이 가져다주는 무기력 상태를 피하게 해준다. 그것은 무언가를 내 삶에서 슬그머니 제거해주는 좀 더 부드러운 방법이다.

무언가를 잠시 보류해두더라도 만약 후회된다면 언제든 원위치시킬 수 있음을 알기 때문에, '잠시 보류'는 불편하게 느껴지지 않는다. 그런데 정말 놀랍게도 나는 잠시 보류했던 물건을 원위치해본 적이 전혀 없다. 아마 당신도 그럴 일은 없을 것이다.

일단 그런 물건들을 꽁꽁 묶어서 치워놓으면, 그것들은 여하간에 예전의 마법 같은 매력을 잃고 만다. 그런 것을 평생 지니고 살 물건이 아니라 폐기처분 가능한 대상물로 보는 순간, 그것들이 나에게 걸어놓았던 주문이 풀려버리기 때문이다. 이처럼 '잠시 보류'는 결국 그것이 없어도 사는 데 전혀 지장이 없음을 인식시켜주는 도구다.

자, 그러니까 무언가를 곧장 아웃 박스로 보내지 못한다고 해서 걱정할 필요가 없다. 때로는 작별인사가 오래 걸릴 수도 있잖은가? 좌절해서 물러서지 말고 그런 것은 '잠시 보류'한 다음, 앞으로 나아가자. 즉각 마음이 가벼워질 것이며, 그것에 대한 애착도 서서히 줄어들어 마침내 부담 없이 내다 버릴 수 있을 테니까.

'스페이스(여유)'가 생기면
'그레이스(우아한 삶)'가
따라온다.

존 헤이우드

체계적으로 정리하자

버리는 작업을 모두 끝냈다면, 이제 남아 있는 것들을 정리할 차례다. 앞서 말했던 '컨솔리데이션', 그러니까 끼리끼리 모으는 작업을 한참 했으니, 그런 것들이 다시금 집안 여기저기 흩어지는 일은 보고 싶지 않을 것이다.

간단히 말해서 '체계적인 정리Organizing'는 나의 소유물 하나하나에 적당한 자리를 부여해주는 것이다. 그래야만 어떤 것은 집에 두어야 하고 어떤 것은 두지 말아야 할지, 구분해서 알 수 있으니까 말이다. 바로 이런 점때문에 이 단계는 반드시 '큐레이팅' 다음에 와야 한다. 버려야 할 것들을 '정리'하는 짓이야말로 절대로 원하지 않는 일일 테니까.

체계적인 정리를 위해서 나는 수납 용기containers를 즐겨 쓴다. 이런 용기들을 쓰면 항상 '컨솔리데이션'을 유지할 수 있고, 물건들을 치워두는 일도 쉬워진다. 그렇긴 하지만, 수납 용기라고 해서 비싼 상점에서 파는 화려한 박스일 필요는 없다. 그냥 서랍 하나도 좋고, 벽장 한쪽 구석, 책장, 가방, 예전에 다른 용도로 쓰던 용기 등등, 비슷비슷한 물건들을 함께 보관할 수 있을 만큼의 일정한 부피를 가진 것이면 뭐든 상관없다.

물건들은 어디에다 보관해두지 않으면 워낙 서랍 안이나 테이블 혹은 카운터 위처럼 여기저기 돌아다니거나 쌓이기 마련이다. 딱히 수납할 장소를 정하지 않았기 때문이다. 버려야 할 물건들의 입장에서는 슬그머니 숨어버리기에 안성맞춤인 환경이 되는 셈이다. 거꾸로 말해볼까? 내가 선택한 소유물 하나하나에 특정한 장소를 부여하면, 반대로 없애야 할 것들이 두드러져 보이므로 그런 것들을 콕 집어내서 없애버리기가 한결 쉬워진다. 있어야 할 장소를 부여받지 못한 것들은 나의 공간에서 사라져야 하는 것들이다.

수납 용기들은 어떤 물건을 내 집에 들여올 시점에 그 물건이 앞으로 놓여 있어야 할 장소를 정해준다. 예를 들어서, 로비에 놔둔 커다란 바구니에는 겨울 모자며 장갑 따위가 들어가고, 주방에 있는 걸이형 파일에는 이런저런 서류들이 들어가며, 화장대 위에 있는 쟁반에는 동전이나 열쇠 따위가 들어가는 것이다.

그뿐인가, 수납 용기는 내 물건들을 '포터블portable'하게 만들어 필요할 때면 언제나 손쉽게 움직일 수 있게 해주기도 한다. 가령 나의 정교한 물건들과 사무용품 같은 것들이 하나의 박스(용기) 안에 들어 있다면, 집 안 어디에서나 떡하니 멋진 업무공간을 만들 수 있지 않겠는가. 그런 공간에서 일을 마친 다음엔, 꺼내놓았던 물건들을 테이블 위에 어지럽게 늘어놓지 말고 그냥 그러모아 박스 안에 집어넣으면 될 일이다. 아주 간단하다.

스케일을 좀 더 크게 잡아볼까? 물건들을 깔끔하게 잘 수납해놓으면 이사할 때도 수월하다. 훨씬 더 효율적이면서 불안스럽지 않게 짐을 쌀 수 있어서 이삿날 완전히 대혼란을 겪는 일은 없을 것이다. 게다가 새로 들어간 집에 정착할 때도 그 전환이 부드럽게 이루어질 수 있다. 훌륭한 체계를 잡아놓기만 하면 지구 위 어디로 가더라도 수월하게 움직일 수 있다.

하지만 수납 용기의 가장 멋지고 훌륭한 점은 따로 있다. 즉, 내가 보관할 수 있는 게 어디까지인지, 그 한계를 설정해준다는 점이다. 물건마다 일정한 공간에만 놓도록 제약을 가하면 내가 가지게 되는 물건도 저절로 통제되기 때문이다. 가령 양말이나 향신료나 작은 공구 따위를 넣어두는 수납 용기가 꽉 차버리면, 그중 일부를 없애버리기 전에는 뭔가를 추가로 넣을 수 없지 않겠는가. (그렇다고 해서 이 경우 물건들을 더 큰 수납 용기로 옮겨서는 안 되지만.)

'체계적인 정리'를 할 때 가능한 한 많은 것들을 수납 용기에 담기 전에 없애도록 하자. 그런 다음 가능한 한 작은 크기의 수납 용기를 택하는 것이다. 덜 가지고 가볍게 살고자 한다면, 더 담을 수 있는 공간을 남겨두지 말라. 수납 용기는 하나의 임시변통이라고 생각하자. 그러니까 완전히 작별하는 순간까지 물건들을 잘 통제하는 방법이라고 말이다. 생활이 한층 더 가벼워짐에 따라 수납 용기의 사이즈도 줄여나가자. 갈수록 더 작은 용기를 사용하다가 마지막에는 수납 용기마저 완전히 없애버리는 것이 목표다.

수납 용기는 내가 내 삶의 무게를 이해하도록 도와준다. 책이나 조상들이 물려준 재산이나 조리도구 같은 걸 담은 저 상자는 도대체 얼마나 무거운가? 내가 어디로 옮기든 그 상자를 내 손으로 들고 가야 한다면 어쩌겠는가? 나의 그 재산들은 과연 그런 무게로 내 삶을 억누를 만큼 가치 있는가?

'체계적인 정리'는 내가 지닌 물건을 가볍게 해줄 뿐만 아니라, 나의 스트레스까지 확 줄여준다. 일단 깔끔하게 정리가 끝나면, 내 물건 하나하나가 어디 있는지 항상 알게 된다. 상상해보라, 줄자가 없어졌네... 내가 아끼는 스카프 어디 갔지... 마트에 돌려줘야 할 영수증이 안 보이네... 하면서 좌절할 필요가 더는 없는 상황을! '잃어버린' 물건 찾느라고 약속을 못 지키거나 시간을 허비하는 일도 더는 없는 상황을!

체계적인 정리를 하면 소유하고 있는 물건들을 완벽하게 통제할 수 있고, 그것은 다시 인생 자체의 통제까지 가능하게 만들어준다. 그렇게 되면 일상을 한층 더 침착하고 평온한 마음으로 영위할 수 있다. 모든 것이 있어야 할 자리에 있을 땐, 출근 준비도, 아이를 학교에 데려다주는 것도, 저녁 식사를 차리는 것도 몇 배나 수월할 수밖에 없다.

체계적인 정리는 물건들을 숨겨버리자는 의도가 아니라, 그것들을 최종적으로 질서정연하게 정돈하자는 뜻이다. 내가 지닌 그 모든 멋지고 유용한 물건들을 좀 더 수월하게 사용할 수 있도록 만들자는 것이다. 이건 꼭 기억해두자. 정리해야 할 것이 적으면 적을수록 더 좋다. 아까운 인생을 이리저리 물건 옮기느라 흘려보낼 수는 없지 않은가!

소유물이 적으면 적을수록 삶은 한층 더 가벼워진다. 이걸 항상 염두에 두고 내가 소유한 물건들을 한층 더 '세련되게' 만들 여러 가지 기회를 찾아보자.

지레 걱정할 필요는 없다. 재산을 몽땅 배낭 하나에 집어넣을 정도의 수준에 도달하자는 것은 전혀 아니니까. 어떤 식으로, 얼마만큼 더 세련되게 만들더라도 삶의 무게는 어쨌거나 줄어든다. 그런 다음에 보통 무슨 일이 생기는지 아는가? 우선 가벼워졌다는 느낌과 이런저런 걱정으로부터 자유로워졌다는 섬세한 느낌이 들면서, 뒤이어 좀 더 많은 물건들을 한 단계 더 세련시키고 싶은 마음이 생긴다. 그러므로 한번 얻은 동기를 잃지 않기 위해 목표를 정하자. 가령 매일 한 가지 물건을 처분하겠다든지, 총 100개의 물건을 정리하겠다는 식의 목표 말이다. 게다가 그런 목표를 가족이나 친구들에게 공공연히 알리고, 소셜 네트워크에도 아예 공개해서 진척상황을 업데이트해나간다면, 여러모로 지원을 얻을 수 있다.

하지만 '세련되게 가다듬기refine'란 그저 물건을 없애버리는 것 이상의 의미를 지닌다. 그것은 가진 것을 줄이면서 살아갈 수 있는 모든 방법을 추구하는 태도다. 그 목적을 이룩하려면 무엇보다 내가 소유하고 있는 모든 것들의 다재다능을 선호해야 한다. 다목적가구라든지, 겹겹이 입을 수 있어서 모든 계절에 착용 가능한 옷들, 어떤 복장에도 어울리는 신발이나 핸드백, 다양한 음식을 요리할 수 있는 조리기구 같은 것들이 그런 예에 속한다. 단 하나의 과제만 완수할 수 있는 특별한 기구와는 달리, 그런 믿음직한 일꾼들은 다양한 기회에 수완을 발휘하기 때문에, 그다지 많은 것들을 소유할 필요가 없을 것이다.

사실은 어떤 하나의 물건이 너무나도 다재다능하기 때문에 그것 하나만 있어도 충분한 경우는 적지 않다. 상상해보라, 스니커즈라든가 장화도 딱 한 켤레뿐이고, 특별한 기회에 입을 드레스도 딱 한 벌, 어떤 경우에나 다 어울릴 핸드백도 딱 하나만 있다면, 얼마나 가볍고 멋지겠는가 말이다! 펜도 딱 하나, 냄비도 딱 하나, 프라이팬도 딱 하나, 여행 가방도 딱 하나, 완벽한 색조의 립스틱도 딱 하나뿐. 두려워 말고 한 번 시도해보라. 다소 극단적으로 들릴지 몰라도, 놀라우리만치 실행 가능한 일이다. 게다가 엄청 재미도 있고.

남들이 모두 갖고 있기 때문도 아니고, 누구나 꼭 가져야 한다고 광고마다 떠들어대기 때문도 아니라, 내가 진정으로 원하기 때문에 택하는 스마트한 결정 – 그것이 바로 '세련되게 가다듬기'다. 내가 먹을 파스타를 직접 만들어봐야지... 애들 옷을 내 손으로 기워줘야지... 한번쯤은 강력 세척기로 지붕을 청소해야지... 같은 식으로 반드시 해야 할 것만 같은 일을 위해 도구를 장만해놓고는, 끝내 그걸 써먹지 못하고 썩히는 경우가 얼마나 많은가! 그런 물건들은 집착하지 말고 과감히 없앰으로써 내가 정말로 좋아하는 일을 할 수 있는 시간과 공간을 확보하자.

또 있다. 공유경제에 참여함으로써 내가 소유한 물건들을 한층 더 세련되게 가다듬자. 책이 필요하면 빌리고, 파티에 입고 갈 가운도 렌트하고, 공구 대여 라이브러리도 이용하고, 카 셰어 프로그램에도 참여하는 거다. 규칙적으로 필요한 것도 아니고 가뭄에 콩 나듯이 필요한 물건이라면, 굳이 사서 소유하기보다 빌리는 편이 더 낫다.

마지막으로, 최신 기술을 최대한 이용하고 가능하다면 뭐든지 디지털화하자. 예컨대 아름다운 추억이 서려 있는 물건이라도 그 자체를 지니고 살기보다는 사진으로 남겨 그 추억을 보존하는 게 어떨까. 디지털 기술은 내가 만든 서류들이며, 사진이며, 책, 영화, 음악, 게임, 심지어는 선조들이 물려준 가보조차도 완벽하게 '무게 제로'로 만들어준다. 실제로 그런 물건들을 보관하고 끌고 다닐 필요도 없이, 언제 어디서든 내가 원할 때 실컷 즐길 수가 있는 것이다. 이보다 더 가벼워질 수가 있겠는가!

'세련되게 가다듬기'는 한꺼번에 몽땅 해치울 일이 아니다. 그것은 나의 욕구를 지속적으로 평가하고 내 소유물을 끊임없이 '미세조정'하는 일이다. 어떤 것은 빌리고, 또 다른 것은 디지털화하고, 다 쓴 물건은 좀 더 다재다능한 것으로 대체하는 것이다. 그것은 '가볍게!'를 하나의 라이프스타일로 채택하여, 한 번에 조금씩 차근차근 무게를 줄여나가는 과정이다.

확실하게 통제하자

　내 집은 나만의 왕국이다. 내가 지닌 물건이 아니라 나 자신이 확실히 통제할 수 있도록, 슬기롭게 그 왕국에 군림하자!

　가정이란 하나의 복잡다단한 시스템이다. 그 속성상, 잘 관리하지 않고 내버려두면 혼란에 빠지기 마련이다. 만사를 평안하게 유지하려면 이끌어주는 손이 꼭 필요하다.

　당신의 성을 지키는 왕(혹은 여왕)으로서, 당신의 첫 번째 임무는 질서를 유지하는 일이다. 모든 소유물에는 각자의 자리가 있는 법이다. 모든 게 자기 자리로 돌아가도록 항상 신경을 쓰자. 테이블이며 주방 조리대며 마룻바닥 등, 어질러진 물건들이 쌓이게 마련인 그 모든 예쁜 표면들을 언제나 잘 지켜봐야 한다. 뭔가 거기에 돌아다니는 물건이 보일 때마다 그 물건의 본래 자리를 찾아줘야 한다. 집안의 다른 사람들도 어떤 물건이 어디에 놓여 있어야 하는지 확실히 알게 해주자. 샐러드 접시나 스테이플러나 학교에서 쓰는 양식 따위가 어디에 있어야 하는지, 레이블을 붙여두면 도움이 될 것이다.

　만사가 무질서해진다 싶으면, '리셋'을 하자. 그러니까, 당신의 공간을 어지럽혀지지 않은 원래의 상태로 되돌려놓는 것이다. 달리 표현하자면, 그 자리에 있지 말아야 할 물건들을 전부 모아서 치워버리는 것이다. 저녁

마다 혹은 일주일에 한 번씩, 엉망진창이 되기 전에 미리미리 이 '리셋'을 실행하자. 식구들을 모두 가담시켜서 각자가 자신의 물건들을 책임지게 하면 좋을 것이다.

당신의 두 번째 임무는 이 왕국에 들어오는 모든 것들을 '모니터'하는 일이다. 당신의 가정은 선물, 정크 메일, 무료 사은품, 할인 상품 따위의 침범에 아주 취약하므로, 그런 것으로부터 보호되어야 한다. 명절 때라든지 시즌 마감 땡처리처럼 그런 것들이 많이 몰려드는 시기에는 정신을 바짝 차려야 한다. 그럴 때면 대체로 방어의 손길이 무디어지고 왕국의 문이 활짝 열리니까 말이다.

내 집으로 들어오는 맨 마지막 아이템 하나하나에 주의를 기울이자. 집안으로 들어오는 흐름을 억제하면 할수록, 이 일은 한층 더 쉬워진다. 무엇보다 먼저 구매하는 것을 줄이자. (이 점은 '일상의 발걸음을 가볍게' Lighten your Step에서 좀 더 자세히 다룰 것이다.) 부탁하지 않았는데도 들어오는 것들에 대처하려면 창의성이 필요할 터인 즉, 메일링 리스트에서 내 이름을 빼고, 선물 주고받기 없는 휴가를 제안하며, 공짜 경품은 거절하고, 퇴물림 옷들은 다른 이에게 정중하게 넘겨주도록 하자.

어딘가에 무언가를 보관하려면, 그 전에 정말 그것이 나한테 꼭 필요한지 스스로 물어보자. 그것이 나의 삶을 괜히 무겁게 할지, 좀 더 가볍게 할지 말이다. 무언가 새로운 것을 받아들이는 경우엔, 새 책이 오면 책 하나를 내보내고, 새 구두를 받아들이면 헌 구두를 처분하고, 소파를 새로 구했으면 헌 소파를 내버리는 식의 '동일 물품 맞교환 a like-for-like trade'으로 평형을 유지하자. 내 집의 무게를 **조금이라도 증가시키지 않도록** 최선을 다하자.

마지막으로 "가볍게"를 내 왕국의 최고 법으로 추대하자. 소비주의를 왕좌에서 끌어내리고, 공동체, 창의성, 관용, 지속성 같은 가치 위에다 내 집과 가족생활의 중심을 잡는 것이다. 한가한 시간을 쇼핑으로 허비하지 말고 차라리 자원봉사를 하든지 소설을 써보자. 아이들에겐 얻는 즐거움이 아니라 베푸는 즐거움을 가르치자. 쓰레기를 많이 만들어내지 말고 환경을 해치지 않도록 조심하자.

그리고 다른 이들과 연맹을 맺음으로써 이러한 노력을 더욱 펼치도록 하자. 내 남편(아내), 아이들, 부모님, 동료들까지도 미니멀리즘에 관심을 갖도록 만들 수 있다면, 더더욱 좋은 일이다. 그렇게 되면 우리 엄마가 물질로써 손주들의 성격을 버려놓는 일도 적어질 것이며, 나랑 제일 친한 친구는 선물 주고받기가 아닌 다른 대안을 궁리할 것이다. 그들에게 설교를 늘어놓기보다는 좀 더 가볍게 살아가기에서 내가 발견한 행복을 그냥 나누면 된다.

나의 집에 새로운 위계질서를 확립하자. 물건보다 공간을, 소유보다 사람들을 더 소중히 여기자. 그러면 평온함이 나의 세계를 지배할 것이다.

절제하는 마음으로

마케터, 광고주, 그리고 사회 전반이 우리를 부추긴다. 소비하라고. 더 많이 소비할수록 더 좋다고. 지난 몇 년 동안에는 소셜 미디어까지 그런 압력에 가세해왔다. 트렌드는 번갯불에 콩 볶아 먹는 속도로 움직이고, 유명인들과 인플루언서들은 소위 "최신 필수템"으로 우리들의 피드를 가득 채운다. 그로 인해 우리는 어떻게 되고 마는가? 뱁새가 황새 따라가려다 가랑이가 찢어지듯 더 많은 물건, 더 많은 빚, 더 많은 스트레스에 허덕이게 될 뿐이다.

좀 더 가볍게 살고 싶다면, '절제'를 실행하자. 지금과 같은 과잉의 시대에 절제란 참으로 귀하면서도 아름다운 것이다. 절제는 우아한 단순함이요, 절대로 없어서는 안 될 필수적인 것만 갖고서 단아하게 사는 것이다.

그렇다고 쇼핑을 완전히 중단해야 하는 것은 아니다. 온갖 먹거리와 옷가지와 가구와 기타 꼭 필요한 물건들을 직접 재배하거나 만드는 것은 도무지 실용적이 아니잖은가. 그보다 진짜 문제는 우리가 너무나 많은 것들을 꼭 필요하지도 않으면서 소비한다는 점이다. 그런 행태는 내 집을 뒤죽박죽으로 만들 뿐 아니라, 지구에 사는 주민들이 너나 할 것 없이 의존하고 있는 소중한 자원들을 낭비해버린다.

＊ 내가 '절제'를 실행하면, 내가 사는 것은 꼭 필요한 물품에 국한된다. 더 적게 사는 것이다. 훨씬, 훨씬 더 적게 말이다. 입던 스웨터가 낡아서 더 못 입게 되었기 때문에 새 스웨터를 사고, 업무에 꼭 필요하니까 갤럭시 패드를 사며, 앉을 무엇인가가 필요하므로 의자를 사는 것이다. 그런 것들이 최신 트렌드이거나, 최신식 기술이거나, 가장 '힙'한 디자인이어서 사는 게 아니란 말이다. 그러니까 난 신기함 때문이 아니라 기능 때문에 사고, 욕심이 나서가 아니라 필요하니까 사게 되는 것이다.

＊ 내가 '절제'를 실행하면, 이미 가지고 있는 것으로 그럭저럭해나간다. 내가 원하는 바를 해줄 수 있는 무언가가 있다면, 굳이 새 물건을 사지 않는다. 그리고 원하는 목적에 맞게 고치거나 모양을 바꿔줌으로써 내 욕구를 만족시킬 수 있는 것은 없는지 찾아본다.

＊ 내가 '절제'를 실행하면, 특수한 물품이나 딱 한 가지 기능만 발휘하는 물건을 웬만하면 사지 않는다. 그런 것보다는 다목적용 만능 아이템을 더 좋아한다. 가령 감자 껍질만 벗기는 칼이 아니라, 두루 쓰이는 과일칼을 선호한다는 얘기다.

＊ 내가 '절제'를 실행하면, 빌릴 수 있는 한 빌리고 내 물건들은 다른 사람과 함께 쓴다. 뭐든지 꼭 소유해야 할 필요는 없음을 깨달을 것이며, 어쩌다 가뭄에 콩 나듯이 쓰는 것들은 굳이 사서 소유하지 않으려 할 것이다.

＊ 내가 '절제'를 실행하면, 오늘내일이 아니라 오랜 기간을 염두에 두고 물건을 산다. 유행을 타는 싸구려 물건들은 건드리지 않고, 만듦새가

튼튼해서 오래 가고 유행 타지 않는 스타일을 선호할 것이다. 내 물건이 가능한 한 오래 가주기를 바랄 것이다. 그래야 지구의 자원을 덜 사용하고 쓰레기도 덜 만들 것이 아닌가.

만약 내가 두 가지 기본 원칙만 충실히 따른다면, '절제'를 실행하기는 아주 쉬울 것이다. (1) 먼저 무언가가 꼭 필요할 때에만 쇼핑한다. 시간이 남으면 쇼핑몰이 아니라 차라리 공원으로 달려가라. 그리고 뭐 살 게 없나, 하면서 카탈로그를 훑어보지도 말고 온라인 쇼핑몰에 접속하지도 말자.

(2) 무슨 수를 쓰든 광고를 피하자. 광고를 보면 내가 왠지 불안하다고 느끼게 되고, 내가 가진 것은 흡족하지 않다고 느끼기 마련이다. 광고는 그런 의도로 만드는 거니까. 광고를 피하는 몇 가지 아이디어가 있다. 카탈로그 쳐다보지 않기, 텔레비전 끄기, 브라우저에 광고 차단 기능 설치하기 등. 아이들도 광고로부터 보호해주자. 아직은 어릴지 모르지만, 아이들은 내가 무엇을 사는가에 막강한 영향을 미치기 때문이다.

만약 '절제'가 어렵다면, 이런 걸 시도해보자. 당장 꼭 필요한 물건이 아니라면 구매하기 전에 2주일의 '대기 기간'을 가져보라. 그래, 물론, 저 귀여운 드레스나 앙증맞은 쿠션의 바겐세일은 곧 끝날지 모른다. 하지만 2주간 기다리다 보면 사실은 그게 꼭 필요한 물건이 아니라는 걸 깨닫게 될지 누가 알겠는가? 아니, 그 기간이 끝날 즈음이면 아마도 그걸 사고 싶었다는 사실조차 까맣게 잊어버릴 것이다. 그리고 혹시 최근에 '지름신'이 찾아와 큰돈을 쓴 것이 나중에야 후회된다면, 아예 돌려줄 방법은 없는지 찾아보라. 요즘은 관대한 반품 정책을 제시하는 판매자들도 꽤 많으니까. 그리고 다음번엔 최선을 다해 충동구매를 금하도록 하자.

천만다행으로, 내가 "가볍게"를 주문처럼 외고 다니면, 그 즐겁던 쇼핑도 차차 매력을 잃고 만다. 평생 끌고 다녀야 할 짐(가방), 언젠가는 정리해야 할 짐이 많아지는 게 싫은 거다. 그러니 나의 신용카드를 넘겨주기 전에, '결제' 버튼을 누르기 전에, 이 구매가 어떻게 나를 짓누르게 될지 곰곰 생각해보자. 그것 때문에 행여 빚을 지는 건 아닌지, 그게 너무 공간을 차지하게 되진 않을지, 나중에 처치 곤란하게 되는 건 아닌지? 그런 부담을 질 만한 가치도 전혀 없는 것들이 얼마나 많은지!

하나씩 차근차근

직장에서 입는 옷들

옷장에서 가장 많은 공간을 차지하는 것은 바로 일터에 입고 가는 옷들이다. 우리 대부분이 그렇다. 일주일 가운데 가장 많은 시간을 밥벌이하는 데 사용하고 있으니, 당연히 직장에서 깔끔하고 전문적으로 보일 수 있는 옷들이 필요하다. 설사 집에서 근무하는 경우라 할지라도, 직접 사람을 만나거나 프레젠테이션을 해야 하는 경우를 대비해서 몇 가지 복장을 갖춰놓아야 할 것이다.

근무복이 바로 나의 옷장에 모셔둔 일꾼이다. 하지만 그렇다고 해서 온갖 근무복을 산더미처럼 쌓아둬야 한다는 뜻은 아니다. 참으로 아이로니컬한 얘기지만, 내가 지닌 옷 종류가 적으면 적을수록 나는 한층 더 야무지게 보일 것이다.

기억해두자, 일은 무슨 패션쇼가 아니다. 직장동료들이나 고객들은 내가 무슨 옷을 입고 일하고 있느냐가 아니라, 내가 어떻게 그 일을 완수하느냐에 더 관심이 많다. 그리고 내가 매일 똑같은 옷을 입고 출근하지 않는 한(설사 그렇게 한다 해도 더 권위 있게 보일 테지만), 사람들은 내가 하나의 복장을 반복해서 입는지 알아채지도 못할 것이 뻔하다.

어떻게 해야 나의 근무복을 가볍게 줄일 수 있을까? 우선 근무복과 주말에 입는 옷들을 분리하자. 혹은 근무복과 공식행사에 입을 옷들을 분리하자. 왜? 직장에 입고 갈 옷만을 위한 미니 '캡슐 옷장'을 만들기 위해서다.

자, 먼저, 난 근무복이 몇 가지나 필요할까, 그것부터 결정하자. 아마도 모두 6~10가지만 있으면 흡족할 것이다. 적은 쪽을 택해 여섯 가지라면, 요일마다 한 벌씩에다 가외로 한 벌의 예비까지 충분히 갖추는 셈이다. 그리고 어떤 요일에 정해진 한 가지만 자꾸 반복해서 입지 말고, 특정 요일에 계속 돌아가면서 딴 옷을 입는다. 또 행여 어떤 옷이 찢기거나 얼룩이 묻어 못 입게 되는 비상시에는 대안을 제공하기도 한다. 반대로 좀 많다 싶은 10벌을 택한다면, 2주일에 걸친 독특한 앙상블을 갖추는 셈이어서, 누구든 이보다 더 많은 근무복은 필요하지 않을 것이다.

그런 다음, 이미 갖추어놓은 옷으로 여러 가지 조합을 만들어보자. 우선 '믹스 앤 매치'를 할 수 있는 상의 여섯 가지와 하의 여섯 가지를 선택한다. 하의는 각자의 기호와 스타일에 따라서 바지와 스커트로 나눈다. 옷장을 최소한으로 줄이는 게 목적이라면, 드레스를 추천한다. 드레스는 아래위를 모두 덮어주는 동시에, 편안하고도 스타일리쉬한 옷매무새를 제공하기 때문이다.

근무복을 고를 때 어떤 요소를 고려해야 할까? 무엇보다 먼저 내 몸에 잘 들어맞는지, 나를 돋보이게 해줄 옷인지, 내가 일하는 직장에 어울리는지, 등을 따져봐야 한다.

(1) 직장에서 입을 옷에 관한 한, 가장 중요한 것은 '핏[fit],' 그러니까 내

몸에 꼭 맞느냐 하는 점이다. 주말이라면 다소 단정치 못한 옷이라든지 심지어 너무 꼭 끼이는 옷을 입더라도 그런대로 넘어갈 수 있겠지만, 직장에서라면 적당히 몸에 맞지 않는 복장은 직업인답게 보일 수가 없다. 따라서 몸에 잘 어울리는 옷이나 맞춤으로 만들 옷만 선택하자.

(2) 근무복을 위한 캡슐 옷장에 들어갈 만한 후보작들은 반드시 나를 돋보이게 해주는 것이어야 한다. 꼭 패셔니스타가 되어야만 동료들에게 좋은 인상을 주는 것은 아니지만, 그래도 가능한 한 멋진 모습을 보여주는 게 좋지 않겠는가. 어떤 옷을 입고 기분이 좋으면 일을 하면서도 나한테서 자신감이 발산되는 법이다.

(3) 내 직장에 딱 어울리는 근무복만 지니도록 하자. 다시 말해서 지나치게 캐주얼하게 보인다든지 너무 화려한 옷, 혹은 다른 의미에서 적절하지 않은 옷은 전부 없애버리자. 딱히 복장에 관한 규정이 없는 직장이라면, 상급자들이 어떤 옷을 입고 출근하는지 눈여겨봐서 힌트를 얻는 게 좋다.

이렇게 직장에서 입기 좋은 핵심 아이템을 정했다면, 이제 아래와 같은 세 가지 기준에 의해서 근무복 캡슐 옷장을 완벽하게 '큐레이트'할 차례다.

＊ 먼저 유행을 좇는 '트렌디'한 옷보다 '고전적'인 옷을 택하라. 그런 옷이 더 세련되고 프로페셔널하게 보일 뿐 아니라, 옷장 안에서 오래 견디는 힘도 훨씬 더 강하다.

＊ 온도에 크게 구애받지 않고 편안하게 입을 수 있는, 어떤 계절에라

도 착용할 수 있는 옷감의 근무복을 택하자. 우리는 대개 기온이 항상 잘 조절된 환경에서 일하고 있으며, 일터에서는 굳이 여름옷과 겨울옷이 따로 필요하지 않기 때문이다.

✳ 마지막으로, 캡슐 옷장에는 편안한 옷들만 넣어두자. 직장에서 보내는 시간은 길고도 힘들 수 있다. 그러므로 편안한 기분을 유지할수록 업무 성과도 더 높아질 것이다. 맡은 거래를 성사시키기 위해서 중요한 프레젠테이션을 하고 있는데, 옷 때문에 어디가 가렵거나, 수시로 옷을 끌어당겨야 하거나, 자꾸 옷매무새를 고쳐야 한다면, 얼마나 짜증 나겠는가.

참으로 힘들이지 않는 복장을 원한다면, 세계에서 가장 성공한 유명인들로부터 힌트를 얻어 나만의 개인적 유니폼을 만들어보는 건 어떨까? 매일 입어도 좋고, 나 아니면 누구도 구사할 수 없는 독특한 스타일이나 앙상블 같은 것 말이다. 이런 전략을 세우면 소위 '결정피로decision fatigue'를 없앨 수 있다. 아침마다 하고많은 옷들을 헤집으며 그날 입을 걸 골라내야 하는 데서 오는 피로감 말이다. 나만의 유니폼을 정해놓으면 하루를 수월하고도 효율적으로 시작할 수 있어서, 중요한 일을 처리하기 위한 시간과 에너지도 얻을 수 있다.

근무복을 위한 캡슐 옷장을 만든 다음에 남는 옷이 있으면, 나의 '아웃 박스'에다 가능한 한 많이 집어넣자. 직장에서 입는 옷들은 자선기금을 모으는 중고품 가게나 'Dress for Success' 같은 자선기관에서 많이 찾은 물품이다. 어쨌든 취직해서 독립하려고 안간힘을 쓰는 사람에게는 면접할 때 입고 갈 번듯한 양복을 얻는 것이 엄청나게 중요하니까 말이다.

어떻게 처리해야 할지 맘을 정하지 못하고 망설이는 옷들이 있다면, 옷장에 다시 넣어두지 말고 '잠시 보류'로 분류하자. 캡슐 옷장에 들어 있는 옷만으로 어떻게 해나갈 수 있는지 잠시 두고 보자는 얘기다. 몇 달이 지나도 '잠시 보류'에 있는 옷을 꺼내 입지 않았다면, 그런 옷들은 없애버려도 아쉬울 일이 없을 것이다.

요약해보자. 몸에 잘 맞지 않는 옷, 입어도 기분이 유쾌하지 않은 옷, 직장에 어울리지 않는 옷 등은 망설이지 말고 없애자. 그리고 유행을 타지 않는 옷, 계절에 무관한 옷, 편안한 옷을 먼저 택하자. 그렇다, '가볍고 홀가분한' 옷차림으로 출근하는 것은 그처럼 간단한 노릇이다.

평상복 혹은 캐주얼 웨어

주말에 입는 옷, 반려견을 데리고 나갈 때 입는 옷, 바깥심부름 하러 갈 때 입는 옷, 집안에서 빈둥거릴 때 입는 옷... 이런 것들이 평상복 혹은 캐주얼 웨어다. 직장에서 일할 때 입는 옷을 제외한 다른 모든 옷이 여기에 속한다.

평상복도 근무복의 경우와 꼭 마찬가지로 아무렇게나 고르면 안 된다. 그렇지만 여가에는 아무래도 야외 활동이 더 많기 때문에 더러는 계절에 맞는 옷을 고를 필요가 생기게 마련이다. 나는 이렇게 권하고 싶다. 추운 날씨에 대비해서 4~6가지 옷, 따뜻한 날씨를 위해서 4~6가지 옷을 목표로 삼자. 그렇게 해놓으면 날씨가 싸늘해질 때 긴소매와 바지, 그리고 온도가 올라갈 때 가벼운 옷을 입을 수 있게 될 것이다.

캐주얼한 옷을 고를 때 핵심적인 기준은 무엇보다 편해야 한다는 것, 유지하고 수선할 일이 적어야 한다는 것, 그리고 어떤 환경에서도 두루 입을 수 있게 융통성이 있어야 한다는 것 등이다.

＊ 우선, 입으면 편안해서 마음이 푸근해지는 옷을 골라야 한다. 말쑥한 양복을 입고서 발길질을 하거나 폭 좁고 기다란 스커트를 입고서 요리를 하고 싶은 사람이 어디 있겠는가. 마음대로 움직일 수 있는 넉넉한 옷을 입어야 식재료가 가득 담긴 쇼핑백도 척척 움직이고, 진공청소기도 쉽

사리 다룰 수 있고, 아이들과 신나게 장난치고 놀 수도 있을 것이다. 편안한 실루엣과 조이지 않는 (살짝 신축성이 있는) 옷감은 최대한의 편안함을 보장한다.

＊ 둘째로, 평상복은 모양새를 유지하기가 수월해야 한다. 지나치게 꾸밈이 많거나, 너무 값비싸거나, 세탁하기 어려운 옷들은 절대 사지 말자. 평상복이란 요리하고 세탁하고 애들과 뒹굴고 반려동물과 어울리고 너르더너른 야외에서의 활동 등에 적당한 옷이라야 한다. 그러니까 드라이클리닝이 아니라 그냥 물세탁을 해도 괜찮은 옷을 선택하자. 행여 때 묻을까 걱정하느라 즐거운 주말을 망치는 일이 없을 것이다.

＊ 마지막으로, 융통성이란 요소도 맘에 새겨두자. 집 안에서든 밖에서든 두루 입을 수 있는 옷을 고르자. 헐렁한 '땀복'보다는 요가복(요가 팬츠)와 꼭 맞는 티셔츠가 더 적당할 것이다. 그냥 가까운 우체국이나 식료품점에 다녀오는 길이라 할지라도 남 보기 괜찮은 복장이면 더 낫지 않겠는가.

그저 집에서 빈둥거리는 (혹은 청소를 하는) 경우도 마찬가지다. 멋진 드레스를 입고 뾰족구두를 신고서 진공청소기를 돌릴 일이야 물론 없겠지만, 그래도 누가 초인종을 누르면 부끄럽지 않은 모습으로 문을 열어줘야 할 것 아닌가. 편안하면서도 깔끔하게 차려입고 있으면, 일상의 과제를 수행하면서도 평안하고 우아한 느낌을 유지하는 데 도움이 된다.

평상복을 고르는 것은 어렵지 않은 노릇이다. 일과가 끝나고 집에 돌아와서 혹은 휴일에 무심코 껴입는 옷이 바로 평상복이니까. 도움이 될지 모르겠지만, 내가 입은 옷을 일주일 동안 기록해두고 어떤 패턴이 드러나는지를 보는 것도 좋은 방법일 것이다.

내가 입는 하의는 아마도 치노, 진, 요가복, 레깅스 같은 것들로 이루어질 것이다. [치노^{chino}는 운동복 같은 것을 만드는 데 쓰이는 질긴 면직물_옮긴이] 이런 하의는 오래 가고 편해서 여러 가지 다양한 활동에 두루 잘 어울린다. 그리고 윗옷은 티셔츠에서부터 좀 더 맞춤옷에 가까운 스타일에 이르기까지 다양할 텐데, 후자는 브런치 하러 가거나 학부모 모임에 나갈 때 입어도 무난할 것들이다. 거기에 캐주얼 드레스나 스커트를 끼워 넣어 색다른 조합을 만드는 것 또한 괜찮을 것이다. 여기에 샌들을 신으면 곧장 해변으로 나가도 무난하고, 힐을 신고 나서면 시내를 활보하기에도 좋으리라.

이렇듯 평상복의 무게를 줄여 가벼워지면, 단정치 못하거나 추레한 옷에 붙잡힐 염려도 없고 뭘 입을까, 고민하느라 시간 낭비할 일도 없을 것이다.

정장 혹은 예복

지금 당신의 옷장에는 예복이 몇 벌이나 들어 있을까? 그건 아마 당신이 일 년에 몇 번이나 그런 행사에 참석하느냐에 달려 있을 것이다. 다시 말해서, 대개는 이런 특별한 옷이 많아봤자 세 벌 정도만 있어도 그럭저럭 난처할 일이 없을 거란 얘기다. 당신의 삶이 좀 더 화려하다면 몇 벌쯤 더 해주면 될 것이고.

그런데도 정장이나 예복이 지나치게 많은 경우는 어떻게 해서 생기는 걸까? 만약 꼭 나비넥타이라도 매고 정장 차림으로 가야 할 행사에 초대받으면, 우리는 얼른 나가서 그 행사에 어울릴 뭔가 특별한 것을 산다. 하지만 일단 행사가 끝나면, 아무리 앞으로 다시 그 옷들을 입을 일이 없을 것 같다 해도, 차마 내다 버리지는 못하는 법이다. 적잖은 돈을 주고 산 것인 데다, 정말 '멋진' 옷이니 어쩌겠는가? 그러다 보면 머지않아 옷장에는 화려한 고급 정장이 가득하고, 그걸 입고 나설 일은 없는 상태가 돼버리는 것이다.

이런 예복은 우리 옷장 안에서도 가장 비활동적인 놈들이다. 어쩌다 가뭄에 콩 나듯이 동원되기는 하지만, 대부분은 예쁘장하게 그냥 옷장 안에 걸린 채로 시간을 보낼 따름이다. 이런 녀석들을 도대체 왜 그냥 보관하고 있는 걸까? 누군가가 청첩장을 보내왔을 때 나한테 멋진 예복이 미리 준비되어 있으면 훨씬 골치가 덜 아프기 때문이다.

그러나 설사 내가 화려한 행사에 여러 번 참석한다손 치더라도, 예복은 사실 한 벌만 있으면 충분하다. 공식적인 행사란 게 어쩌다 한 번 있는 일이고, 참석자들은 매번 다르기 때문이다. 똑같은 사람들을 오페라 공연에서도 만나고, 우리 조카 결혼식에서도 만나고, 우리 아들녀석 학교의 자선기금 행사에서도 만날 일이 어디 있겠는가? 그러니 어째서 예복이 좋은지 알겠는가? 그렇다, 같은 옷을 입고 행사마다 찾아다녀도 괜찮다는 점이다.

그러니까 공식 예복 같은 것은 일 년 내내 언제라도 입을 수 있어야한다는 것을 염두에 두고 고르자. 우리네 미니멀리스트들에겐 다행스러운 일이지만, 정장은 보통 계절과 상관이 없다. 남자들은 일 년 내내 똑같은 양복이나 턱시도를 입어도 무방하고, 여자들은 엄동설한에 끈 달린 이브닝 드레스 차림으로 나타나도 나무랄 사람이 없다. 여름에나 어울릴 무늬가 찍힌 옷이라든지, 벨벳처럼 특별한 계절에만 입을 법한 옷들을 피하자. 그러면 일 년 중 언제라도 당신의 그 한 벌 파티복을 입을 수 있으니까.

두루 입을 수 있는 융통성으로 말하자면, 예의 저 검은색 드레스야말로 유서 깊은 고전 작품이 아닐 수 없다. 어떤 행사에 참석하든 거의 언제나 '스타일리쉬'하면서도 '쉬크chic'하게 보일 수 있는 가장 쉬운 방법이다. 그뿐인가, 까만 드레스는 뭐가 좀 묻어도 잘 드러나지 않아, 누가 실수로 칵테일을 쏟아도 저녁을 온통 망칠 일은 없다. 만약 당신이 예복을 딱 한 벌만 갖는다면, 저 검은색 드레스야말로 최고의 후보라 할 것이다.

그러나 검은색이 맘에 들지 않는다면, 그 콘셉트에 살짝 변화를 주어 비틀면 된다. 스타일은 고전적인 것으로 유지하되, 색상만 다른 것을 선택하는 것이다. 빨간 드레스를 입으면 사람들이 한 번 더 쳐다보게 될 것이고, 푸른색 드레스라면 차분하게 보일 것이며, 회색 드레스는 그 나름의 세련미를 지닌다. 게다가 브런치를 겸한 결혼식이라든지 정원에서 벌어지는 파티처럼 전형적인 검은색 드레스가 썩 어울리지 않을 수도 있는 자리라면, 조금 연하고 가벼운 색상으로 대체할 수도 있을 것이다.

가외로 이런 아이디어도 있다. '컨버터블convertible' 드레스, 그러니까 모양을 바꿀 수 있는 드레스를 장만하는 것도 괜찮다. 드레스를 슬쩍 비틀거나 몸에 두르거나 느슨히 걸쳐서 아주 많은 수의 다양한 변신을 시도할 수 있다. 끈 없는 드레스, 끈을 목 뒤에서 묶는 홀터halter 드레스, 한쪽 어깨만 드러나는 드레스, 짧은 소매 드레스, 소매가 극도로 짧은 캡cap 슬리브 드레스 등등, 변화무쌍한 드레스가 나올 수 있다. 이렇게 되면 여러 행사에 똑같은 드레스를 입고 가면서도 매번 다른 모습을 뽐낼 수 있다.

나의 왕관은
내 머리 위가 아니라
내 가슴 안에
있다.

윌리엄 셰익스피어

자, 이제 특수한 의복만 갖추면 우리의 옷장은 완성이 된다. 여기서 특수한 의복은 어떤 특정의 취미나 임무, 혹은 어떤 계절에 국한된 활동을 위한 옷을 가리킨다. 휴가 떠날 때 챙기는 수영복처럼 그리 자주 입지 않는 옷일 수도 있고, 반대로 조깅할 때 입는 옷처럼 거의 매일같이 입는 옷일 수도 있다.

이런 옷들은 통상적인 옷장으로부터 분리해 놓아야 알맞게 모아서 정리할 수도 있고 '큐레이트'할 수도 있다. 이런 특수복의 경우, 몇 벌을 가져야 할지를 결정하려면 얼마나 자주 입게 될지를 고려해야 한다. 예를 들어보자. 내가 일 년 열두 달 중에 겨우 한두 번만 물에 들어가는 사람이라면, 수영복을 대여섯 벌씩이나 가질 필요가 있겠는가? 이럴 땐 보관용으로 딱 한 벌만 (혹은 많아야 두 벌만) 고르되, 몸에 잘 맞는 수영복, 입으면 돋보이는 수영복, 기분이 아주 좋아지는 수영복이어야 한다. 그렇지 않으면 절대로 입고 싶은 마음이 생기지 않을 것이다.

반면, 내가 하루도 빠짐없이 조깅을 하러 나가는 사람이라면, 한 차례의 '세탁 사이클' 동안 갈아입기 충분할 만큼 넉넉하게 운동복을 마련해야 한다. 그 사이클이 며칠이든 한 주일이든 상관없다. 정원에서 일할 때 입을 옷, 댄싱 연습할 때 입는 옷, 기타 특별한 임무를 위해 입을 옷들도 모두 마찬가지다.

특수복을 '큐레이트'하는 것은 나의 삶을 평가해보는 아주 훌륭한 기회가 된다. 다시 말해서 이렇게 스스로 물어볼 기회라는 말이다. "내 옷장은 내가 살아가는 현실과 잘 어울리는가?"

우리는 어떤 특별한 활동을 꼭 하고 싶어서 (혹은 꼭 해야겠다고 느껴서) 복장을 갖추어놓고는 끝내 그 활동을 하지 않는 경우도 더러 있다. 옷장 안에 운동복이 그득하다고 해서 내가 건강하고 늘씬하게 되는 것은 아니다. 그런 특별한 옷을 갖고 있으려면, 헬스클럽에 나가겠다고 스스로 맹세해야 한다. 옷장 저 안쪽에 손길도 안 닿은 채 걸려 있는 스키복도 마찬가지다. 십 년이 가도 스키 슬로프에 한 번도 올라가는 일이 없다면, 그 스키복은 과감히 내버릴 때가 온 것이다.

그런가 하면 나를 감상에 젖게 만드는 옷도 더러 있을 수 있다. 언젠가 한 번 입었지만 이젠 내 삶과 연관이 없게 된 그런 옷들. 시집가는 친구의 신부 들러리로 나섰을 때 입었던 옷이나 졸업 무도회 때 입었던 드레스를 다시 입을지도 모르는 상황을 이제 상상이나 할 수 있겠는가? 대학 시절의 그 두터운 스웨터라든가 음악회 기념 티셔츠, 여행길에 샀던 티셔츠, 신기한 디자인이라고 샀던 티셔츠 따위를 다시 입게 되겠는가? 입을 일이 없다면 추억으로 간직하게 사진이나 하나씩 남겨놓고, 정리해버리는 게 맞는다. 나의 옷장은 나의 현재를 축하하는 것이어야지, 나의 과거에 바치는 송시頌詩가 되어선 안 된다.

'가볍게' 입으려면, 지금 실제로 입는 것들만 보관해야 한다. 한때 입었던 옷이나, 입고 싶은 옷, 입어야 하는 옷, 언젠가 '밤하늘의 별들이 한 줄로 나란히 서면' 입을지도 모를 옷 따위는 아니다.

　기억해두자, 이것은 당신이 정말 하고 싶은 무언가를 포기하라는 얘기가 아니다. 당신이 정기적으로 산행을 다닌다면 그 하이킹 바지는 당연히 보관해야 하고, 지금 재즈댄스를 배우러 다니는 중이라면 그 리어타드 leotard 는 버릴 필요가 없으며, 코스프레에 푹 빠져 있다면 그 코스프레 복장은 물론 갖고 있어야 할 것이다. 좋아하는 취미활동에 필요한 복장을 지니고 있는 것은 중요하니까. 다만, 연고도 닿지 않으면서 괜히 거추장스럽기만 한 옷들이나, 지금 당신이 하고 있지 않은 것을 생각나게 만드는 옷들은 당신에게 필요 없다는 얘기다. 그런 것들은 모든 일에서 재미를 쏙 빼앗아 갈 뿐이니까 말이다. 당신의 특별한 복장을 '큐레이트'하면, 당신이 진짜로 즐기는 일이 무엇인지를 확인하게 되고, 바로 그 일을 추구하는 데 필요한 옷들만 간직하게 된다.

양말류와 속옷

양말류와 속옷은 항상 넉넉하게 지니고 있어야 한다. 그래야만 필요 이상으로 자주 세탁을 하지 않아도 된다. 대체로는 7일~10일 동안 필요한 양이면 충분하다.

남성들의 경우? 더 이상의 이야기가 무슨 필요하겠는가? 됐다.

여성들? 좀 더 얘기를 나눠야 할 것 같다.

우리 여자들은 왜 속옷을 그토록 많이 지니고 살게 되는 걸까? 왜냐하면... 우리에겐 (대개 섹시하진 않지만) 편안한 속옷도 있고, (대개 편안하진 않지만) 섹시한 속옷도 있기 때문이다. 그럼, 어떡해야 할까? 그 둘 사이에 제대로 균형을 갖추는 게 트릭이다. 그렇게 되면 우리의 속옷은 일상적인 경우와 로맨틱한 경우, 모두에 어울리게 될 테니까.

위의 목적을 위해서는 섹시하고 여성적이면서도 동시에 입어서 안락한 느낌이 드는 속옷을 선택해야 한다. 가장자리에 레이스나 다른 장식이 달린 부드럽고 단순한 실루에트라면 속옷의 기능도 잘 수행하면서 예쁘게도 보인다. 하지만 장식은 가능한 한 적은 게 좋을 것이고, 솔기 없는 옷을 택해야 선이 드러나 보인다든지 눈에 거슬리게 튀어나오는 일이 없을 것이다.

브래지어는 네 개쯤 있으면 미니멀리스트에 어울릴 뿐 아니라 매일 매일 필요한 것을 충족시킬 수 있는 합리적인 양이라 하겠다. 물론 당신의 라이프스타일이나, 몸매, 참여하고 있는 여러 가지 활동에 따라서 좀 더 (혹은 좀 덜) 필요할 수도 있다. 끈을 뗐다 붙였다 할 수 있고 안팎을 바꾸어 사용할 수 있는 브래지어를 택하면 (끈 없이, 끈 하나로, 어깨와 등을 드러내고 목 뒤에서 묶는 홀터 스타일로, 크로스백 스타일로, 혹은 클래식한 스타일로 두루 착용할 수 있으므로) 여러 개의 특별한 브래지어를 갖출 필요가 없어질 것이다.

체형을 보정補整하는 '셰이프웨어shapewear'는 어떨까? 물론 가장 일반적인 법칙은 타고난 몸매를 받아들이는 것이다. 어떤 부위든 신체 일부를 향상한다든지, 치켜올리거나 밀어 올려야 한다는 강박은 갖지 말아야 한다. 있는 그대로의 내가 아름다운 법이니까. 그렇긴 하지만, 셰이프웨어로 살짝 날씬해 보이거나 부드러워지면 하늘을 날 듯한 기분이 들 때도 있긴 하다. 하지만 그런 옷들은 나긋나긋한 드레스와 아주 특별한 행사가 있을 때를 위해 잘 보관해두자. 그래야 시도 때도 없이 몸뚱어리를 꽉 죄거나 으깨는 일이 없을 테니까. 몸에 찰싹 달라붙는 옷 아래에서 작동하는 다재다능한 셰이프웨어를 그저 몇 가지만 갖고 있으면 될 일이다.

양말류를 가볍게 줄이려면 단순한 스타일과 색상만을 선택하자. 물론 양말, 타이츠, 팬티호스 등은 옷장에 있는 대다수의 옷과 잘 어울려야만 가장 이상적이다. 무지개를 모으듯이 울긋불긋 온갖 색의 양말류를 탐내지 말고, 누드 색이나 회색 혹은 검은색 등의 중간색을 선택하도록 하자. 무게나 질감의 측면에서도 일 년 내내 계절에 상관없이 적절한 것을 선택하는 편이 좋겠다. 가령 나는 여느 아가씨나 다름없이 포근한 (새끼줄 모양의) 케이블 니트를 참 좋아하지만, 그런 것은 언제 신어도 사실 너무 더운 편이다.

참신하고 기발한 양말과 타이츠를 즐기는 것도 재미있을 테지만, 그런 제품은 곧 옷장 안에서 뒹굴기만 하는 경우가 대부분이다. 혹시 그런 유난스러운 것을 원한다면, 한 번에 한 켤레씩만 사고, 그것이 다 닳은 다음에 또 다른 것을 사겠노라고 맘을 굳게 먹자. 그래야만 그걸 신을 때의 즐거움이 살 때 느낀 즐거움만큼 큰지 아닌지, 확인할 수 있을 테니까. 한 가지 덧붙이자면, 귀엽기만 한 디자인이나 지나치게 꾸민 패턴, 그리고 딱 한 가지 옷에만 어울리는 양말류는 모두 피하는 게 상책이다.

진심으로 미니멀리스트가 되고 싶다면, 도대체 양말류가 필요하기나 한 것인지, 그것부터 곰곰 생각해보자. 내가 처한 기후환경이나 직장에 따라서 정말 얼어붙게 추운 날씨만 아니면 맨발로도(혹은 맨다리로도) 얼마든지 괜찮을 수 있을 테니까 말이다.

외투

외투 종류를 현명하게 고를 수만 있다면, 두툼한 코트를 그득 채워 넣은 옷장은 절대 필요 없을 것이다. 정말 요긴한 외투 몇 점만 있으면 어떤 날씨에도 편안함을 누릴 수 있는 것이다.

가장 중요한 것은 "어떤 외투가 필요한가를 패션이 아니라 날씨에 따라 결정해야" 한다는 점이다. 그게 당연한 것 아니냐고 물을지도 모르지만, 때로 제품 카탈로그에서 너무나 귀여운 스키복을 만나기라도 하면, 금방 사버리고 싶은 맘이 굴뚝 같지 않겠는가? 설사 내가 사는 곳의 날씨에서는 스키복은 참 가당치 않은 거라 하더라도 말이다. 외출할 때 뽐내지도 못하고 옷장에 박혀 있어야 할 코트는 절대 사지 말자.

외투를 '큐레이트'할 때는 몇 가지를 꼭 염두에 두자. 계절에 따라 날씨가 어떻게 변하는가? 한창 추우면 온도가 몇 도까지 내려가는가? 내가 사는 곳은 습도가 얼마나 높아지는가? 사계절이 뚜렷하고 겨울이 상당히 추운 곳에 사는 사람이라면, 온화한 지역의 사람들보다 조금 더 많은 외투가 필요할 것이다.

하물며 지구에서 정말 꽁꽁 얼어붙는 곳에서 산다면, 특별히 한파를 막기 위한 외투가 꼭 있어야 할 것이다. 변변치 못한 코트 하나로 미국 중서부의 겨울과 맞서보겠다고 나서는 것은 재미도 없거니와 제정신이 아니라고 할 것이다. 아무리 대단한 미니멀리스트라 하더라도 (혹은 그렇게 되겠다고 작정한 사람이라도) 뺨이 얼어붙을 겨울날에 입을 코트 한 벌쯤은 반드시 가져야 한다. 그렇긴 하지만, 겨울 외투를 열 개쯤 갖고 있다고 해서 그만큼 더 따뜻해지는 것도 아니다. 외투란 한 번에 딱 하나씩밖에는 못 입는 것이니, 진짜 필요한 것은 그 한 벌의 코트다.

말할 필요도 없겠지만, 오리털 파카를 입고 오페라나 최고급 레스토랑에 가고 싶은 사람은 아마 없으리라. 그러나 당신의 라이프스타일로 정당화할 수 있는 일이라면, 좀 더 화려한 자리를 위해 (고급 양모로 된 맞춤 코트 같은) 제2의 겨울 코트를 가져도 무방하다. 그렇게 되면 날씨가 지저분하거나 내린 눈을 삽으로 치워야 할 때 입을 외투 따로, 날씨가 깨끗할 때나 데이트 나가는 저녁에 입을 코트 따로, 준비가 되는 셈이다.

가을이며 봄에는 무엇을 입으면 좋을까? 봄 날씨와 가을 날씨는 대체로 비슷하다. 사는 지역에 따라서 그중 한 계절이 다른 계절보다 축축할 수는 있겠지만. 그렇지만 봄 코트와 가을 코트가 따로 필요할 거라는 생각은 날씨를 고려한 것이 아니라 오히려 패션을 위한 것이다.

융통성 있는 코트 한 벌이면 봄과 가을을 멋지게 커버할 수 있다. 가령 트렌치코트가 한 벌 있으면 봄날의 빗줄기와 가을의 파삭파삭한 날씨에 모두 다 어울릴 것이다. 회색, 네이비 블루, 카키색처럼 중간색을 고른다면 연중 어떤 때에도 멋지게 보일 것이다. 그리고 분리할 수 있는 라이너가 달린 코트가 있다면 그리 혹독하지 않은 겨울에조차 훌륭하게 입을 수 있다.

만약 당신이 항상 햇볕이 내리쬐는 온화한 곳에 살고 있다면? 그보다 더 큰 행운이 어디 있겠는가! 필요한 외투라고 해봤자 겨우 서늘한 저녁에 입을 카디건이나 어깨 덮개 정도뿐일 테니까 말이다.

자, 요약해보자. 코트를 딱 한 벌만 갖겠다는 목표를 세웠다면, 겨울에도 따뜻할 수 있도록 붙였다 뗐다 할 수 있는 라이너가 안에 달렸으며, 바깥쪽은 방수가 되는 외투로 정하자. 그렇지 않으면 겨울용 코트 하나와 봄·가을용 코트 하나면 충분하다. 그 이상은 모두 '엑스트라(가외의 것)'로 간주하되, 단 라이프스타일에 맞추어 하나씩 추가하면 되겠다.

옥외활동에 필요한 그 밖의 다른 장비들도 각각 하나씩으로 줄이자. 가장 좋아하는 모자 하나, 가장 아늑한 느낌의 스카프 하나, 장갑도 딱 한 켤레만. 그렇게 하면 옷장 안의 공간도 넉넉해지고 거친 날씨에 대비해 옷을 입는 시간도 줄어들 것이다. 우산이라든지 선글라스, 햇볕 가리는 모자, 기타 날씨와 관련이 있는 장비들에 대해서도 나의 충고는 다르지 않다. '가볍게!'

신발

신발은 모두 몇 켤레를 갖고 있어야 할까? 거기에 '매직 넘버'란 없다. 사람마다 필요한 게 다르고, 라이프스타일이 다르고, 선호하는 바도 다르니까. 하지만 '가볍게' 살아가고 싶다면 그저 대여섯 켤레만으로도 충분하다는 사실만 알아두자.

대여섯 켤레로는 도무지 안 될 것처럼 들리는가? 그렇다면 당신이 매일 신고 나가는 신발을 주의 깊게 보라. 신발장에는 어쩌면 30켤레 정도 들어 있을지도 모르지만, 매일같이 돌아가면서 신는 것은 기껏해야 대여섯 종류뿐일 것이다. 인간이란 항상 맘에 드는 신발(혹은 가장 편한 신발)을 신게 마련이다, 안 그런가? 다른 것들은 아주 드문드문 특별한 기회에만 신는다.

어떤 신발이 나한테 꼭 필요한가를 결정하려면, 우선 어떤 활동을 위해서 그 신발들을 신는지, 곰곰 생각해보라. 지금 단계에서는 실용주의적인 접근법을 택하고 패션 같은 것은 잊어버리도록 하자.

무엇보다도 신발은 사무실에 나갈 때 꼭 필요하다. 대부분의 일터에서는 그저 굽이 낮은 근사한 신발 한 켤레나 발이 편한 힐이면 충분할 것이다. 출근할 때 어떤 옷을 입든 모두 잘 어울릴 무난한 색깔의 융통성 있는 스타일, 그러니까, 말하자면 '유니폼 신발' 같은 것을 채택하면 어떨까?

그러면 아침마다 '무슨 신발을 신을까?' 하고 망설일 필요 없이 재빨리 집을 나설 수 있고, 틀림없이 동료들도 내가 무슨 신발을 신는지 눈길조차 주지 않을 것이다. 패션 잡지 만드는 회사에서 근무 중이라면 또 모르겠지만 말이다.

그리고 마트에 쇼핑하러 가거나 친구들과 어울려 다닐 때, 혹은 아이들을 데리고 놀이터에 갈 땐 캐주얼한 신발이 좀 필요할 것이다. 이 경우도 마찬가지로, 한두 켤레만 있으면 충분할 터. 운동화, 샌들, 굽 없는 신, 로퍼 등은 모두 훌륭한 옵션이 된다. 가장 유용한 것을 원한다면, 우리 집 뒷마당에서부터 브런치 모임에 이르기까지 모두 커버할 수 있는 클래식 스타일을 택하도록 하자. 어쨌거나 키워드는 '편안함'이다. 느긋하게 산보나 하려고 공원에 갔는데 발에 물집이 생기거나 굽 높은 구두로 절뚝절뚝 헤매고 다니길 원하는 사람은 없을 테니까.

예복에 맞추어 신을 수 있는 드레스 슈즈도 한 켤레쯤 갖고 있으면 좋을 것이다. 그런 신발이 필요한 행사가 일 년에 한두 번밖에 없다고 하더라도 말이다. 대단히 융통성 있는 신발이라면 딱 한 켤레만 있더라도 좋을 것이다. 취업 인터뷰처럼 직장에 관련된 일에도 적절하고, 동시에 초대받을지도 모르는 화려한 파티를 위해서도 어울릴 테니까. 예를 들어 발가락 쪽이 터져 있지 않고 뒤꿈치가 벨트로 되어 있는 뾰족구두slingback heels 한 켤레면 사무실이든 파티든 문제없고, 여름이든 겨울이든 무난히 통할 것이다.

정말로 걸음걸음마다 날아갈 듯 가볍기를 원한다면, 발레용 토슈즈에다 딱딱한 밑창을 부착한 플랫슈즈^{ballet flats}를 고려해봄 직하다. 이런 신발은 사무실에서도 얼마든지 우아해 보이고, 주말용으로도 넉넉히 편안하며, 심지어 정장과 함께 입어도 빠지지 않는다. 심플하면서도 우아해서 당신의 옷장에 들어 있는 그 어떤 옷과도 썩 잘 어울릴 것이다. 이처럼 융통성 넘치는 단 한 켤레로서 신발류에 관한 한 당신이 필요로 하는 전부를 만족시킬 수 있다니, 상상만 해도 즐겁지 않은가!

당신이 사는 곳의 날씨에 따라서, 어쩌면 고약한 날씨에 대비한 부츠도 필요할지 모르겠다. 그런 부츠는 당신의 발을 아늑하고 보송보송하게 유지해줄 뿐만 아니라, 다른 신발들이 거친 날씨에 곤경을 당하는 일도 없게 도와줄 것이다. 이 같은 부츠가 필요하다면, 눈비에 맞서서 발을 보호하는 기능도 좋을뿐더러 신으면 기분도 상쾌해지는 것을 고르자. 그래야만 축축한 날이나 싸늘한 날에도 당신의 얼굴에 환한 미소가 떠오를 수 있을 테니까.

원한다면 정장용 부츠^{dress boots}, 요염한 하이힐, 귀여운 플랫슈즈, 끈으로 묶는 샌들 같은 소위 '응석둥이 슈즈^{indulgence shoes}' 하나쯤은 가져도 좋겠다. 이런 신발의 주된 기능은 당신의 기분을 환하게 밝혀주고 자신의 이미지를 한껏 띄우는 혹은 고양高揚시키는 것이다. 이 경우에도 그런 신발이 오직 한 가지 옷에만 어울리는 일은 없도록 하고, 신발장에서 뒹굴기만 하는 게 아니라 실제로 당신이 신는 신발이어야 한다는 점을 명심하자.

우리 가운데 핸드백이라 하면 사족을 못 쓰고 마구 사들이는 여자들이 얼마나 많은지! 핸드백은 신나고, 트렌디하고, 여러 사이즈로 나뉜 것도 아니어서, 효과 빠른 흥분제가 필요할 때면 핸드백이야말로 너무나 손쉬운 구매 아이템이 되는 것이다.

하지만 시간이 흐르고 보면 그 예쁜 핸드백들은 어느덧 제법 큼직한 무더기가 되어 부피는 또 얼마나 큰지, 만만찮은 저장 공간을 잡아먹게 된다. 선반에도 핸드백, 옷장에도 핸드백, 여기저기 구석구석에 핸드백이 마냥 쌓이게 된다. 이쯤 되면 어수선한 난장판을 만드는 문제가 생길 뿐 아니라, 무슨 핸드백을 들어야 할까, 하는 또 다른 의사결정으로 인해 매일 아침이 더 복잡해지고, 지갑, 열쇠, 립 글로스, 휴대전화 등등을 이 백에서 저 백으로 옮겨 담아야 할 필요까지 생긴다. 그런데 사놓은 핸드백은 그렇게 많으면서도 막상 들고 다니게 되는 핸드백은 매일 같은 것이 되기 일쑤다.

이처럼 많은 핸드백을 정리하고 가벼워지면, 정말이지, 아주 홀가분한 해방감이 들지 않을 수 없다. 정말 좋아하는 몇 개로 줄이게 되면, 그야말로 엄청난 '엑스트라' 부담을 벗어던지는 셈이다.

우선 매일 쓰는 '일용 핸드백everyday bag'부터 정해놓자. 진짜로 날마다 나를 '위해 일해주는' 핸드백 하나를 고르는 것이다. 그것은 아마도 내가 오늘 (그리고 어제, 그리고 그저께도) 갖고 다녔고 지금 바로 문간에 놓여 있는 바로 그 백이 아닐까? 밖에 나갈 일이 생길 때마다 꼭 필요한 물건들을 모두 넣을 수 있는 그 백, 그리고 만약 아이들이 있는 경우라면 아이들이 필요로 하는 물건까지도 쏙 집어넣을 수 있는 그 백 말이다.

이처럼 일용 핸드백으로는 숄더 백, 크로스 백^{cross-body bag}, 혹은 지퍼 달린 토트 백^{tote} 등을 훌륭한 후보로 추천할 수 있다. 착용하고 있으면서도 두 손을 마음대로 쓸 수 있어서, 쇼핑한 식품 봉지를 들 수도 있고, 서점에 들어가 책 구경도 할 수 있고, 문자를 보내거나 지하철 안에서 손잡이도 잡을 수 있으며, 아이들 손도 잡아줄 수 있는 그런 핸드백이 가장 이상적이다. 두 손으로 해야 할 일이 있다고 해서 백을 땅바닥에 내려놓고 싶지는 않을 테니까.

나의 일용 핸드백이 융통성이 있을수록, 또 오래 들고 다닐 수 있게 튼튼할수록, 그만큼 더 좋다. 따라서 어떤 날씨나 어떤 경우에도 견딜 수 있게끔, 때가 잘 타지 않고 방수도 되는 재질로 만든 백이어야 한다. 그래야만 사람들이 많이 모이는 푸드 코트에 가거나, 느닷없이 비가 쏟아지더라도 백을 걱정할 필요가 없을 터이다. 그리고 어떤 계절에도 무난하게 보이고 내 옷장 안의 어떤 옷과도 잘 어울릴 중간색을 택하자.

'나의 일용 백'을 고른 다음에는 내가 처한 상황이 그 밖의 어떤 다른 백을 요구하는지 신중하게 생각해보자. 흔히 꼭 필요한 백으로는 일터에 나갈 때 쓰는 백^{work bag}과 저녁에 들고 나갈 수 있는 백^{evening bag}을 들 수 있다.

랩톱 컴퓨터나 파일 폴더나 서류 따위를 집에서 사무실로, 사무실에서 집으로 늘 갖고 다니는 사람에겐 근무용 백이 꼭 필요할 것이다. 이런 물건들을 넣으려면 좀 더 튼튼한 구조의 토트 백이나 그 크기와 무게를 감당할 수 있는 서류 가방briefcase이 적당하다. 반드시 튼튼해야 하고, 직장인다운 스타일이며, 물건들을 가지런히 나눠 넣을 수 있게 주머니와 수납공간이 넉넉해야 한다는 걸 명심하자. 뗐다 붙였다 할 수 있는 끈도 훌륭한 요소다.

좀 더 공식적인 모임을 위해서는 이브닝 백도 필요할 것이다. 나의 이브닝 백은 일용 핸드백보다는 좀 더 작고, 더 날씬하고, 더 화려하며, 저녁 외출을 위한 최소한의 필수품만 넣으면 된다. 가장 전형적으로 택할 수 있는 것이 간단한 클러치 백clutch인데, 기왕이면 춤을 출 때나 칵테일 파티에서 사람들과 어울릴 때도 방치하지 않도록 손목 끈이 달려 있는 것을 고르면 좋겠다. 그리고 내가 지닌 모든 예복을 돋보이게 해줄 중간색이나 금속성 색상을 택하도록 하자.

지금까지 설명한 것 이상의 핸드백은 대체로 구색 맞추기를 위한 것일 뿐이다. 그런 백을 보관하기 위해 옷장 공간의 일부를 내줄 가치가 있는지, 아니면 그런 가외의 핸드백이 없어야 더 마음이 흡족할지, 곰곰 생각해보라. 당신이 사 모은 백 컬렉션을 '큐레이트'하면서 많아 봐야 세 개 정도의 핸드백으로 '가볍게' 살아갈 수 있다는 사실을 인식하자.

그 정도로도 충분치 않다면, 혹은 트렌디하고 호화찬란한 백에는 굴복하고 마는 약점이 있다면, 사는 대신 빌리는 방법도 한번 생각해보

자. 샤넬 클러치 백, 에르메스 새철satchel, 혹은 최신 '잇 백It Bag'을 렌트할 수 있는 웹사이트들이 얼마나 많은지 모른다. 미국의 renttherunway나 bagborroworsteal, 중국의 MrsB., 한국의 롯데백화점 같은 플랫폼들이 그런 예인데, 굳이 구매하는 스트레스나 비용 없이도 갖고 싶어 좀이 쑤시는 백을 이용할 수 있다. 특별한 행사를 위해 빌릴 수도 있고 월 단위로도 빌릴 수 있으며, 좀 더 오래 갖고 싶으면 연장하기도 쉽다. 어떤 웹사이트는 한꺼번에 몇 가지 백을 빌린 다음 정기적으로 그 구성품을 바꾸어주는 구독 프로그램을 오퍼하기도 한다. 엄청난 비용에 억눌리지 않고서도 원하는 만큼의 다양한 핸드백을 마음껏 뽐낼 수 있는 방법이다.

마지막으로 하나만 더. 핸드백 자체 무게도 감량해주자! 일주일에 한 번씩 내용물을 쏟아내고, 구석에 들어 있던 동전이며 흩어진 포장지며 돌아다니는 영수증 따위를 모조리 끄집어내자. 묵직한 백을 끌고 다니는 모습이나 뭔가 필요할 때마다 백 안을 이리저리 샅샅이 뒤지는 모습은 별로 우아하게 보이지 않을 테니까. 내용물을 '큐레이트'해주고, 뭐든 손쉽게 백에서 꺼낼 수 있도록 하자.

이런저런 액세서리는 나의 캡슐 옷장을 한층 다양하게 만들어줄 수 있다. 저 심심한 검은색 '쉬쓰'에다 화사한 스카프, 대담한 넥타이, 흥미진진한 벨트 같은 걸 더해보라. ['쉬쓰sheath'는 몸에 착 붙는 여성용 원피스_옮긴이] 금세 마치 새 옷이나 된 것처럼 생기가 돋을 테니까. 한술 더 떠서, 액세서리들은 작고 보관하기도 수월하다. 액세서리 한 움큼이면 그저 스웨터 하나 자리만 있어도 보관할 수 있으면서, 나의 외모를 돋보이게 해주는 능력은 기하급수적이다.

하지만 바로 그 앙증맞은 사이즈 때문에 통제 불가능 상황에 빠지는 일도 흔하다. 오늘 입을 옷에 딱 어울리는 스카프를 찾느라, 혹은 무더기로 쌓인 귀걸이 속에서 내가 가장 아끼는 한 쌍을 찾느라, 소중한 아침 시간 낭비하는 꼴은 영 입맛 사라지는 노릇 아닌가.

액세서리들을 '가볍게' 정리하자면 역시, '컨솔리데이트'하고 '큐레이트'해야 한다. 우선 스카프, 벨트, 모자, 장신구 등의 종류별로 쓸 만한 놈들을 침대 위에 나열해 놓는다. 그리고는 하나씩 차례로 생각해보자. 이걸 내가 얼마나 좋아하지? 얼마나 자주 착용하지? 그리고 몇 가지 옷들과 잘 어울리지? 그런 식으로 줄이고 줄여서 정말 맘에 드는 몇 가지만 남기는 거다.

액세서리를 어느 정도만 남기느냐 하는 것은 내가 얼마만큼 진심으로 미니멀리스트가 되고 싶으냐에 달려 있다. 그냥 일반적인 가이드라인을 제시한다면, 각각의 액세서리 종류마다 적게는 1~5개, 많게는 6~10개만 남길 것을 권하고 싶다. 혹은 현재의 컬렉션을 과감히 절반으로 줄이는 방법도 추천할 만하다. 스카프가 20개 있다면 가장 좋은 것 10개로 추리고, 팔찌가 10개 있다면 맘에 드는 6개를 선택하는 식이다. 액세서리를 하나씩 들여다보면서 "하나는 보관하고, 대신 다른 하나는 버리고"를 주문처럼 외우면 도움이 될 것이다.

위의 방법이 맘에 들지 않으면 대안이 있다. 차지하는 공간에 한도를 설정하는 방법이다. 예컨대 스카프의 숫자는 스카프를 위해 지정해놓은 박스나 옷걸이에 적당할 정도로 제한하고, 보석류는 (커다란 장신구 박스가 아니라) 지퍼 달린 자그마한 케이스에 들어갈 양으로 제한하는 식이다. 이처럼 내가 지닌 보석류를 정말 특별한 몇 개로 줄이면 몇 가지 혜택을 볼 수 있다. 그것들이 어디에 있는지 수시로 확인하기가 수월해지고, 어느 것을 착용할지 결정하기도 쉬워지며, 안전하게 숨겨두기도 한결 수월해진다. 사실, 도둑맞을 물건이 줄어들었다는 것만으로도 마음의 짐이 훨씬 덜어질 수 있지 않겠는가.

다행히도 액세서리는 다른 소지품들에 비해서 새집을 마련해주기도 훨씬 쉽다. 온라인으로 판매한 다음, 봉투에 쏙 집어넣어 발송하면 될 만큼 작기 때문이다. 다른 물건처럼 쉽게 닳거나 상하는 일도 적은 데다 마치 새로 산 물건처럼 깔끔하게 보이는 터라, 선물로 주기도 안성맞춤이다.

그뿐인가, 자선 물품 취급하는 상점에서도 언제나 대환영이다. 많은 사람들에게 어필하고 공간도 별로 차지하지 않으며 (특히 보석류의 경우에는) 자선의 명분을 위해서 들어오는 돈도 짭짤하기 때문이다.

장신구로 한껏 신나게 멋을 내는 것은 좋은데, 그래도 '액세서리는 가볍게'라는 원칙은 잊지 말자. 움직일 때마다 장신구들이 요란한 방울 소리를 내거나 크리스마스 트리처럼 보이기를 원하는 사람은 없을 터! 우아한 여인이 되고 싶으면 한 번에 세 개 이상의 액세서리는 걸치지 말아야 한다. 큼직한 벨트라든지 턱받이 모양의 목걸이처럼 '대담한 자아의 표현'을 위한 액세서리 statement pieces 가 특별히 돋보이도록 해주자. 그리고 기억하자. 액세서리는 의상과 경쟁하는 물건이 아니라 의상을 보충해주는 것이라는 사실을.

디자인

　나를 둘러싼 환경은 나의 기분(무드)을 크게 좌우한다. 물건들이 어지럽게 들어찬 방이나 다루기도 어렵게 육중한 가구들 때문에 마냥 억눌려서야 되겠는가. 내 집에 '가벼움'을 만들어보라, 그러면 내 삶에도 그보다 더 많은 가벼움이 스며들어 올 테니까. 스칸디나비아나 일본식 실내장식, 혹은 셰이커Shaker 양식의 가구에서 영감을 얻어보라. ['셰이커'는 원래 18세기 중엽 미국에서 시작된 기독교의 일파로, 그들이 만들어낸 스타일의 가구 등을 가리키기도 한다_옮긴이]

　북유럽 국가들은 실내를 환하고 바람 잘 통하게 꾸미는 것으로 잘 알려져 있다. 그런 실내 구조는 길고도 어두운 겨울에도 자연광을 최대한 누릴 수 있게 해준다. 흰색 벽과 연한 색깔의 나무 바닥은 넉넉한 공간감을 창출하며, 늘씬한 가구와 세심하게 '큐레이트'된 장식을 위해 평온한 배경을 제공하기도 한다. 대자연에서 빌어온 자재들, 아늑한 옷감들, 엄선한 색상의 분출 등등이 따사로움과 뜻밖의 변덕을 더해준다. 그리하여 전반적으로는 가볍고, 사랑스럽고, 스웨덴 사람들이 '라곰lagom'이라고 부르는 개념처럼 딱 필요한 만큼의 효과를 얻을 수 있다.

　셰이커 교도들 특유의 실내장식도 온통 '간결함'이다. 18세기에 형성된 이 종교집단은 겸손과 실용성과 물질로부터의 자유를 소중히 여겼는데, 그들이 사는 집도 바로 그런 가치관을 반영했다. 색상은 숨을 죽이고,

나무 재질이 즐겨 사용되며, 장식은 최소한으로 억제된다. 코트, 모자, 공구, 바구니, 의자 등등을 걸어두는 '펙 레일peg rail'이 있어서, 바닥은 늘 깨끗하게 유지되고 물건들이 어지러이 쌓이는 일도 없다. 셰이커 교도들이 오랫동안 써오던 스타일의 찬장(캐비닛)이 요즈음 주방에서 인기 최고라고 하니, 참 재미있는 일이 아닐 수 없다. 그야말로 세월이 무색할 인기의 디자인 아닌가?

일본식 디자인은 아무리 비좁은 집이라 할지라도 넉넉하고 잘 정돈된 느낌을 선사한다. 재치 만점의 수납 방식은 생활필수품들도 드러나지 않게 슬쩍 감추어주고 나지막한 가구들은 방이 커 보이게 만드는 효과를 준다. 미닫이식 가리개들은 실내를 한층 가볍게 해주고, 다목적 방들과 함께 융통성 있는 평면도를 창출한다. 단순함과 꼭 필요한 핵심만 남기고 모두 줄인다는 '간소簡素'의 개념을 기꺼이 받아들여, 평온하고 단출하며 참선하는 듯한 은거隱居의 장소를 누리자.

핀터레스트, 인스타그램, 하우즈Houzz 같은 플랫폼을 방문해서 어떤 미학이 나에게 말을 거는지, 두루 구경해보자. 그렇다고 새로이 무슨 물건을 사지 말고, 그들의 다양한 아이디어를 이미 내가 가지고 있는 물건에 적용해보자. 약간의 정리, 그 위에 약간의 디자인 영감을 더해주면 내 집을 가볍고 우아하게 만드는 데 막대한 도움이 될 수 있으니까.

접시와 공기

　한 번도 쓰지 않는 접시가 넘치도록 가득한 찬장. 사람들이 심심찮게 보는 풍경이다. 좀 더 나은 것 같아서 교체했는데 시간이 많이 흐른 것도 있고, 결혼식 때 선물로 받았다가 '너무 좋아서 쓰지 못했던' 것도 많다. 이런 접시들은 그냥 찬장 안에 틀어박혀 바깥세상은 구경도 못 한 채로, 매일 돌아가면서 사용되는 식기들만 밀어낼 따름이다. 그뿐인가, 무겁기도 한 것이 깨지기는 또 어찌나 쉽게 깨지는지, 이사할 때마다 포장하노라면 특별히 골칫거리가 된다.

　식기류가 지나치게 많아서 사는 게 무겁고 축축 늘어지지 않도록 하자. 꼭 필요한 것 몇 가지만 있어도 우아한 식탁을 꾸미는 데는 조금도 부족하지 않다.

　접시와 공기의 숫자는 내 가족의 규모에 어울리게, 또 내가 정기적으로 초대해서 저녁을 대접하는 사람 수에 어울리게 줄이자. 손님들이 왔을 때 식기가 모자라는 걸 원하지는 않겠지만, 그렇다고 (실제로 연회를 주최할 의향이 없다면) 떡 벌어지게 잔치를 벌일 만큼 넉넉할 필요는 없다. 대부분 가정에서는 (식구와 손님 몇 명을 감안해) 6~8명이 둘러앉아 식사할 정도의 식기 세팅만 있으면 충분하다.

　식기류를 최소한으로 유지하기 위해서도 역시 융통성이 핵심이다. 가령 접시의 경우, 가능한 한 다양한 음식을 담을 수 있는 모양과 크기를 가진 것을 고르자. 가장자리가 비스듬히 올라가 있거나 바닥이 얕게 파여 있어서 소스 같은 음식도 퍼 담을 수 있는 접시를 예로 들 수 있겠다. 사실 전형적인 식사용 접시만 있어도 충분할 것이고, 꼭 필요하다면 샐러드나 디저트를 담을 수 있게 좀 작은 것들만 보충하면 된다.

공기 혹은 사발은 국, 시리얼, 죽, 디저트 등을 좋아하는 양만큼 담을 수 있게 선택하자. 적당한 양을 내놓는 것이 식사에 다가가는 우아한 방식이며 나나 손님이나 필요하면 언제든 두 번 퍼 담을 수 있으므로, 중간 크기의 공기가 가장 괜찮은 선택일 것이다.

디자인으로 말할 것 같으면, 일상의 식사용으로도 좋고 보기에 즐겁고 예쁘기도 한 스타일을 고르자. 어느 한 계절에만 적절하다든지 주변과 잘 어울리지 않는 요란한 모티프는 웬만하면 피하고, 특별 주제를 담은 식기류보다는 솔방울, 호박, 꽃 등 자연에서 빌어온 장식으로 느긋한 휴일의 테이블을 꾸며보자.

전통적인 흰색 또는 유리 재질의 식기류는 어떤 경우에도 맞춤하고, 음식에 맞춰진 초점을 흩뜨리지 않는다. 최대한의 효용성을 얻고 싶다면, 전자레인지와 식기세척기에 넣어도 안전한 제품들을 택하자.

새 식기류가 필요할 때는 세트로 사지 말고 낱개로 사는 게 낫다. 세트로 사면 필요한 양보다 많을 뿐 아니라 거의 사용하지도 않는 것이 포함되기 일쑤다. 그런데도 행여나 그릇을 깨기라도 해서 대체할 것이 필요할까봐 구매 숫자 줄이기가 아무래도 꺼려진다. 그래도 낱개로 살 수 있는 open-

스타일을 선택해서 필요할 때에 하나씩 사는 편이 더 낫다.

그래도 영 내키지 않는다면, 맘에 쏙 드는 대안이 한 가지 있다. 통일과 조화를 무시한 보헤미아 스타일 짝짝이 식기를 과감히 써보는 것이다. 그런 식기류라면 테이블은 사람들의 눈길을 사로잡을 것이고, 구매한 디자인 패턴이 절판될까 걱정할 필요도 없을 터이다. 뭔가 참신하고 새로운 것이 갖고 싶어 안달이 난다면, 새로운 세트 하나를 오롯이 다 사는 대신 다른 스타일로 하나의 세팅을 갖추는 편이 더 나을 것이다.

이미 여러 개의 세트를 갖고 있는데 그중 어떤 세트를 버리고 어떤 세트를 지켜야 할지 결정하기가 어려울 때, 이런 작전은 실제로 멋진 해결책이 될 수 있다. 할머니로부터 물려받은 자기 세트에서 몇 점, 결혼식 선물로 받은 세트에서 몇 점, 그리고 지난 몇 년 동안 틈틈이 모아왔던 '최애^最^愛' 식기류 몇 점, 하는 식으로 뽑아서 보관하자. 그렇게 되면 지나침 없이 모든 스타일을 누릴 수 있으니까 말이다.

다양한 드링크웨어

주방 찬장에 컵이나 유리잔이 몇 개나 들어 있는지 세어본 적이 있는가? 이들 '드링크웨어'는 정말이지 불가사의한 방식으로 그 숫자가 늘어난다. 쇼핑하러 나가서 한 번에 유리잔을 몇 다스씩 구매하는 일은 없지 않은가. 그런데도 어찌 된 노릇인지, 몇 해 지나면 그 녀석들은 대가족이 되어 있는 것이다. 일상적으로 쓰려고 몇 개 사기도 하고, 특별한 기회에 몇 개 사기도 한다. 그리고 선물로 받거나 공짜 경품으로 얻기도 한다.

그러다 보면 미처 깨닫지도 못한 사이에 별의별 음료를 위한 별의별 잔들이 모이게 되는 것이다. 물잔, 주스잔, 와인 글라스, 맥주잔, 위스키 글라스, 마가리타 글라스, 그리고 일 년에 한두 번씩 꺼내게 되는 샴페인잔까지. 그리고 대개는 여섯 개가 한 세트를 이루기 때문에 결국 잔은 너무너무 많아지고 만다.

커피잔도 왕성하게 번식한다. 투박하고 실용적인 머그mug에서부터 만찬에서나 등장할 것 같은 좀 더 세련된 잔에 이르기까지 컬렉션도 다양한 데다, 슬로건이며 격언이며 재치나 익살이 새겨진 잔도 있을 것이다.

그러면 궁금해질 것이다. 아니, 커피 마시는 데 도대체 잔이 몇 개나 있어야 하는 거지? '가볍게' 살고자 하는 사람이라면, 그리 많은 잔이 필요하지 않다. 정찬에 필요한 식기류나 마찬가지로 마시는 데 필요한 드링크웨어도 많은 공간을 차지하며, 이사할 때마다 헤아릴 수도 없이 많은 컵을 포장하고 운반해서 다시 푸는 일은 결코 재미있는 노릇이 아니다.

'가벼워지고자' 한다면 모든 종류의 음료를 담을 수 있는 단순한 유리 텀블러 tumbler로 바꾸자. 두루 사용할 수 있는 230~350cc 정도 부피의 잔이 권장할 만하고, 어떤 경우에도 적합할 고전적인 디자인이 좋겠다. 아, 그리고 당신이 무슨 와인 전문가라면 모르되, 그렇지 않다면 특별한 와인 잔 따위에는 신경 쓰지 말자. 유럽의 어느 도시든 다녀보라, 고색창연한 빈티지 와인도 굽 달린 최고급 와인 잔 stemware이 아니라 전부 소박하고 단순한 텀블러에다 부어준다.

따뜻한 음료의 경우에는 아침 식사용 식탁에서부터 만찬 모임까지 커버할 수 있는 컵을 선택하자. 조그마한 찻종으로 모닝 커피를 마신다든지, "우리 엄마 최고"가 찍혀 있는 머그에다 만찬이 끝난 후에 마시는 음료를 담고 싶은 사람은 없지 않겠는가. 단순한 형태와 세월이 흘러도 어울리는 디자인이면 어떤 상황에 사용하든 좋을 것이다.

접시의 경우와 마찬가지로, 드링크웨어는 세트로 사지 말고 하나씩 구입하자. 그래야 아주 다양한 디자인을 지나침 없이 만끽할 수 있을 테니까. 손님들은 독특한 패턴을 보면 즐거워하는 경우가 많고, 다른 손님들과 어울리더라도 자기 잔이 어디로 갔는지 어리둥절할 필요도 없다. 그뿐인가, 어쩌다 (한 개 혹은 여러 개의) 잔이 깨지는 불상사가 생겨도 똑같은 잔을 찾으려고 걱정할 일이 없을 것이다.

말할 것도 없지만, '가벼워지는' 길을 찾는 과정에서 굳이 새 드링크웨어를 살 필요는 없다. 지금까지 설명한 기준에 들어맞는 잔이며 컵들은 이미 얼마든지 있을 것이다. 기존의 컬렉션에서 가장 맘에 드는 것과 융통성이 풍부한 것들을 고르고, 나머지는 정리하자. 이다음 대체물이 필요할 때도 반드시 이 가이드라인을 명심하자.

그리고 그런 컵들과 잔들은 음식물을 담아내는 데도 유용하게 쓰일 수 있다는 점을 잊지 말자. 요거트, 그러놀라, 적은 양의 수프 같은 음식은 글라스나 컵에 얼마든지 담을 수 있다. [그러놀라^{granola}는 아침 식사용 건강식품으로, 보통 볶은 곡물에다 노란 설탕이나 견과류나 건포도를 섞은 것이다_옮긴이] 마지막으로 과일이나 아이스크림, 무스, 혹은 파르페 등의 디저트를 내놓을 때도 컵이나 잔이 우아하게 쓰일 수 있음은 말할 나위가 없다.

커틀러리

주방 세간을 넣어두는 서랍이 여닫기조차 어려울 정도로 가득 차 있다면, 나이프, 스푼, 포크 등의 '커틀러리 cutlery'를 줄여보자. 그러면 공간도 넉넉해지고 식탁 차리기도 한결 효율적이고 수월해질 것이다.

먼저 우리 가족의 식사 관습에 어울리는 커틀러리는 어떤 것인지부터 결정하자. 대개는 음식마다 다른 포크가 필요하진 않을 것이다. 생선용 포크, 육류용 포크, 딸기 집는 포크, 굴 먹는 포크 등이 따로 필요하겠는가. 또 숟가락(혹은 젓가락)도 대여섯 가지 다른 크기가 필요할 일은 없을 것이다.

전형적인 가정이라면 정찬용 나이프, 정찬용 포크, 젓가락, 스푼, 티스푼 등이 한 종류씩만 있으면 충분하다. 사이즈도 두루 사용할 수 있게 가장 융통성 있는 것이면 되고, 무엇을 먹든 식사 도구로서 부족함이 없을 것이다. 어쩌면 (특히 코스 요리를 내놓은 경우에는) 샐러드나 디저트용 작은 포크 정도를 추가할 수는 있겠지만.

일단 필요한 것들이 정해졌으면, 테이블 위에 모든 커틀러리를 쭉 펼쳐놓고 가려내기 시작한다. 보관하기로 마음먹은 것들은 종류별로 차곡차곡 쌓아나가고, 나머지는 아웃 박스에 집어넣는다.

다음으로 모두 몇 벌의 식기 세트가 필요한지를 정한다. 보통은 갖고 있는 디너웨어와 같은 수의 세트를 원할 것이다. 게다가 손님들을 자주 청해 식사한다면 가외로 몇 세트가 더 필요할 것인데, 행여 티스푼이 갑자기 어디로 달아나서 안 보인다든지 식사 도중 누군가가 포크를 떨어뜨리는 경우를 대비해야 하기 때문이다. 커틀러리의 각 종류를 하나씩 점검하고 그 숫자 수준으로 줄여나가자.

패밀리 스타일로 식사를 하거나 손님 대접을 하는 경우, 서빙을 위한 몇 가지 도구도 필요하게 될 텐데, 이런 목적으로는 큰 사이즈의 포크와 스푼이면 충분할 것이다. 그 위에 꼭 필요하다면 구멍이 숭숭 뚫려 있는 슬로티드 스푼slotted spoon과 국자만 준비하자.

커틀러리를 하나씩 점검하면서, 그것들이 무슨 재질로 만들어진 것인지도 주목하자. 유지하기 가장 쉽기로는 스테인리스 스틸 재질이 최고다. 스털링 실버로 된 것은 보기에는 무척 아름답지만, 그것을 최상의 컨디션으로 유지하려면 상당히 세심하게 관리해야 하고 광내는 약이니, 헝겊이니, 보관할 특수 용기 같은 액세서리도 제법 필요하다. 식사하는 데 필요한 도구에다 그토록 엄청난 노력을 들이고 싶을까? 아마도 아닐 것이다.

스타일도 신중히 고려하자. 톡톡 튀는 모티프는 사용하는 데 한계가 있는 반면, 고전적인 패턴은 어떤 경우에도 잘 어울린다. 내가 선택하는 디자인은 캐주얼한 식사에든, 정식 만찬에든, 모두 적합해야 할 것이다.

접시류의 경우도 그랬지만, 커틀러리도 마음 내키는 대로 '믹스 앤 매치'를 시도해서 아름답고 두루 사용하기 좋은 모습을 창출하자. (어떤 패턴이 생산 중단되는 것은 아닌지, 걱정할 필요가 없다는 점은 보너스.) 커틀러리 세트가 여럿 있다면, 그 각각에서 뽑아내 조합한 세트를 몇 개 준비해두자. 혹은 흥미로운 빈티지 제품이나 장인[匠人]의 작품도 눈에 띄는 대로 구입해두자. 손님들을 초대하는 일이 생기면, 그런 커틀러리가 인기 만점의 대화 주제가 될 수 있으니까. 사용하고 있는 숟가락이 내 결혼선물이었다든지, 쓰고 있는 나이프가 예전의 유명한 최고급 호텔에서 나온 것이라든지, 포크가 1920년대부터 줄곧 우리 가문에서 써오던 것이라는 내력을 들으면, 손님들이 얼마나 색다른 기분을 갖겠는가!

그리고 만약 대대로 내려오는 가보[家寶]나 결혼선물이나 기타 휘황찬란한 세트가 있다면, 제발 부탁이니 그런 것들은 망설이지 말고 사용하자! '특별한 기회'가 와야만 쓰겠노라고 기다리는 건 바보짓이다. 우리가 눈을 뜨는 하루하루가 곧 축하해 마땅한 기회다. 살아가는 매일매일, 나에게 주어진 최고의 물건을 망설이지 말고 누리자!

행복은
내가 소유한 물건들에서
찾을 수 있는 게 아니다.
행복은
내가 과감하게 내줄 수 있는 것에서
찾을 수 있다.

너쌔니얼 호쏜 Nathaniel Hawthorne

여러분은 아마도 궁금할 것이다. 고깃국물을 담는 그레이비 보트, 케이크 스탠드, 펀치 볼 같이 가뭄에 콩 나듯이 등장하는 접대용 식기류는 어떻게 하지? 이런 것들은 무슨 축제 때나 모습을 드러낼 뿐, 나머지 시간은 찬장 안에서 먼지나 뒤집어쓰면서 보낸다. 어쩌면 당신은 언젠가는 멋들어진 파티를 떡 벌어지게 주최할 날이 올 거라고 상상하면서, 그런 가외의 식기류를 없애버리기가 몹시 망설여질지도 모르겠다.

'가볍게' 살아가고 싶다면, 축제라든지 접대와 같은 전망은 참으로 벅찬 것일 수 있다. 거의 사용되지 않는 물건들을 보관해두고 싶진 않지만, 그러면서도 그런 것들이 필요할 땐 바로 쓸 수 있게 항상 곁에 두고 싶기도 하다.

이런 문제를 푸는 방법에는 두 가지가 있다.

먼저, 다른 사람에게서 빌리는 것이다. 쓰지 않아서 썩고 있는 것들은 과감히 정리하고, 꼭 필요할 때까지 걱정 근심 내려놓는 것이다. 손님 접대가 거의 없는 경우, 이런 전략은 대단히 효과적이다. 어쩌다, 정말 어쩌다, 휴일 만찬의 호스트가 되어야 한다면, 어머니나 누나나 친구에게 전화를 걸어 뚜껑 달린 움푹한 수프 그릇이나 식탁보 따위를 빌리면 된다.

무엇이든 내 손으로 직접 다 공급해야 한다는 의무감은 느끼지 않아도 된다. 즐거운 잔치에는 사랑하는 사람들이 기꺼이 거들고 싶어 하니까. 그런 '서로 나눔'은 내가 차리는 식탁에 오히려 따뜻한 인정과 사랑과 공동체 의식을 가외로 선사해줄 것이다. 다만, 여러 사람 몫의 음식을 담는 커다란 접시를 이웃집에서 빌리는 경우, 반드시 그 이웃도 식사에 초대해야 한다는 점은 잊지 말고 기억하자.

도저히 해결책을 찾을 수 없고 정말 난처한 지경이라면, 손님들이 음식을 가져오게 하는 방법도 괜찮다. 덤으로 재미도 느낄 수 있고, 모두 자기네 접시에다 자기 몫을 들고 오니까 걱정할 일이 없지 않겠는가.

파티용 도구를 빌려주는 회사의 도움을 청하는 것도 또 다른 방법이다. 그들은 의자, 테이블, 식탁보, 접시류, 유리잔, 커틀러리, 장식품 등등 필요한 것들은 뭐든 공급한다. 무슨 연회나 결혼식 피로연 같은 대규모 행사가 아니라도 그런 렌트 회사를 얼마든지 이용할 수 있다. 최소주문량이 아주 적거나 아예 없이 물품 하나하나씩 빌려주는 곳도 많아서, 규모가 작은 모임에도 아주 훌륭한 대안이 될 수 있다.

두 번째 옵션은? 자주, 혹은 정기적으로 손님 접대를 해야 하는 경우라면, 사용하는 것을 늘 곁에 두는 편이 좋을 것이다. 정기적이라고 해서 매주를 뜻하는 것은 아니고, 추수감사절 만찬이라든지 부활절 점심처럼 일 년에 한 번이라도 상관없다. 해마다 11월만 되면 칠면조 굽는 프라이팬을 구하느라고 법석을 떨기보다는, 하나를 사서 보관해두는 편이 훨씬 맘 편하지 않겠는가.

그러면서도 '가볍게' 살고 싶다면, 그런 물건들은 어디다 치워놓자. 다시 말해서 어쩌다 한 번씩 사용하는 물건들은 쉽게 닿지 않는 찬장 속이나 냉장고 위 같은 특별한 장소에 모아두자. 혹시 찬장이나 벽장이 넉넉지 않다면, 박스에다 넣어서 집안 다른 곳에다 보관해도 좋겠다. 그렇게 해놓으면 주방 안의 소중한 공간을 잡아먹거나 매일의 요리를 방해하는 일이 없으면서도, 꼭 필요할 때 사용할 수 있게 항상 무대 옆에서 대기할 것이다.

취사도구(냄비류)

여러분은 여기저기서 어깨를 들이받으며 싸워대는 저 모든 냄비며 팬들이 정말 모두 필요한가? 아니면, 신중하게 선택된 취사도구 몇 개로도 혹시 충분하진 않을까?

취사에 필요한 냄비류pots and pans는 주방이나 찬장 공간을 많이도 잡아먹는다. 크고, 무겁고, 보관하기도 참 어색한 데다, 이사할 때면 포장하기는 더 어렵다. 하지만 두려워할 것 없다. 취사도구의 숫자를 줄이면서도 좋아하는 음식은 얼마든지 만들 수 있으니까 말이다.

'가볍게' 접근법을 소개하겠다. 내가 좋아하고 가장 두루 사용할 수 있는 융통성 만점의 팬과 냄비를 모아 핵심 컬렉션 하나를 만드는 것이다. 취사도구는 흔히 세트로 판매하는 데다 (배우자든 애인이든) 파트너와 가계를 합치다 보니, 여러 개의 프라이팬이며 여러 개의 소스팬과 다양한 사이즈의 다른 취사도구를 갖게 되기 쉽다. 그럼에도 우리가 통상 되풀이해서 손에 잡게 되는 것은 같은 물건이다. 사용하기도 편하고 뭐든지 내가 좋아하는 음식을 요리하기에 딱 맞는 한 가지 말이다. 취사도구를 '큐레이트'해나가면서 종류마다 가장 자주 사용하는 크기 한 가지를 골라 보관하고, 두 번째 크기는 정기적으로 사용하는 경우에만 추가로 둬두자.

부지런한 미니멀리스트의 취사도구 세트는 어떤 모습일까? 가장 흔한 선택을 아래에 소개하고자 한다. 물론 여러분 각자의 음식 취향에 따라서 도구에 조금씩 변화를 주는 것은 얼마든지 여러분의 자유다.

대부분 가정에서는 프라이팬이나 소테 팬이 필요할 것이다. 딱 하나만을 갖고 싶다면, 움푹 속이 깊고 측면이 직각으로 된 게 아니라 비스듬히 올라간 다목적용 팬, 그러니까 '주방장의 팬chef's pan'이라 부르는 것을 추천한다. 주방장의 팬은 굽기, 튀기기, 끓이기, 볶기, 그을리기, 살짝 튀기기, 소스 졸이기 등에 두루 사용된다. 비스듬한 측면은 (전통적인 소테 팬처럼) 액체를 흘리지 않고 난로 상단에서 음식을 버무리고 뒤섞을 수 있도록 해준다. 오븐 안에 넣어서 사용할 수도 있다. 열이 골고루 전달될 수 있게끔 바닥 전체를 다른 금속으로 덧씌운 형태의 팬을 찾아보는 것이 좋을 것이다.

주방에서 오래 쓸 수 있는 또 다른 도구로 소스팬이 있다. 소스 만들기뿐만 아니라 국을 데우거나 달걀을 삶을 때, 채소를 삶는다든지 소량의 파스타를 만들 때, 쌀이나 오트밀이나 다른 곡물로 밥을 만들 때도 편리한 팬이다. 두 사람이나 작은 가족을 위해서는 3.4리터 정도가 이상적인 크기이며, 필요에 따라서는 살짝 더 크거나 작아도 무방하다. 좀 더 융통성 있는 '소시어saucier'라는 이름의 팬을 고려해보자. 측면이 직선 아닌 커브 형태로 되어 있어서 휘젓고 털어내고 씻기가 훨씬 쉽고 편하다.

주방에 꼭 필요한 도구 리스트에는 대체로 9.1~13.7리터 크기의 커다란 수프 냄비도 포함된다. 수프 스톡이나 많은 양의 파스타를 만드는 데 쓰이는 큰 냄비다. 물론 이런 냄비를 꼭 필요하게 여기는 집도 있고, 그렇게 큼지막한 냄비는 필요 없다는 집도 있다. 후자의 경우에는 5.7리터 혹은 6.8리터짜리 다목적용 냄비가 훌륭한 대안이 될 수 있다. 또 이런 정도면 작은 규모의 가족에게는 파스타, 감자, 시금치, 잎채소 등을 요리하기에 충분히 크고 다루기도 훨씬 쉽다.

마지막으로 하나만 더. 달걀, 케사디야, 팬케이크, 프렌치 토스트 및 그밖에 스테인리스 스틸에 잘 달라붙는 음식들을 요리하기 위해 별도의 팬을 갖고 싶은 사람도 있을 것이다. '논스틱' 코팅이 된 팬들은 가격도 싸고, 가볍고, 씻기도 편하지만, 시간이 지나면 그 코팅이 벗겨져서 건강에 위험요소가 될 수 있다. 그래서 주방장들은 주철^{鑄鐵} 로 된 팬을 좋아한다. 반드시 적응이 필요하긴 하지만, 적절하게 관리하고 깨끗이 유지해주기만 하면 영구히 쓸 수 있다. 다만 한 가지 결점이 있다면, 아주 무겁고 그래서 다루기나 움직이기가 꽤 어려울 수 있다는 점이다. 그래서 흡족한 중용^{中庸} 으로 꼽을 수 있는 것이 바로 카본 스틸 제품이다. 주철 제품과 비슷하지만 훨씬 더 날씬하고 가벼워서, 붙박이가 아니라 이동하기 쉬운 라이프 스타일에는 안성맞춤이다.

여러분이 자주 이사를 하거나 보트, 스튜디오, 작은 주택 등 협소한 공간에서 살고 있다면, 가지런히 포갤 수 있는 취사도구 세트를 고려해보는 것도 좋은 아이디어일 것이다. 뗐다 붙였다 할 수 있는 손잡이와 서로 바꿔 쓸 수 있는 덮개가 있으면 대용량 수프 냄비, 소스팬, 소테 팬 등을 마치 마트료시카 인형처럼 차곡차곡 쌓아 올려 보관할 수 있다. (유목민 같은 그 열정은 차분히 가라앉히고.) 그처럼 '콤팩트'한 패키지라면 이동하기도 쉽고 자그마한 주방에 보관하기도 수월할 것이다.

지금까지 설명한 핵심 도구들 이외에는 메뉴를 가이드로 삼자. 파에야 팬, 압력밥솥, 서양식 무쇠솥인 더치 오븐 같은 것도 요리에 필요하다면 지녀야 할 것이다. '가볍게'라는 것은 각 개인에게 꼭 필요한 정도로 버리고 정리한다는 의미다. 어떤 물건이든 정기적으로 사용하는 것이라면, 내 주방의 대환영을 받을 가치가 있다.

베이킹 도구들

빵이나 과자를 굽기 위한 도구가 얼마나 필요할까? 그것은 당신이 얼마나 단 것을 좋아하느냐와 실제 베이킹을 얼마나 많이 하느냐에 달려 있다. 만약 베이크 세일bake sale이나 생일 파티에 내놓을 먹을 것들을 정기적으로 만든다면, 어쩌다 간간이 단 것이 당기는 사람보다는 더 많은 집기가 필요할 것이다.

대개 표준 하프 시트 팬half-sheet pan 정도는 최소한으로 준비해놓고 싶을 것이다. 두텁고 테를 둘렀으며 33×45.7센티미터 크기에 깊이(높이)가 2.54센티미터 정도인 알루미늄 쿠키 시트를 사용한다. 쿠키를 굽는 것 외에도 채소를 튀기거나 생선을 요리할 수 있고, 빵을 굽거나 견과류를 구워내며 오븐 튀김감자를 만들 때도 이런 팬을 사용하면 좋다. 게다가 바, 브라우니, 그래놀라, 베이컨, 기타 모든 시트 팬 음식을 조리할 수 있다. 방수防水·방지防脂용 황산지黃酸紙 parchment paper를 팬 안쪽에 깔아서 음식이 표면에 들러붙지 않도록 하자.

어쩌다 간혹 한 번씩 베이킹을 한다면, 필요한 것은 단지 하프 시트 팬뿐이다. 하지만 단 것에 더 욕심을 내는 사람들에겐 좀 더 다양한 베이킹 도구 컬렉션이 바람직할 터. 언제나 그렇듯이 선택은 개인의 선호에 따라서 이루어져야 한다. 언제든 파이, 머핀, 호박빵 등을 먹는 사람은 그런 것들을 만드는 데 필요한 도구를 지니고 있어야 할 것이다.

스탠드 믹서, 번트 빵틀[Bundt pan], 캔디 온도계, 쿠키 커터, 프로스팅 혹은 아이싱 팁[frosting tip] 등도 마찬가지다. 꼭 필요한 도구를 '큐레이트'해서 나만의 컬렉션을 만들자. 가령 레이어 케이크를 만들 일이 없을 줄을 뻔히 알면서도 반드시 그것을 '만들 줄 알아야' 한다는 강박관념은 버리자.

베이킹 도구들을 '가볍게' 줄이고 싶다면, 단 것을 향한 당신의 식욕을 충족시킬 다른 방법을 찾아보는 게 어떨까. 예컨대 큼지막한 케이크와 스무 개도 넘는 쿠키를 굳이 직접 만드는 대신, 동네 빵집의 단골이 되어 단 것을 향한 갈증을 해소하는 것이다. 그렇게 되면 남는 것이 못 먹게 되는 일도 없을 테고 지나치게 먹고 싶은 유혹도 느끼지 않을 것이다. 게다가 빵집의 분위기에 푹 젖을 수도 있고, 동네 사람들과 어울릴 수도 있으며, 내가 직접 만들어본 적이 없는 디저트를 먹어보는 기회도 생길 것이다.

또 다른 대안으로, 소량의 베이킹으로 창의성을 발휘해봄이 어떨까. 미니어처 쿠키나 케이크나 머핀을 만드는 팬이 있으면 일인용 혹은 커플용으로 적당한 소량만 베이킹할 수 있다. 타트 팬[tart pan]을 이용하면 자그마한 파이를 만들 수 있고, 래미킨[ramekin]으로는 미니 케이크, 과일 파이, 옥수수빵도 만들 수 있다. 이 왜소한 베이킹 도구는 차지하는 공간도 대수롭지 않고, 심지어 토스터 오븐 안에서도 쓸 수 있다. 그뿐인가, 작은 분량의 반죽을 손으로 치댈 수도 있어서 묵직하고 튼튼한 장비를 마련할 필요도 없어진다.

다만 이 점은 주의하자. 가령 브라우니 레시피를 그냥 절반으로 혹은 사분의 일로 싹둑 잘라놓고 멋들어진 결과를 기대할 수는 없다. 그러니 소량 베이킹을 위한 요리책이나 웹사이트를 찾아 참조하도록 하자. 적절하게 규모를 줄인 레시피, 아주 작은 양을 위해 테스트를 거친 레시피를 소개해줄 것이다. 많아서 남고 상할지 모른다는 걱정일랑 할 것 없이 자그마한 접시 분량의 쿠키를 만든다는 것은 정말 멋진 일이다.

야단스러움이라곤 조금도 없는 베이킹의 끝판왕으로는 머그 케이크mug cake를 만들어보자. 혼자만의 기쁨을 주는 이 디저트는 내가 좋아하는 커피 머그 안에 반죽을 넣어 포크로 휘저어 섞고, 전자레인지로 몇 분만 돌리면 완성이다. 다양한 레시피를 인터넷에서 찾아보고 레드 벨벳, 캐러멜 애플, 쇼콜라 퐁당 또는 영어로 molten chocolate cake(녹은 초콜릿 케이크) 등등을 휘휘 저어 만들면서 신나는 시간을 가져보자. 준비하기도 뒤처리하기도 식은 죽 먹기이니, 분량 조절 장치가 이미 내장內藏된 단맛 즐기기에 실컷 빠져보는 것도 괜찮다.

소형 가전제품들

싱크대나 찬장에 더 공간이 많았으면, 하는 바람을 자주 갖게 되는데, 그럴 때면 작은 가전제품들을 정리해야 한다. 그것들은 덩치도 크고 보관하기도 만만치 않으며 주방의 공간을 심각하게 잡아먹곤 한다. 그런 장비들이 편리하다는 데는 이론의 여지가 없다. 버튼만 눌러주면 기분 내킬 때 카푸치노를 후딱 만들 수도 있고, 좋아하는 빵을 구워낼 수도 있다. 그러나 그런 기계를 설치하거나 청소할 생각을 하면 한번 써보려는 열정이 급격히 식어버리는 경우가 다반사다. 그 결과, 녀석들은 주인께서 한번 꺼내 돌려볼 그 희귀한 기회만을 기다리면서, 싱크대 위나 컴컴한 찬장 안에 하릴없이 놓여 있는 것이다.

주방을 '큐레이트'할 때는, 이런 가전제품을 실제로 얼마나 사용하는지를 곰곰 생각해봄이 마땅하다. 물론 그것이 차지하는 공간을 완벽하게 정당화할 수 있는 것들도 있다. 만약 내가 매일같이 전기 주전자를 사용한다든지, 매주 한 번씩은 전기밥솥을 돌린다든지, 한 달에 한 번은 와플 굽는 틀waffle iron을 쓴다면, 그런 것들은 내 주방에 자리를 차지할 이유가 있는 것이다. 하지만 이와는 달리, 일 년이 지나도록 저 튀김기deep fryer나 만능조리기구food processor를 끄집어내는 일이 한두 번밖에 없다면, 혹은 저 전기 그리들griddle을 언제 써봤는지 기억조차 나지 않는다면, 그런 놈들을 정리해야만 좀 더 '가벼운' 주방을 누릴 수 있게 될 것이다.

가전제품들이 줄어들면 주방 공간만 늘어나는 게 아니다. 주방이 더 조용하게 되는 효과도 있다. 요즘 세상엔 빽빽, 윙윙, 부르릉 소리를 내는 기기들이 지천으로 깔려 있어서 아예 소음이 몸에 밸 지경이 아니던가. 걸핏하면 코드를 꽂고 우리가 할 일을 기계가 대신 완성하게 만드는 것이 우리에겐 거의 제2의 천성이 돼버렸다. 그러나 마음을 다잡고 요리하는 것에도 나름 좋은 점이 있다. 내 두 손으로 직접 자르고, 치대고, 뒤섞고, 잘게 써는 것이 대단히 큰 만족감을 선사하기 때문이다. 기계가 아니라 손으로 직접 하는 요리는 나를 음식과 연결해주고 나의 영혼을 살찌우는 것이다. 그것은 요리의 과정에서 기계적인 느낌을 덜어내고 좀 더 명상에 가까운 것으로 만들어준다.

따라서 주방 안의 기계 대신 하이테크가 아니라 로테크low-tech 대안을 신중히 고려해보자. 예컨대 만능조리기구 대신에 절구와 절굿공이를 사용해보면 어떨까. 식재료를 한층 더 부드럽게 빻아주면서 기름도 만들어내는 동시에 풍미와 아로마와 질감을 더 충실하게 유지할 수 있다. 또 커피메이커 대신에 물을 부어 커피를 내리는 드리퍼pour-over dripper도 사용해보자. 아리따운 아침 의식儀式이 되면서 더 깨끗하고 더 풍부하며 더 풍미가 우러나는 브루를 즐길 수도 있다. 그리고 빵 반죽을 치대는 것도 기계로 하지 말고 손으로 해보자. 덩어리가 완성되었을 때의 모습을 좀 더 컨트롤할 수 있고, 더할 나위 없이 행복한 감각의 경험도 선사한다.

잊지 말자, '맛있다'가 반드시 '복잡하다'와 동의어일 필요는 없다. 세심하고 정교하게 만든 소스가 아니라, 그저 레몬 한 번 꾹 짜거나 허브 뿌려주는 것을 내 요리에 고명으로 삼아보자. 과일이며 견과류며 야채를 만능조리기구에 집어넣어 모조리 가루로 만들지 말고, 그냥 있는 그대로 접시에 담아 내어보자. 인간은 그런 가전제품 따위 없이도 이미 수천 년 동안 맛있는 음식을 만들어오지 않았던가.

내 주방을 간소화하면 가외로 또 다른 멋들어진 부작용이 생긴다. 짐이 돼버린 요리의 무게 상당 부분을 어깨에서 덜어내는 효과가 바로 그것이다. 이것저것 가릴 것 없이 요리도구가 없다면, 반드시 요리해야 한다는 중압감도 느끼지 못할 터. 머리가 지끈 아프게 복잡한 조리법을 터득해야 할 필요성도 느끼지 않을 것이고, 이런저런 기계를 돌리고 썻고 할 필요도 없어질 것이다. 좀 더 '가벼운' 주방은 내가 한층 더 느긋해질 수 있도록 만들어줄 것이고, 나의 요리에 전혀 새로운 즐거움과 창의성을 가져다줄 것이다.

지금 주방의 서랍을 열어보자. 얼마나 꽉꽉 차 있는가? 레시피를 이해하느라 정신이 하나도 없을 땐, 어떤 도구든 필요한 순간에 곧바로 집어들 수 있으면 얼마나 좋겠는가.

요리에 필요한 비품이며 도구를 '가볍게' 정리해두면, 가장 좋아하는 거품기라든지 최고로 맘에 드는 계량스푼 따위를 찾느라 헤집고 다닐 필요가 없어진다. 내가 맘에 찍어둔 물건들은 쓸데없는 잡동사니 아래 파묻혀 있는 게 아니라, 각각 정해진 장소에 얌전히 들어앉아 한바탕 봉사하라는 명령만 기다릴 터이니 말이다.

자, 우선, 여러 가지 조리도구들을 종류별로 모은 다음(주걱은 주걱대로, 칼은 칼대로, 껍질 벗기는 도구는 그것들대로, 강판은 강판대로) 중복되는 것들을 따로 골라내자. 코르크 스크루며 나무스푼 따위가 몇 개씩이나 되는지, 아마도 깜짝 놀랄 것이다. 새것이 하나 생기더라도 이미 지니고 있던 것을 처분하는 일은 거의 없기 때문이다. '만에 하나라도' 맘에 드는 것이 없어지거나 잘못되면 낡은 것을 써야 하지 않겠냐고 예비로 그냥 놔두는 것이다. 그런데 문제는, 바로 이런 것들이 정말 좋은 것을 몰아내고 내가 요리할 때 도리어 방해만 된다는 점이다. 여러 개 있는 것들은 하나만 남기고 버리자. 그래도 버린 것들 보고 싶어서 안달 날 일은 절대 없을 것이다. 약속할 수 있다. 가장 아끼는 조리도구들에게는 숨 쉴 공간을 좀 주어야 한다. 그게 정말 아끼는 태도다.

각각의 종류에서 가장 훌륭한 것, 가장 융통성 있는 것을 골라내는 것도 흥미로운 일이다. 그러면서 즐기자. 가령 여러 개의 거품기를 가지는 대신, 고리가 충분히 많이 달려서 달걀을 휘젓기도 좋으면서 아주 튼튼하여 밀가루 반죽을 치댈 수도 있는 '똘똘한 놈' 하나만 고르는 거다. 혹은 뒤집는 주걱의 경우, 샌드위치용이 될 수 있을 만큼 튼튼하면서 동시에 아무리 쉽게 부서지는 생선이라도 곱게 뒤집을 수 있는 것을 고르는 것이다. 혹은 같은 강판이라도 감귤류, 당근, 치즈 등을 다 수월하게 다룰 수 있게 고르는 것이다.

기억해두자, 센티멘털한 기억보다는 기능성이 훨씬 더 중요하다. 결혼선물로 받았지만 질이 떨어지는 깡통따개보다는 환상적으로 날카로이 뚜껑을 열어젖히는 깡통따개를 갖고 있어야 한다. 그저 유별나기만 한 모티프, 그러니까 하트 모양의 계량기라든지 휴양지 주제의 주걱 따위는 잊어버리고, 수행하는 기능이 빵빵한 조리도구를 택하자.

뿐만이 아니라 모든 도구를을 세트로 갖고 있어야 한다는 생각도 버리자. 한 다스나 되는 칼이 그 화려한 칼꽂이와 함께 세트로 들어온다고 해서 그 칼들을 모두 지니고 있어야 하겠는가? 과일 깎는 칼이나 톱니가 깔쭉깔쭉 달린 빵칼 또는 편안한 크기(20센티 정도가 가장 보편적이다)의 프렌치 나이프처럼 가장 다양하게 쓰이는 것들만 남기고 정리하는 게 좋겠다. 그리고 앞으로도 조리도구는 세트가 아니라 낱개로 사도록 하자.

그래야 나한테 가장 유용한 도구를 선택할 수 있을 것이다.

나아가 주방에 남아 있는 특수 목적용 도구들을 없앰으로써 '가벼워지기'에 박차를 가하자. 아주 특별한 하나의 목적에만 전문화되어 있어서 다른 데는 별로 쓸 수 없는 것들 말이다. 올리브 씨앗 발라내는 도구, 사과 응어리 뽑는 도구, 바나나 잘게 써는 도구 등은 각각의 목적에는 썩 어울리겠지만, 그런 것들 없어도 칼 하나면 얼마든지 그런 일을 해낼 수 있는 데다 서랍의 공간도 더욱더 확보할 수 있다.

그래도 어떤 걸 버리고 어떤 걸 지켜야 할지 아리송하다면, 이렇게 해보자. 우선 서랍에 들어 있는 조리도구들을 남김없이 몽땅 비워낸다. 그런 다음 그것들을 상자에 넣어 언제라도 쉽게 꺼낼 수 있는 바깥 공간에다 보관하자. 그리고는 매일 요리를 해나가면서 필요한 도구를 꺼내 주방으로 갖고 오는 것이다. 그렇게 몇 주일 지나면, 내가 고정적으로 사용하는 것과 없어도 괜찮은 것이 눈에 보일 것이다.

잡동사니 서랍

잡동사니가 그득 담긴 서랍을 '큐레이트'한다고? 상상하기조차 어려울 것이다. 통상 그런 서랍 안에 쌓이기 마련인 젓가락이며, 이쑤시개며, 안 쓰는 열쇠며, 기타 잡동사니들을 신주 모시듯이 아끼는 사람이 어디 있겠는가.

하지만 걱정할 필요는 없다. 이제부터 이런 잡동사니 서랍을 '다용도 서랍utility drawer'이라 부르자. 그리고 이 서랍을 앞으로는 정말 나한테 유용한 물건들을 손쉽게 찾을 수 있는 '가벼운' 보관소로 만드는 것이다.

우선 이 잡동사니들을 '성실한 일꾼'과 '찌꺼기'로 구분한 다음, 성실한 일꾼들에겐 합당한 수납 용기나 서랍 정리함을 부여하자. 그렇게만 해주면 내가 필요할 때 곧장 찾을 수 있는 조그만 도구나 잡다한 물건들의 믿음직한 컬렉션이 완성된다.

좀 더 '가볍고' 한결 질서정연한 다용도 서랍의 관건은 모든 물건에 하나의 공간을 마련해주는 것이다. 그렇게 하면 자잘한 물건들이 여기저기 굴러다니거나 엉망진창이 되는 일도 안 생기고, 길 잃은 물건들이 거기 들어오는 일도 없을 것이다. 어떤 물건이든 마땅히 놔둘 곳이 없다고 해서 다용도 서랍에 집어넣으면 안 된다. 그러기 전에 먼저 그 물건을 정말 꼭 보관해야 하는지부터 스스로 물어보자. 만약 꼭 필요하다면 (그리고 달리 마땅한 데가 없다면), 용기이든 틈새이든 구획된 장소든 그것이 자리를 잡을 수 있는 일정한 공간을 마련해주자.

자주 배달시켜 먹는 음식의 메뉴들은 깔끔하게 모아서 (혹은 클립으로 묶어서) 한군데 놔두면, 눈코 뜰 새 없는 저녁을 위해 유용한 동네 식당 목록을 하나 갖는 셈이다.

건전지들은 자그만 용기에 담아두자. 요다음 장난감이나 전자기기의 배터리가 닳았을 때 AAA 건전지 찾느라고 집안을 홀딱 뒤집는 일은 없을 테니까.

생일 케이크를 따라온 양초랑 성냥들은 다음에 필요하면 금방 찾을 수 있도록 전부 한곳에 모아두자.

이리저리 굴러다니는 동전들은 집안 여기저기 모이지 않도록 작은 백에다 담아두자. 백이 가득 차면 은행에 넣어놓고 저녁에 외식이라도 하는 게 어떨까. 아니면 휴가나 경축일 선물이나 저축액 목표치 설정 등, 뭔가 특별한 목적으로 기금을 붓기 시작하든지.

바느질 바늘, 가외의 단추들, 안경용 작은 스크루, 그 외 물건 수리할 때 필요한 것들은 한데 모아 수리 용구 세트를 만들어보자.

고무줄, 철끈이나 빵끈, 밀봉 클립, 안전핀 같은 것들은 언제라도 쉽게 이용할 수 있게 한꺼번에 보관하자.

사용할 쿠폰이나 영수증 따위는 별도로 보관할 마땅한 데가 없으면 봉투 하나에 넣어서 보관하도록 한다. 날짜가 지난 것들은 종종 체크해서 없애주자.

다용도 서랍 또한 정기적으로 정리해서 유지할 필요가 있다. 봄과 가을이 시작될 때처럼 적어도 일 년에 두 번은 서랍을 말끔하게 정돈하자. 그렇게 하면 항상 내용물을 훤히 꿰뚫고 있을 수 있으며, 몰래 슬쩍 들어와 자리 잡은 물건들도 잘 솎아낼 수 있다. 이미 오래된 것들, 만기가 지났거나 사용하지 않은 물건들, 뭔지 정체를 알 수 없는 것과 집안의 다른 어딘가에 보내야 할 것들은 싹 없애버리자.

일단 내 다용도 서랍이 더는 온갖 잡동사니들의 보금자리가 아니게 되면, 이젠 제대로 유용한 목적에 부합하게 된다. 내가 필요로 하는 것을 꼭 필요할 때 공급해줌으로써 내 삶을 한층 더 수월하게 만드는 목적 말이다.

월든

일체의 군더더기 없이 딱 필요한 것만으로 살아간다는 아이디어에 호기심이 생기는가? 철학자 헨리 데이빗 쏘로Henry David Thoreau의 〈월든〉을 꺼내 당신이 가장 좋아하는 독서용 의자에 편안하게 앉아보라. [Thoreau는 우리나라에서 소로, 쏘로, 소로우, 쏘로우 등으로 표기되는데, 그 가운데 '쏘로'가 정확한 발음에 가장 가까우므로 이 책에서는 '쏘로'로 적기로 한다_옮긴이] 쏘로는 매서추세츠주 콩코드 외곽의 숲속에다 자신이 직접 손으로 지은 단칸방 오두막집에 살면서 스파르타식의 엄격하고 간소한 삶을 실험했다. 그리고 1854년에 처음 독자를 만난 이 책은 2년에 걸친 그 과정을 그리고 있다.

쏘로의 오두막에 있던 가구는 책상 하나, 침대 하나, 의자 셋이 전부였다. 의자는 고독을 위해 하나, 우정을 위해 둘, 사교를 위해 셋을 쓰겠다는 의도였다. 이 가구들을 빼면 요리와 식사에 필요한 약간의 도구가 전부였고, 심지어 책상 위에 놓았던 석회암 세 조각도 매일 먼지를 털어야 한다는 이유로 치워버렸다.

1800년대 초 뉴잉글런드 지역에서 시작된 철학 및 문학운동을 초월주의 혹은 트랜센덴털리즘Transcendentalism이라고 하는데, 쏘로는 이 초월주의 운동을 주도했던 사람이다. 초월주의는 자기 의존, 독립, 자연에 대한 깊은 존경심 등을 소중히 여겼다. 초월주의자들은 대단히 영적인 존재였지만, 인간을 포함한 모든 피조물의 단일성과 신성神性을 믿었기 때문에 조직적인 종교의 필요성은 느끼지 못했다.

〈월든〉은 '느긋하게 살아가며, 오직 생명의 본질적인 사실만을 마주하려는' 쏘로의 시도를 소상하게 그리고 기쁘게 그려낸 작품이다. 그는 소박한 옷차림을 하고, 가볍게 식사하며, 진중愼重하게 생각하고, 시간이 아니라 대자연의 리듬을 따라 살아간다. 그는 사회가 자신에게 기대하는 것과 그의 마음을 어지럽히는 것으로부터 물러서며, 순간순간을 음미하면서 오롯이 '지금'에 몰두하며 산다.

〈월든〉은 '가볍게' 살아가는 것에 대한 고전적인 텍스트다. 소비주의와 디지털 오락의 시대를 살고 있는 지금 우리에게는 그 어느 때보다 절절하게 다가온다. 이 작품은 우리에게 일깨워준다. 때론 속도를 줄여야 한다는 것을. 때론 외부와 단절해야 한다는 것을. 우리를 둘러싼 세계의 경이로움과 아름다움에 감사해야 한다는 것을. 우리가 얽히고설킨 인간관계의 망을 완전히 떠나 살 수는 없을지 모르겠다. 하지만 이 책은 한 번쯤 인간의 기술에 얽매이지 않는 주말이나 휴가를 누려보고 싶은 마음, 혹은 스스로 '축적해온 찌꺼기'를 더러 내던지고 좀 더 작은 집으로 줄여보고 싶은 마음이 불쑥불쑥 생기도록 해줄지 모른다.

디지털 시대를 살고 있는 우리가 필요로 하는 사무용품은 예전보다 훨씬 더 적다. 고마운 일이 아닐 수 없다. 비즈니스의 상당한 부분이 전자식으로 이루어지고 있어서 이제 더는 펜, 페이퍼 클립, 봉투, 메모장, 스테이플러 등등의 구체적인 아이템으로 가득한 용품 창고가 필요하지 않다. 아마도 절대 사용할 일이 없을 그 사무용품들은 과감히 버리자. 좀 더 여유 있고 평온한 일터는 우리의 생산성을 위해서도 기적을 일으킬 수 있다.

아주 아무것도 없는 백지상태에서부터 시작해볼까? 위에서 말한 물품들을 넣어두는 서랍이나 상자 같은 것을 텅텅 비워버리는 것이다. 그것들을 일일이 뒤져가면서 내다 버릴 것을 찾는 일도 너무 지겨운 노릇이다. 일단 확 비워버리고 실제로 내가 사용하는 것을 다시 하나씩 넣는 편이 낫다.

업무용 도구들을 '큐레이트'하면서 겹치는 것들은 없애버리자. 스테이플러, 자, 연필깎이, 가위 등에서 제일 마음에 드는 것들을 골라 보관한다. 값도 싸고 언제라도 쉽게 대체할 수 있는 물건들은 굳이 여분을 가지고 있을 필요가 없다.

내가 실제로 쓰는 물건인가, 하는 여부에 관해서는 스스로 정직해야 한다. 구멍 뚫는 펀치라든지 클립보드 같은 것은 몇 년이 지나도 손대지 않을 수 있으며, 색인 카드나 압핀이나 바인더 클립 따위도 가뭄에 콩 나듯이 필요할까 말까, 하는 정도일 수 있다. 정말 오래되어 케케묵은 사무용품들도 마찬가지다. 아직도 책상 서랍 안에 뒹굴고 있는 팩스 용지나 플로피 디스켓한테도 이젠 작별을 고할 기회로 삼자.

설사 펜이나 페이퍼 클립이나 사무용 소모품들을 여전히 사용하고 있다 할지라도, 평생 쓸 정도로 많은 양이 무에 필요하겠는가. 오히려 앞으로는 누가 뭐래도 예전보다도 훨씬 덜 쓸 것이다. 어쩌다 꼭 필요할 때를 위해서 아주 소량만 보관해두도록 하자. 그런 것들은 대량으로 구매하지 말고, 우편물과 함께 오는 고무줄이라든지 아이들 학교 숙제 등에 쓰인 페이퍼 클립처럼 어쩌다 손에 들어오게 되는 것들만 잘 보관해두었다가 때때로 사용하자. 집에서 무슨 대단한 비즈니스라도 영위한다면 또 모를까, 그렇지 않으면 지퍼가 달린 자그마한 케이스 안에 필요한 용품들을 모두 넣어 보관할 수 있을 것이다.

어쨌거나 자질구레한 사무용품들을 가장 '가벼이' 할 수 있는 최선의 방책은 가능한 한 종이 없이 디지털화하는 것이다. 종이를 적게 쓸수록 종이를 파일하거나, 스테이플러로 찍어두거나, 클립하거나, 어디로 부치거나, 한데 모아둘 필요도 저절로 적어지는 법이다. 따라서 기회가 있을 때마다, 어떤 임무를 완수할 때마다, 종이로 흔적을 남기는 대신 전자적인 방식의 대안을 고려하도록 하자. 그러니까 서류들은 이메일로 주고받고, 각종 비용 지불도 온라인으로 하고, 청구서도 디지털 방식으로 내려받고, 출력은 가능한 한 줄이는 것이다. 그러다보면 언젠가는 스테이플러조차 필요 없다는 생각을 하게 될지 모른다.

　말이야 바른말이지, 일단 책상 위에서 그런 자잘한 사무용품들을 깨끗이 치워버리고 나면, 데스크조차, 아니, 심지어 집안의 사무공간조차 더는 필요 없다는 깨달음에 이를지도 모른다. 소파에 편히 앉아서 혹은 주방 테이블에서 일하는 게 더 낫다고 느껴질 수도 있으며, 혹시 동료애가 그립다면 위워크 같은 공동작업 공간에서 일할 수도 있을 것이다. 공유하는 업무공간을 택하면 인터넷 접속도 쉬워지고, 프린터라든지 문서절단기 같은 비즈니스 도구도 사용할 수 있다. 이것은 정식 사무실을 가질 때의 비용이나 여러 부속물이 없이도 '가볍게' 업무를 보면서 비즈니스의 꿈을 추구할 수 있는 참신한 방법이다.

페이퍼워크

지금 당장 결심하자. 이제부터 가능한 한 종이 없이 살아보겠다고. 실제 문서를 출력하거나 그런 것을 요구하는 대신, 모든 거래를 전자로 수행하고 파일 보관도 디지털 방식으로 하자. 그렇게 되면 앞으로는 각종 서류를 다루어야 할 일이 훨씬 적어질 것이다.

자, 그러면 내 책상 위에 가득 쌓여 있거나 파일 캐비닛 안에 모아둔 저 종이들을 어떻게 말끔히 정리할까? '가볍게' 파일링 시스템을 이용하면 된다. 다시 말해서 오로지 아래와 같이 다섯 가지 구성 요소를 이용해서 종이 사용량을 줄이고 적절한 체계를 갖추는 것이다.

1. 리사이클링 휴지통.

내 삶으로 밀치고 들어오는 정크 메일, 회람, 광고물, 중요성이 전혀 없는 서류들을 이 휴지통에 넣는다. 그런 것들이 나의 커피 테이블이나 주방 카운터에 도달하기 전에 일찌감치 내버린다. 시효 지난 영수증이라든지 뉴스레터나 신문 기사나 전단지 등 이미 낡아버리고 상관없는 정보로 가득한 '유효기간이 끝난' 서류들 역시 이 휴지통 감이다. (다만, 개인 정보가 들어 있는 서류들은 절단해야 한다.)

2. 스캐너.

정보가 필요하긴 하지만, 굳이 종이 형태로 보관할 필요는 없는 경우에는 스캐너나 앱을 이용해서 디지털화하면 된다. 단 1센티의 공간도 잡아먹지 않으면서 기사나 편지나 카드나 팸플릿, 청구서 등등을 '저장'할 수 있는 기막힌 방법이 바로 스캔이다. 하지만 디지털로도 '엉망진창' 되기를 피하고 싶다면, 꼭 스캔할 만한 것을 잘 선택해야 하고 일단 스캔한 파일은 정기적으로 (외장 하드 드라이브나 클라우드에) 백업을 해서 데이터를 잃어버리는 일이 없도록 하자.

3. 실행 파일.

곧바로 실행에 옮겨야 하는 서류들을 위해서는 어떤 특별한 장소를 지정해서 보관하자. 집 현관이나 주방이나 사무실의 벽에 설치한 수직 파일 캐비닛 같은 데 말이다. 이런 곳은 전기료나 가스료 또는 신용카드 청구서 등 금세 지급해야 할 비용 청구서라든지, 초청장이나 허가서처럼 서명이나 회답이 필요한 서류들, 혹은 학교 및 지역사회 행사 안내장처럼 다이어리에 기록해야 할 고지서 등을 위해서는 안성맞춤이다. 그런 일들을 하나씩 처리한 다음엔 반드시 해당 서류를 실행 파일에서 제거해주어야 한다.

4. 연간 파일.

이미 처리는 했지만 당분간(보통 1년 이하) 보관할 필요가 있는 서류들을 위한 파일 박스 또는 어코디언 폴더를 가리킨다. 여기에 들어갈 만한 것으로는 최근에 받은 영수증, 청구서, 재무제표 등을 들 수 있다. 예컨대 전기료나 수도료 청구서 1년 치를 보관했다가, 5월 청구서를 받으면 작년 5월 청구서를 버리는 식이다. 물건을 사고 받은 영수증은 반환 기한이 끝날 때까지, 혹은 그 물건을 더는 갖고 있지 않을 때까지 보관한다. 이런 연간 파일은 새로운 서류들이 들어오고 예전 서류들은 나가는 일종의 회전문으로 생각할 수 있다. 서류를 간편하게 추가하거나 제거할 수 있도록 항상 손 가까이에 두도록 하자.

5. 아카이브 파일.

오래 붙들고 있어야 할 서류를 위해서는 별도의 파일 박스나 어코디언 폴더를 준비해놓자. 여기서 '오래'라는 것은 미국의 경우 대체로 세금 관련 문서들이 그렇듯이 7년 동안을 의미할 수도 있고, 보험증서나 부동산 관련 기록이나 은행 대출서류 혹은 연간 투자 수익률 명세서 등등의 경우처럼 영구 보존을 뜻할 수도 있다. 그 외에 나의 신원이나 중요한 사건이나 주요한 거래 등의 증거가 되어줄 출생증명서, 결혼증명서, 학위증명서, 부동산 권리증서 등도 여기에 해당한다. 혹시 대체하기 어려운 중요 서류가 있다면, 방화 금고에다 보관하는 것도 고려해볼 만하다.

그만하면 됐다. 접수한 모든 서류를 위의 다섯 가지 채널 중 하나에다 분류해 넣음으로써 집안 여기저기 종이가 쌓이는 일을 예방하면 된다. 그중 어느 것이든 넘치기 시작하면 또 하나의 파일을 만들지 말고 오래된 것을 없앰으로써 새 서류를 위한 공간을 만들자. 또 살아가면서 자꾸만 서류를 축적하지 말고, '덜' 가지는 것을 내 목표로 삼자. PDF 파일로 보관하고, 전자식 배송을 이용하고, 지금 쌓여 있는 것 중에서 가려내 없애자.

다루어야 할 종이 서류가 적으면 적을수록, 정말로 중요한 것을 놓치지 않는 일도 한결 쉬워진다. 이 시스템이 단단히 자리 잡으면, 나는 없어선 안 될 서류들이 간결하게 잘 편집된 컬렉션을 언제나 지니게 될 것이다.

하이테크 기기들

우리는 디지털 시대에 살고 있으니 운이 좋은 셈이다. 오늘날의 기술은 우리 삶을 한층 더 수월하게 만들고, 집안에서 여러 가지 소지품을 제거해주기도 한다. 어쨌거나 그 목적은 몇 안 되는 엄선한 기기를 이용해서 가능한 한 많은 임무를 수행하는 것이다. 그저 새로운 것이라고 해서, 혹은 누구나 다 그걸 갖고 있다고 해서, 어떤 기기를 사면 안 된다. 나의 삶에 정말로 가치를 더해주는 기기들만 소유하도록 하자.

가령 랩톱 컴퓨터는 가상 오피스 하나의 기능을 오롯이 수행할 수 있다. 쓰기, 디자인하기, 조사하기, 그림 그리기, 프로그래밍, 수치 연산 등등 내가 실제로 하는 일들에 쓰일 수 있을 뿐 아니라, 나의 비즈니스를 마케팅한다든지 고객들과 소통하는 강력한 도구도 되기 때문이다.

서류 관리나 행정업무를 디지털로 수행함으로써 우리는 종이가 거의 필요 없는 일터를 만들 수 있다. 봉투라든가 페이퍼 클립 등의 수많은 사무용품이 필요 없어진다는 얘기다. 심지어는 파일 캐비닛, 책상, 전용 사무실까지 없애도 좋을지 모른다. 식탁에서나 동네 커피숍에서도 업무를 볼 수 있다면, 좀 작은 공간에서 사는 것도 가능하고 어쩌면 매일 출퇴근하는 것조차 피할 수 있지 않을까.

랩톱 컴퓨터는 나의 엔터테인먼트 센터가 되어주기도 한다. 내가 좋아하는 음악이며 영화며 쇼를 저장하고 재생할 수 있어서, 텔레비전이라든지 실제 미디어 기기(그리고 거기 맞추어 장만해야 하는 가구까지) 등이 필요 없을지도 모른다. 또 랩톱 컴퓨터를 이용해서 여러 가지 책과 사진들을 디지털로 저장해보라, 수백 킬로그램의 실물을 없앨 수 있을 테니까 말이다.

만약 집에 완전한 컴퓨터 세트가 필요하지 않다면, 태블릿을 마련하는 게 어떨까. 그 자그마한 덩치로도 이메일, 웹 서핑, 음악, 영화 등등 랩톱 컴퓨터의 많은 기능을 수행하니까 말이다. 형태가 콤팩트해서 전자책 리더기로서도 안성맞춤이고, 책 한 권보다도 얇고 가벼운 기기 안에다 도서관 하나를 통째로 집어넣을 수도 있다.

마지막으로 스마트폰. 스마트폰은 커뮤니케이션 기기에 그치지 않는다. 카메라, 계산기, 다이어리, 노트패드, GPS, 뮤직 플레이어, 웹 브라우저, 시계를 위시해 수많은 기능을 담고 있어서 자질구레한 아이템들을 그야말로 무용지물로 만들어버린다. 앱의 숫자가 점점 늘어나면서 스마트폰은 하루가 다르게 다재다능해지고 있으며 여러 사무기기까지 없애버릴 수 있다. 스캐닝 앱이 있으면 스캐너를 대체할 수 있고, 전자서명 앱을 이용한다든지 쿠폰, 티킷, 탑승권, 기타 서류들을 스마트폰에 저장함으로써 집에 설치해둔 프린터를 쓸 일도 거의 없어진다.

'가볍게' 소비하는 사람이 되려면 새로운 모델이 나올 때마다 업그레이드하지 말자. 지금 갖고 있는 기기가 망가진다든지, 내게 필요한 앱이나 소프트웨어를 작동시키지 못할 때까지는 새것으로 바꾸지 말자. 그리고 새 기기를 샀다면, 기존의 기기를 '혹시 모르니까'라면서 계속 보관하지는 말자. 다른 누구에게 줘버리든지, 여성보호소나 노인복지관 등에 기부하든지, 그것도 아니면 책임을 지고 재활용하자.

랩톱 컴퓨터로 사무실을 대체하고, 태블릿으로 책장을 대체하며, 스마트폰으로 여러 개의 물건을 대체하자. 몇 안 되는 기기만으로 내가 지닌 것들의 무게를 '가볍게' 할 수 있다니, 참 놀라운 일 아닌가! 물론 어떤 기기를 지니게 되든, 그것이 단순히 재미 삼아 갖는 기구가 아니라 진짜 부지런한 일꾼이어야 한다는 점만 명심하자.

꾸밈없는
단순함은
어김없이
우리를 매료한다.

오노레 드 발자크 Honoré de Balzac

디지털

온갖 물건을 디지털 방식으로 저장한다는 것은 우리의 구체적인 소유물들을 줄일 수 있는 경이로운 방법이다. 별의별 서류며 편지며 책이며 사진이며 게임이며 영화며 음악 등을 문자 그대로 공기처럼 가볍게 지닐 수 있음은 참으로 자유롭지 아니한가.

하지만 조심하지 않으면 우리의 디지털 라이프조차 뒤죽박죽 어질러진 혼란이 될 수 있다. '잃어버린' 파일이나 중요한 이메일 메시지나 걸핏하면 사라지는 북마크 따위를 찾느라고 랩톱 컴퓨터를 샅샅이 뒤지며 한 시간씩 낭비하게 되면, 우리는 좌절감과 생산성 급감으로 주저앉을 수밖에 없다. 그러므로 우리는 실물자산이나 꼭 마찬가지로 디지털 자산도 세심하게 '큐레이트'해야 한다. 불필요한 것은 떠나보내고 지녀야 할 것은 체계적으로 보관하며 내 기기들의 콘텐트를 지속적으로 다듬어야 한다.

우리는 하드디스크 여유 공간이 없어지면 모를까, 그렇지 않으면 웬만해선 컴퓨터에 담긴 것들을 '큐레이트'할 생각을 안 한다. 그러나 안의 내용물들을 간소화-합리화함으로써 좀 더 부드럽고 효율적인 경험을 할 수 있다는 점을 알아두자. 디지털 서류들도 시간이 흐르면 실물 서류나 마찬가지로 '옛것'이 된다. 내 삶이나 내 비즈니스와 더는 관련이 없는 것들은 과감히 '삭제'하자. 찍은 사진이라고 모조리 보관하지 말고, 최상의 샷이나 가장 흥미로운 사진만 '세이브'하자. 이제 더는 관심 없는 브라우저 북마크라면 역시 없애버리자.

쓸데없는 실물을 '아웃 박스'에 던져버리듯이, 못 쓰게 된 디지털 콘텐트도 잘라내 버리도록 하자. 그리고 전면적인 '디지털 대청소'를 위해서 매년 하루를 따로 정해놓는 것이 어떨까. 굳이 추천하자면 매년 1월이 좋을 것 같다. 그렇게 되면 새로운 마음으로 다가올 한 해를 위해 초점을 다 잡고 시작할 수 있으니까.

디지털화한 자료들을 체계적으로 정리하는 것도 중요하다. 여러 가지 파일, 사진, 북마크, 미디어 등을 질서정연한 일련의 폴더로 통합 정리해야 한다. 서류들을 (재무 관련, 신상 관련, 업무 관련 등) 주제별로 묶고, 사진은 주체나 날짜 기준으로 정리하자. 좀 더 상세하게 분류하려면 하위 폴더를 사용하면 된다. 컴퓨터의 검색기능에 의존하지 말고, 실물 파일 캐비닛을 정리하는 것처럼 디지털 자료도 조직적으로 분류해놓아야 한다. 나한테 가장 잘 어울리는 시스템을 만든 다음, 내가 만들거나 받은 파일 하나하나가 반드시 논리적으로 가야 할 자리가 있도록 하자.

이메일의 경우는 특별히 부지런해야 한다. 중요하지 않은 메시지나 다시 읽을 일이 없을 것 같은 메시지는 삭제하자. 뉴스레터나 프로모션이나 배송 통지문 같은 것은 받는 족족 모두 저장하지 말자. 이미 처리했지만 보관하고 싶은 메시지들은 주제나 보낸 사람에 따라 폴더를 만들어 정리해야 필요할 때 쉽게 참조할 수 있다. '받은메일함'이 텅텅 비어 있다는 것, 이거, 마법 같은 일 아니겠는가? 나도 가뭄에 콩 나듯이 어쩌다 한 번쯤 성취해본 일이지만, 그래도 이룩해볼 가치가 있는 목표라 하겠다.

마지막으로, 집중력을 잃고 산만해지는 일을 최소화하기 위해서 나의 디지털 라이프를 가능한 한 세련되게 다듬자. 이메일을 항상 '가볍게' 유지하려면 내가 가장 좋아하는 뉴스레터만 빼고는 구독을 삼가고, 엔간한 메일링 리스트에는 내 이름을 올리지 말자. 온갖 블로거나 온라인 상점들이 내 '받은메일함'을 가득 채우게 놔두지 말고, 뭘 읽고 싶거나 사고 싶으면 그들의 웹사이트를 방문하면 될 일이다. 소셜 미디어 계정도 '살빼기'를 감행하자. 내 삶의 시시콜콜한 내면들을 모조리 남들과 공유하기보다는 알차게 사는 것 자체가 더 좋지 않겠는가. 스마트폰에 있는 앱들을 대폭 정리-삭제하고 알림 기능은 모두 정지시켜버리자. 어쩌다 황금 조각이 눈에 띄기를 바라면서 산사태처럼 쌓인 정보를 일일이 뒤지지 말고, 어떤 정보가 필요하면 그때 찾아보도록 하자.

그래, 디지털 기술은 나의 공간을 되찾을 수 있도록 거들어준다. 거기엔 의심의 여지가 없다. 그러나 나의 디지털 라이프를 '깃털처럼 가볍게' 정리해주면, 나는 나만의 시간과 관심이라는 똑같이 소중한 보물을 되찾을 수 있다.

타월

수건은 얼핏 하찮은 물건처럼 보일지 모른다. 하지만 확실히 만만찮게 공간을 잡아먹는 물건이다. 수건은 크고 투박하며 묵직한 데다, 그 숫자는 가만 둬도 저절로 불어나는 것처럼 보인다. 맘먹고 빨래하는 날 여기저기 흩어진 수건들을 모으고, 빈틈도 없는 리넨 보관함에다 낑낑대며 넣고 빼는 일은 참 지루하고도 짜증 나는 일이 되기 십상이다.

지나치게 많은 수건을 관리하느라 아까운 시간 낭비하지 말고, 딱 필요한 정도로 줄여보자. 그러면 나의 수건들은 절대 '과잉' 상태가 되는 일 없이 선반과 세탁기와 건조대 사이를 훨씬 더 수월하게 통과할 수 있을 것이다. '가벼운' 삶을 추구하는 우리의 목표는 굳이 한 번 더 생각할 필요조차 없을 정도로 너무나도 부드럽고 자연스럽게 흘러가는 집안의 일상(루틴)을 만들어내는 것이다.

자, 무엇보다 먼저, 생각할 수 있는 모든 크기의 수건을 다 지녀야 한다는 의무감을 느끼지 말자. 사실 욕실용 수건과 핸드 타월만 있으면 충분하고 만사를 엄청 단순하게 만들어준다.

정말 가능한 한 '미니멀'하게 살기를 원하는가? 그렇다면, 식구 한 사람당 목욕 수건 한 장만 있어도 얼마든지 지닐 수 있다. 그렇지만 사람들은 대부분 두 장을 원할 것이다. 목욕 수건은 보통 서너 번 사용하면 빨아야 하므로, 세탁의 스케줄 혹은 빈도에 맞추어 합리적인 숫자를 정하자. 만약 때때로 하룻밤 묵어가는 손님이 생기는 경우라면, 가외로 한두 장은 갖추어야 할 것이다. 그렇게 하면 손님이 도착하는 날 깨끗한 타월을 찾느라 법석을 떨지 않아도 된다.

덧붙여서 만약 아이들이나 반려동물이 있다면, 혹은 수도관에서 물이 샐 가능성이 있다면, 집안이 난장판으로 변하는 경우를 대비해서 낡은 타월 몇 개쯤은 보관해두어야 할 것이다. 이럴 땐 너무 오래 썼거나 너덜너덜해져서 욕실에다 걸어둘 수도 없는 수건들을 사용하자. 가능하다면 이런 수건들은 상태가 좋은 것들과는 따로 지하실이나 다용도실 같은 데 보관해두는 게 좋겠다.

한편 핸드 타월은 훨씬 더 자주 사용되므로 매일 갈아주어야 한다. 일주일에 한 번씩 빨래하는 경우엔 세면기 하나당 일곱 개를 갖추어놓고, 그보다 더 자주 빨래한다면 일곱 개까지는 필요 없다.

수건을 세트로 사야 한다고 느낄 필요는 없다. 세트로 사다 보면 결국 수건이 너무 많아지거나 쓰지도 않는 사이즈를 갖게 되기 때문이다. 매치가 되지 않는 제각각의 취향대로 수건을 갖고 있으면 개성도 두드러지고, 교체하기도 훨씬 더 수월하며, 식구 한 사람 한 사람이 자기만의 색상이나 패턴을 누릴 기회도 된다.

가지고 있는 수건의 숫자를 줄이는 것 외에, 수건 자체의 무게도 줄이는 것이 바람직하다. 터키산 페스테말pestemal처럼 파일을 넣지 않고 짠 수건은 부드럽고 가벼우며 물기도 잘 흡수하기 때문에 전통적인 테리terry 타월에 비해서 공간도 1/4밖에 차지하지 않는다. 게다가 대기 중에 말리든 건조기를 돌리든 더 빨리 마르기도 하므로, 한층 더 환경친화적인 데다 곰팡이도 잘 생기지 않는다.

그럼, 너무 많아서 처분해야 할 수건들은 어떻게 할까? 새것이나 품질이 좋은 것은 노숙자 보호시설에 기증하고, 좀 낡은 것은 반려동물 보호소에다 주는 게 어떨까. 어쨌거나 나의 리넨 보관함에 뒹굴고 있는 것보다는 세상에 나가서 도움 되는 일을 하도록 만들어주자.

침구

어쩌면 인간의 보금자리 본능이 발동한 것인지는 몰라도, 침구에 관해서라면 '많으면 많을수록 더 좋지(다다익선^{多多益善})'라는 접근법을 택하는 사람들이 아주 많다. 우리는 시트며 이불이며 담요 등을 새로 사면서도, 예전에 쓰던 것을 도무지 버리고 싶어 하지 않는 경우가 허다하다. 그러다 보면 부지불식간에 평생 써도 모자라지 않을 정도의 침구, 혹은 아이들이 떼거리로 몰려와 밤샘 파티를 해도 될 정도의 침구를 갖게 되는 거다.

문제가 뭐냐 하면, 침구란 것이 워낙 많은 저장 공간을 잡아먹는다는 사실이다. '좀 더 가볍게' 식의 접근법을 취한다면, 없어선 안 될 숨 쉴 공간을 얻을 수 있다.

자, 우선 벽장과 서랍과 기타 침구를 넣어두는 다른 장소들을 싹 비워냄으로써 '백지상태'로 돌아가는 것이 출발점이다. 그런 다음, 집에 있는 침대 하나마다 돌아가도록 매트리스 커버, 덮는 시트, 베개로 하나의 세트를 만들어준다. 이 침구들이 뒤죽박죽 한꺼번에 섞여 있을 땐, 각각 어떤 크기인지, 어느 것이 어느 것과 짝을 이루는지, 한 아이템마다 도대체 몇 개나 있는지, 도통 알 길이 없다. 골라서 '통합'한 세트 하나하나를 단정하게 접어서 작은 꾸러미로 만들어 침구 보관함에 좀 더 깔끔하게 넣어두자.

시트는 현명하게 선택해야 한다. 그래야만 여름과 겨울에 각각 별도의 세트가 필요 없게 된다. 예를 들어 리넨은 숨을 쉬는 직물이어서 계절에 상관없이 항상 편안하다. 그것은 또 오래 가는 직물이라, 세월이 흐를수록 더 부드러워져서 오래오래 사용하는 침구에 안성맞춤이다. 사실 프랑스의 벼룩시장 같은 데서는 (더러 백 년도 더 된) 골동품 리넨 시트를 찾아다니는 사람이 많다고 한다. 소박한 면 시트 역시 일 년 내내 두고 사용할 수 있다.

대부분 가정에서는 침대 하나에 침구 두 세트면 충분하다. 그중 하나를 세탁하는 동안에 다른 하나를 쓸 수 있는 것이다. 그러나 어린아이들이 있다면 신중하게 항상 몇 개 더 마련해두는 편이 좋을 것이다. 너무 많아 쓸모없는 것들은 '아웃 박스'에 넣기로 하고, 그 상태에 따라 동네 노숙자 보호시설이나 반려동물 보호시설에 넘기면 된다. 이제부터는 새로운 침구 제품을 살 때마다, 예전에 쓰던 것은 기증하기로 하자.

담요, 이불, 누비이불 등에 대해서는 무엇보다 편안함이 우선순위 1번이다. 내가 사는 곳의 날씨를 고려해서 저 싸늘한 겨울밤에도 나를 따뜻하게 감싸줄 것들을 고르자. 다만 한 번에 사용할 수 있는 담요나 이불에는 한계가 있다는 사실만 명심하자. 언제든 우리 가족이 필요로 하는 만큼, 그리고 손님 한두 명이 왔을 때 필요한 만큼이면 충분하다.

베개는 어떨까? 시간과 노력을 좀 들여서 내가 수면을 취하는 자세(옆으로 눕는지, 배를 깔고 눕는지, 등을 대고 눕는지)라든가, 내가 좋아하는 높이나 경사도(부드러운 타입, 솜털 타입, 평평한 스타일, 딱딱한 스타일 등)에 가장 적합한 것을 찾아내자. 적절한 균형을 찾도록 해야만, 여러 개의 베개를 쌓는 일이 안 생기고 하나로 만족할 수 있을 것이다.

침구에 관해서라면 패션이 아니라 기능에 초점을 맞추자. 소형 쿠션, 덮개, 요란한 장식물 따위가 침대 위에 많으면 많을수록, 밤마다 그걸 치우고 아침에 다시 정리해놓으려면 더 많은 시간이 소모된다. 모든 것을 간결하고 소박하게 유지하며, 저녁의 충분한 휴식을 취하는 데 꼭 필요한 최소한의 물건만을 사용하자. 잠자는 공간이 '가벼워질수록' 더욱더 쉽게 평정심을 누릴 수 있다.

책들

열광적인 독자인 동시에 저자이기도 한 나는 모든 책에 '자유통행증'을 부여한다는 것이 얼마나 군침 도는 일인지 잘 안다. 책이란 게 부피도 크고, 무겁고, 움직이기 어렵긴 하지만, 그럼에도 저작물에 대해서 '적은 것이 더 좋은 것'이라는 접근법을 취하기란 상상조차 하기 힘들다.

하지만 나의 친애하는 책벌레들이여, 용기를 잃지 마시라! 서재를 '가볍게' 만드는 것은 물론 가능한 일일뿐더러 고통스럽지도 않으니까. 말이야 바른말이지, 앞으로 절대 읽을 일이 없을 책들을 잔뜩 쌓아놓고 있는 것보다는 좋아하는 작품들로 구성된 새로운 컬렉션을 갖는 편이 훨씬 더 상쾌하지 않겠는가!

언제나 그렇듯이, 우선 당신의 그 책꽂이를 말끔히 치워버리고 '백지상태'로 시작하자. 그런 다음 아래의 몇 가지 기준을 근거로 한 권 한 권에 대하여 그걸 갖고 갈 것인지, 아니면 내 손을 떠나 다시 유통되도록 할 것인지를 결정하자.

첫째, **내가 이미 읽어본 책인가?** 내가 꿈꾸는 이상적인 세계에서라면 좋아하는 책을 들고 읽을 수 있는 시간이 무한정 있을 것이다. 하지만 현실은 그렇지 못해서 그런 호사를 누릴 수 있는 사람은 거의 없다. '앞으로 읽을 작품'이란 이름의 책 무더기가 높다랗게 쌓였다면, 이제 한 번쯤은 '소울 서칭soul-searching,' 그러니까 '자기 탐구'를 해봐야 할 때가 된 거다. 언니가 추천해주었던 저 소설이나 비즈니스 필독서는 (내가 정말 읽고자 하는 열정이 없는 한) 보관할 필요가 없다. 앞으로 몇 달 안에 펼쳐볼 의향이 없는 책이라면, 진짜 읽고 싶은 사람한테 넘겨주자.

이제부터는 '앞으로 읽을 작품' 컬렉션의 내용물은 특별한 몇 권의 책, 혹은 선반 한 칸에 들어갈 책들로 제한하기로 하자. 이미 쌓여 있는 책들을 파고들기도 전에 다른 책을 산다면, 기존의 책 하나를 포기함으로써 새 책을 위한 공간을 만들어주자. 단, 전자책은 예외다. 할인 중인 베스트셀러가 눈에 띄거든 주저하지 말고 맘대로 구매해도 좋다. 몇 킬로바이트 정도로는 내 삶이 그 무게에 짓눌리지 않을 터이니, 전자책은 나의 '어쩌면 읽을 작품'으로는 아주 훌륭한 포맷이다.

둘째, 내가 다시 읽고자 하는 책인가? (아니면 수북이 쌓인 먼지를 훅 불어서 털어내야 했던 책인가?) 잠깐, 이 점은 아무리 강조해도 지나침이 없다. 이미 읽은 책을 빠짐없이 다 보관해야 할 필요는 없다. 시시때때로 집어 들고 내용을 참조하는 책들만 보관해야 한다. '가벼운' 책꽂이는 활동적인 공간이지, 기록물 보관소 같은 데가 아니다. 거의 매일같이 나에게 영감을 주는 책, 날 위로해주는 책, 혹은 다른 식으로 날 기쁘게 해주는 책들을 위한 책꽂이란 말이다.

단순히 나의 문학적인 신뢰도나 평판을 과시하기 위해서 읽었던 타이틀이라면 굳이 붙들고 있을 필요 없다. 박식하다는 것을 증명하고 싶다면 훨씬 더 경쾌한 방법이 있다. 책이 그득히 담긴 내 '책꽂이 사진shelfie'을 인

스타그램이나 다른 소셜 미디어 계정에다 올리기만 하면 된다. 그러면 친구들은 내가 러시아 고전문학을 섭렵했다거나 최근의 베스트셀러들을 놓치지 않고 읽었다는 걸 알아줄 테니까.

셋째, **나는 이 책을 정말 좋아하는가?** 센티멘털한 이유로 혹은 단순히 예쁘다는 이유로 책을 갖는 것에도 일리는 있다. 그렇더라도 알아두자, 그런 책은 나의 책꽂이나 침실용 탁자 위나 커피 테이블 위에 놔둘 정도로 특별해야 한다는 것을. 가령 고등학교 시절에 읽던 소설 정도로는 그런 커트라인을 넘을 수 없겠지만, 할머니의 손때가 묻은 성경이나 내가 좋아하는 미술가의 모노그래프 또는 제인 오스틴 소설 박스 세트라면 합격할 수 있으리라. 내가 소유한 다른 물건들과 마찬가지로 책도 정말 신중하게 '큐레이트'함으로써, 유용하거나 아름답거나 나에게 기쁨을 주는 책들만 보관하도록 하자.

종이책이 꼭 필요하지 않거나 내 독서 경험을 풍요롭게 해주지 않는다면, 전자책을 선택하는 편이 좋다. 비행기로 여행을 떠나거나 이사할 때, 책이 빼곡 담긴 상자를 끙끙대며 옮기지 않고도 전자책 형태로 내 장서들을 몽땅 들고 다닐 수 있으니, 정말 놀랍지 않은가! 어디다 책을 저장할 것인가를 조금도 걱정할 필요 없이 나의 문학적 변덕과 충동에 얼마든지 탐닉할 수 있으니 말이다. 정신을 바짝 차려서 종이책을 엄선하고 나머지는 디지털로 보관한다면, 그 엄청난 중량을 견디지 않고서도 너무나 멋들어진 나만의 도서관을 가질 수 있을 것이다.

자유와 책과
꽃과 달님이
있다면
어느 누가
행복하지 않으리오?

오스카 와일드 Oscar Wilde

취미활동을 위한 물품이나 스포츠용품 가운데 어떤 것들을 계속 보관할 것인가를 결정할 땐, 내가 얼마나 자주 그런 활동을 하는지 신중하게 고려하자. 저 테니스 래킷이나 서예용 펜이나 크로셰 뜨개질용 바늘을 얼마나 자주 집어 들게 되는지, 바로 그 빈도가 뜨뜻미지근한 취미와 진정한 열정의 차이를 그대로 말해주는 것이다.

그래, 나도 물론 잘 안다, 우리 모두 시간은 모자라고, 그럴 수만 있다면야 골프장에 나가거나 도자기 굽는 화로 앞에 앉아서 며칠이고 푹 빠져 봤으면 얼마나 좋겠는가. 그렇기 때문에 나는 '한 달에 한 번'이라는 가이드라인을 사용한다. 즉, 어떤 취미활동을 위해서 적어도 '한 달에 한 번'조차 시간을 내지 못한다면, 그 활동을 그다지 열심히 추구하지 않는다고 인정하는 게 좋지 않을까.

그래도 괜찮다, 부끄러울 건 없다. 앞으로 내가 정말 대단히 좋아할 것만 같은 활동을 위해 물건을 모았는데... 허, 참, 그게 기대에 미치지 못한다든지, 기대했던 것만큼 썩 좋아지지 않는 경우도 더러 있지 않은가. 그럴 때 우린 공연히 돈을 낭비했다는 죄책감을 느끼면서 그런 취미를 위한 물건들을 한구석에 치워버린다. 그러면서 언젠가 '시간이 좀 나면' 반드시 하리라고 스스로에게 다짐한다.

이런 물건들이 내 삶을 지긋이 억누르도록 내버려두지 말자. 그런 장비며 물품들, 아니, 그런 활동 자체까지도 포기한들 무슨 상관이랴. 기꺼이 없애버리자. 학교나 노인복지시설 등에 속 시원히 기증해버리고 안도의 한숨을 크게 내쉰 다음, 내가 진정으로 사랑하는 무언가를 추구할 수 있도록 자신을 해방하는 거다.

반면 '빈도 테스트'에 합격한 취미활동의 경우엔 내가 가장 즐기는 것으로 한두 가지만 골라내자. 별의별 손재주나 스포츠를 모두 '완전정복'하겠다며 안간힘을 쓰지 말고, 잘 선택한 몇 가지에만 에너지를 집중적으로 투자하자. 그렇게 되면 전문성을 획득하고, 여러 가지 프로젝트를 완료하여, 좀 더 커다란 만족감을 얻고 나올 시간 여유가 생길 것이다.

가능하다면, 각 활동에 쓰이는 물건들을 딱 한 개의 수납 용기에 모두 담을 수 있는 정도로 제한하자. 무슨 취미생활을 한답시고 물건을 자꾸 사들이는 것은 실제로 그 취미활동을 수행하는 것보다 훨씬 쉬운(어떨 땐 훨씬 더 재미있는) 노릇이니까. 일단 수납 용기가 꽉 차면, 물건을 더 사기 전에 반드시 지금까지 모은 것들을 사용해서 소진하는 과제를 자신에게 부여하자. 마찬가지로 반쯤 하다 멈춰버린 프로젝트들은 전혀 새로운 프로젝트를 시작하기 전에 완전히 마무리 짓도록 하자.

값싼 물건들을 잔뜩 사지 말고 소량이라도 품질 높은 물건들에 투자하자. 예를 들어서 플라스틱 비드(구슬) 대신에 귀금속 구슬을, 합섬 원사 대신에 자연 소재 원사를, 그리고 기왕이면 전문가용 페인트와 연필과 종이를 사용하는 게 좋다. 더 품질 좋은 재료가 더 훌륭한 경험을 낳고 더 좋은 결과를 가져온다. 그것만으로도 내 테크닉을 갈고닦으며 내 기술을 개선할 넉넉한 동기가 되지 않겠는가.

마지막으로 정말 '가볍게' 살고 싶다면 애당초 취미활동을 고를 때부터 장비가 가장 적게 필요한 취미를 택하자. 가령 달리기, 그림 그리기, 블로그 운영하기 같은 것 말이다. 만약 내가 고른 취미가 덩치 커다란 장비나 도구를 요구한다면, 굳이 그런 걸 사지 말고 필요할 때마다 어떻게든 얻어 쓸 방법을 모색하자. 어쩌다 간간이 사용되는 스포츠 장비를 렌트한다든지, 야외에 임시로 설치한 오픈 스튜디오나 메이커 스페이스를 찾아가도 나의 창의성을 마음껏 표출할 수 있으니까. [메이커 스페이스^{maker space}: 3D프린터, 레이저 커터 등 다양한 장비를 갖추고 소비자가 원하는 사물을 즉석에서 만들어낼 수 있도록 창작활동을 지원하는 공간. 우리나라에서도 중소벤처기업부가 전국에 120여 개의 메이커 스페이스를 조성해 운영하고 있다_옮긴이] 이것은 나의 소중한 돈과 공간을 투입하기 전에 무언가 새로운 것을 시도해볼 수 있는 훌륭한 방법이다.

추억이 서려 있는 물건들

누구에게든 단지 정서적인 이유만으로 버리지 못하고 보관하는 물건들이 있다. 그것을 보면 어떤 특별한 사람이나 장소나 사건이 새록새록 생각나기 때문이다. 그리고 그것은 너무나도 자연스러운 일이다. 이런 과거의 징표가 나의 현재를 흩뜨리고 방해하지만 않는다면 말이다.

기념을 하더라도 '가볍게' 하고, 과거의 기억은 가능한 한 간소하게 보존하자. 내가 간직하는 기념품은 영원무궁 질질 끌고 다녀야 하는 짐(부담)이 아니다. 그건 오히려 어린아이의 호주머니에 들어 있는 보물과도 같아서, 내 삶을 띄엄띄엄 읽어나갈 때 나에게 기쁨과 위안을 가져다주는 것이어야 마땅하다.

대대로 내려오는 가보家寶도 내 삶을 무겁게 만들 수 있다. 물론 그것은 사랑하는 사람들을 떠올리게 한다. 그건 좋은 일이다. 하지만 동시에 우리 집에서 자유로운 공간을 뺏고 내 스타일을 구속하며 내가 떨치고 앞으로 나아가는 걸 가로막을 수도 있으니, 그건 나쁜 일이다. 우리 집은 기념관이 되어선 안 된다. 또 부모님으로부터 물려받은 다이닝 세트와 베이비 그랜드 피아노 때문에 해외로 이주하고픈 꿈을 버려서도 안 된다.

덩치 큰 가구, 완벽한 컬렉션들, 혹은 어느 개인이 물려준 재산 전체에 집착하지 말고 단일 물품과 작은 물건들을 선별하자. 추억에 관해서 말하자면, 아주 자그마한 물건이라도 커다란 재산이나 꼭 마찬가지로 강력한 힘을 갖게 마련이다. 그러므로 완전한 도자기 세트 가운데서 찻잔 하나만을, 어떤 컬렉션에서 내가 가장 좋아하는 아이템 하나만을, 할머니의 재봉틀이 아니라 골무 하나를, 보관하는 것이 좋겠다. 그게 어려우면 한 가지 대안으로, 물려받은 가보들을 실물 그대로 보관할 게 아니라 사진에 담아서 디지털 방식으로 보존하면 더 낫지 않을까. 무게를 느끼지 않고서 추억을 간직할 수 있는 멋진 방법이다.

바야흐로 엄청난 양의 유산을 물려받게 될까 걱정이 된다면, 지금이야말로 연로하신 부모님들과 마음을 툭 터놓고 부드럽게 이야기를 나눠 볼 때다. 나는 좀 더 '가볍게' 살고 있으며 그들이 애지중지하는 물건들이 합당한 자리를 찾도록 만들고 싶다는 것을 차근히 설명해드리자. 모든 유산이 가장 사랑받고 소중히 다루어질 곳에 자리 잡을 수 있도록, 형제자매나 다른 식구들도 이런 의사결정 과정에 참여시키면 더욱 좋다. 상상할 수 있는 최악의 상황이 벌어지면 (그러니까, 내가 모든 유산을 떠맡게 된다면) 유품 청산인estate liquidator이나 경매인 같은 전문가를 고용해서 유산 정리에 도움을 얻을 수도 있다.

지금까지 내가 축적해온 기념품, 트로피, 학생 시절 수집품, 결혼 기념품, 기타 여태껏 살아온 내 인생의 징표들. 이렇게 추억이 서린 센티멘털한 물건들에 대해서도 마찬가지로 엄격한 선발을 시도해야 한다. 넘쳐흐를 듯 물건들이 가득 찬 여러 개의 상자보다는 정성 들여 골라낸 한 개의 자그마한 컬렉션이 훨씬 더 관리하기도 쉽고 그 의미도 깊고 넓다. 내 인생에서 특별했던 시기 하나하나에서 가장 중요한 것을 선별해서 보존하자. 결혼식 때 썼던 면사포라든가 고등학교 졸업앨범 같은 것. 커다란 물건보다 작은 것을 더 아낀다면, 딱 하나의 기념품 상자에 모두 다 넣을 수 있을 것이다.

아이들에 대해서도 똑같은 식으로 해주자. 아이들이 가장 소중히 여기는 기념품이나 창작물을 넣을 수 있도록 각자 자기만 쓸 수 있는 수납 용기를 지정해주면 좋겠다. 그리고 그들이 성장함에 따라 그 컬렉션을 새롭게 만들어주면, 그들이 열여덟 살에 이를 즈음엔 지나온 한 해마다 특별한 기념품이 하나둘씩 모이게 될 것이다. 나머지 것들은 최신 기술을 최대한 이용하면 어떨까. 즉, 기억은 하고 싶어도 보관해두기는 싫은 그 모든 공예품과 그림과 기타 잡다한 기념품들을 사진으로 보존하거나 스캔해두는 것이다. 어렸을 때의 추억이 응축된 이 보물단지는 아이들이 성년이 되었을 때 아주 특별한 선물이 될 수 있다.

추억이 서린 물건들이 완전히 자리를 잡게 하지 말라. 그것이 그런 물건을 다루는 가장 좋은 방법이다. 축하 카드를 받더라도 많은 시간이 흐르기 전에 없애고 아이가 성장하면 지체 말고 아기 때 쓰던 담요를 바로 없애는 편이 5년, 10년, 20년씩 그런 걸 끌어안고 사는 것보다 훨씬 쉽지 않겠는가. 만약 그렇게 하기조차 너무 늦어버렸다면, 그런 추억의 물건들을 '잠시 보류' 상태로 두자. 어떻게 처리하는 게 가장 좋을까를 결정하는 동안에 조금씩 정을 떼기도 한결 쉬울 테니까. 특별한 물건들을 박물관이나 친구에게 준다든지, 심지어 생판 모르더라도 그걸 소중히 대해줄 사람에게 선사한다면, 내가 어딘가에 넣어두고 있는 것보다는 훨씬 더 넉넉한 행복을 가져다줄 것이다.

그리고 이제부터는 추억이 서린 센티멘털한 물건을 더 늘리기 전에 충분한 시간을 갖고 심사숙고하자. 연극 프로그램을 보관하는 대신 극장에서 셀피를 찍어두고, 관광지의 저 싸구려 기념품을 사는 대신 여행의 경험을 저널이나 블로그 형태로 남기며, 내 이름이 언급된 신문을 몽땅 보관하는 대신 그 기사만 스캔해두자는 말이다. 해가 거듭되면서 기념품을 쌓아 올리지 말고 기억을 위한 '좀 더 가벼운' 방법을 찾자는 얘기다.

감상을 자극하는 물건들을 '큐레이트'할 때는 이 점을 꼭 명심해두자. 그런 물건들은 참 좋긴 하지만 특별한 사람이나 장소나 삶의 순간을 기억하기 위해 꼭 필요하지는 않다는 사실을 말이다. 참으로 신비로운 것은 내가 지닌 추억 그 자체지, 기념품이 아니다.

선물

선물이란 두 가지 면을 갖고 있다고 생각하자. 하나는 선물로 받는 물건 그 자체, 다른 하나는 고마움이나 사랑이나 우정처럼 그 뒤에 서려 있는 정서. 후자가 가볍고 사랑스럽고 우리의 영혼을 고양高揚시키는 반면, 전자는 그 무게로 우리를 억누른다.

선물을 준다는 것은 바로 그런 정서를 준다는 뜻이며, 물건 자체는 그저 하나의 상징에 지나지 않는다. 그러므로, 그 물건이 특별히 유용하거나 아름답거나 즐거운 것으로 다가오지 않는다면, 내 집에서 물건은 떠나보내고 선물한 사람의 감정만 내 마음 안에 보관하자. 달리 표현하자면, 선물 준 사람의 배려심을 소중히 간직하면서 피부를 가렵게 하는 저 스카프나 엉성하고 값싼 장신구는 버려도 괜찮다는 얘기다.

단순히 선물로 받았다는 이유만으로 물건들을 보관하진 말자. 다른 재산의 경우와 마찬가지로 선물도 '큐레이트'하자. '선물'이라는 딱지가 무슨 특별한 지위를 부여하는 것은 아니다. 어떤 일이 생기든 오래오래 남는 모든 느낌, 바로 그것이 진정한 '선물'이다. 물론 보관할 가치가 있는 거라면 보관해도 좋다. 하지만 (가장 중요한 의미에서의) 선물이란 구체적인 형태가 없더라도 오래 간다는 사실을 알아두자.

누가 어떤 선물을 주었는지를 잊어버리지 않기 위해서 선물을 버리지 못하는 경우도 더러 있다. 이럴 때 좀 더 바람직한 해결책은 그 선물을 사진으로 남기고 준 사람과 받은 날짜를 포함해 그 파일에 이름을 붙여두는 것이다. 그러면 그의 선물은 순식간에 기록되고 영원히 남게 될 것이다. 그보다 더 좋은 방법은 그 선물을 들고서 셀피를 찍은 다음, 선물 준 사람에게 고마움의 표시로 보내주는 것이다. 선물과 선물에 대한 감사의 표시가 마무리되면, 그 물건의 목적은 충족된 셈이고 이제 그것은 내가 원하는 대로 처분할 수 있다.

그리고 앞으로는 선물도 '가볍게' 주고받기로 하자. 꼭 무언가를 주고받아야 하는 경우라면, 가능한 한 실체가 없는 것을 선물함으로써 선물 주기의 모범을 보이고, 상대에게도 그렇게 하기를 부탁하는 것이 좋겠다. 예컨대 받는 사람이 소비하여 없앨 수 있는 선물들은 선물 주기의 무게를 확 낮추어준다. 가령 엄청 맛있는 디저트, 와인, 공예품으로 만든 비누 등은 한 치의 혼란도 남기지 않고 즐길 수 있다. 그뿐인가, 선물 받는 사람은 그런 사치를 일찍이 누려본 적이 없을 수도 있으니, 한층 더 고마워할 것이다.

더욱더 '가벼운' 선물은 여러 종류의 경험이다. 미술 수업, 온천요법, 발레공연 입장권 등은 상점에서 살 수 있는 그 어떤 물건보다도 훨씬 더 풍요롭고 기억할 만한 선물이 된다. 선물 받는 사람이 얻게 될 이런저런 기술, 웰빙, 혹은 문화적 가치 등은 그의 삶을 드높이는 효과를 가질 수 있다. 또 있다. 자선기관에 대한 기증을 선물로 준다면, 주는 사람과 받는 사람의 호의를 빈곤한 사람들에게 확산시킴으로써 효과는 더욱더 치솟을 것이다. 우리도 대개는 생일에 어떤 물건을 받기보다도 친구와 함께 점심 식사라도 하는 것을 훨씬 더 기꺼워하지 않겠는가.

　친구들과 어머니와 동생과 직장동료들에게 나는 좀 더 '가볍게' 축하하고 싶다고 말함으로써 나부터 솔선수범하자. 그들도 이에 대해 안도의 한숨을 내쉴지, 누가 알겠는가. 만약 아이를 위해서 생일 파티를 마련해야 한다면, 초대받은 사람들에게 '선물은 필요 없고 재미만 넘쳐흐를' 것이라고 미리 분명히 밝혀두자. 선물로부터의 자유를 위해 선구자가 되자. 그런 아이디어가 주류主流로 자리 잡을수록 우리 모두가 느끼는 무게도 한결 줄어들 것이다.

종교

사람들은 오래전부터 '간결함'을 좀 더 비범[非凡]한 삶으로 나아가는 길로 간주해왔다. 이 세계의 여러 가지 종교를 꿰뚫고 흐르는 하나의 공통된 특징이 있으니, 그것은 소유와 욕망과 부정적인 감정 같은 세속의 짐(부담)이 바로 우리가 겪는 고통의 원천이라는 인식이다. 그 짐의 상징이 묵직한 숙명이든, 아담과 이브의 추락이든, 우리가 낙원으로 올라가거나 깨우침을 얻기 위해서는 반드시 이 무게를 떨쳐버려야 한다.

위대한 영적인 지도자들로 말하자면, 그들은 '가볍게' 살아가는 훌륭한 전범[典範]을 보여주었다. 헐렁한 겉옷 한 벌과 샌들을 빼면 가진 거라곤 없었던 예수는 이렇게 가르쳤다. "네 소유를 팔아 가난한 자들에게 주라. 그리하면 하늘에서 보화가 네게 있으리라."(마태복음 19장 21절) 그는 '무거운 짐 진 자들'을 불러 모아, 자신을 따름으로써 그 짐을 훌훌 벗어 던지라고 가르쳤다. 예언자 무함마드 역시 거의 소유한 재산 없이 살았다고 전해진다. 신발을 기워서 신고, 옷도 기워서 입었으며, 바닥에서 먹고 잤다고 한다. 진정한 부는 많은 물질의 소유가 아니라 만족에서 온다고 가르쳤다.

인도의 왕자 싯다르타 가우타마, 혹은 역사에서 말하는 붓다 또한 세속의 부를 마다했다. 그는 흔한 표현처럼 인간이 타고 가는 배를 텅 비운다면 열반을 향하여 '가볍게 흘러갈' 것이라고 가르쳤다. 비슷한 시기의 인도에 퍼졌던 자인Jain교 스승 마하비라도 '소유하지 않음'의 미덕을 설파했고, 힌두교 지도자였던 마하트마 간디는 채 열 가지도 안 되는 세속의 재산만을 남기고 세상을 떠났다. 대자연에 기반을 둔 종교들은 지구와 거기 사는 모든 생명을 존중하고 주변환경과 조화를 이루면서 살기를 옹호한다.

그렇다고 해서 우리가 반드시 수도복을 입어야만 좀 더 영적인 길을 걸어갈 수 있겠는가? 물론 그런 것은 아니다. '캡슐 옷장'만 가져도 그걸로 충분할 것이다. 가볍게 살 수만 있다면, 우리는 세속의 짐을 내려놓을 수도 있고 우리의 영묘靈妙한 본성을 다시 발견할 수도 있다. 그런 본성이야말로 우리를 서로서로 이어주고 우주와도 연결해주는 (하나님, 도, 법신法身, 브라만, 로고스 등으로 불리는) 신성神性이다. 우리가 그들의 형식적인 교리를 따르든 아니든 상관없이, 좀 더 '가벼운' 삶, 물질주의의 그늘이 적은 삶에서는 넘치는 행복至福을 찾을 수 있다는 얘기다.

유아복

아이들과 더불어 '가볍게' 살기란 언제나 쉬운 노릇이 아니지만, 우리가 아이들에게 줄 수 있는 가장 위대한 선물 가운데 하나가 바로 '가벼운' 삶이다.

갓난아이들은 물질을 욕망하면서 태어나는 게 아니다. 그들이 원하는 것은 사랑이요, 편안함이며, 관심이다. 그러한 유아의 욕망을 충족시켜주기 위해서 우리 자신을 쓰지 않고 대신 물건을 사용할 때 문제가 생기는 것이다. 백 가지 장난감보다도 백 번의 껴안기가 훨씬 더 (공간을 넓혀주는 것은 말할 것도 없고) 아이를 행복하게 해준다.

그렇지만 갓난아기들을 위한 물건들은 너무나 귀여워서 자칫하면 흥분하고 넋을 놓아버리고야 만다. 아이들에겐 뭐든지 (특히 나 자신이 가져보지 못한 거라면 뭐든지) 다 해주고 싶으니까. 게다가 온갖 선물들, 아, 그 선물들! 자그마한 선물이 모이고 쌓여서, 우리 꼬마들은 첫 번째 생일 케이크에 꽂힌 촛불을 꺼보기도 전에 물건들 속에 푹 파묻히고 만다.

만약 당신이 아이를 배고 있다면, 혹은 최근에 출산했다면, 이런저런 잡지나 출생등기소에서 주는 '신생아를 위한 필수품' 리스트 따위는 깡그리 무시하기 바란다. 그저 아기 침대나 카 시트나 옷가지 등, 최소한으로 필요한 물품만 구하도록 하고, 나머지는 때를 기다리자. 첫돌도 지내지 않은 아이를 위해 그네며 놀이도구며 기타 헤아릴 수 없이 많은 액세서리에 투자하기 전에, 우선 당신의 갓난아기와 친해지고 서로를 알아야 한다. 세월은 빠르게 흘러가고 당신이 생각했던 것만큼 많은 것들이 필요하진 않을 것이다.

아이 방이 벌써 꽉 찼다면, 가능한 것들부터 없애기 시작하자. 아이가 활발하게 이용하지 않는 건 뭐든지 치워버리자. 나중에 꼭 필요하면 다시 가져오면 되니까. (앞으로는 확실히 쓰이지 않을 거라고 생각되면 '아웃박스'에 넣어두자.) 물티슈 워머, 기저귀 교환대, 기묘하게 생긴 기저귀 통 같은 수많은 베이비 아이템은 엄마의 삶을 좀 더 편리하게 해준다고 약속하지만, 사실은 오히려 거치적거리기만 하는 경우가 허다하다. 그보다는 잡동사니에 걸려 넘어지는 일 없이 법석 떠는 아이랑 페이스를 맞출 수 있도록, 여유 있고 널찍한 아이 방을 갖는 편이 훨씬 낫다.

아이가 태어나고 한 해 동안은 옷가지도 간단하게 유지하자. 아이 옷장에 요란스레 화려한 옷이나 주름 많은 드레스를 가득 채워 넣으면 안 된다. 사진 찍을 기회나 특별한 행사 때 입힐 옷이라면 선물로 얼마든지 받게 될 것 아닌가. 처음 몇 달 동안은 내리닫이 잠옷이나 유아용 우주복만으로 조그만 '캡슐 옷장'을 만들면 된다. 어쨌거나 갓난아이들은 대개 자면서 시간을 보낼 테니까. 아이가 스르르 꿈나라로 가고 있는데 앙증맞은 청바지를 벗겨내려고 낑낑대기를 원하는 엄마는 없을 것이다. 아기가 기어 다니고 마침내 걷기를 배우게 되면 부드러운 셔츠나 바지나 레깅스 같은 것들을 조금씩 더해주자. 그런 것들을 입으면 아기는 가장 편하게 잘 움직일 것이다.

장난감 역시 '가볍게' 해주자. 갓난아기들은 딸랑이와 봉제 완구 한둘이면 얼마든지 흡족해하는 법이다. 블록이니 스태킹 링이니 네스팅 컵이니 하는 기초적인 발달완구들은 아이가 자라면서 더해주면 된다. 그리고 책은 말할 것도 없이 갓난아이에게 필수다. 아기가 손에 잡을 수 있는 부드러운 책이나 엄마가 읽어줄 보드 북부터 시작한다. 아기의 책꽂이는 아무리 일찌감치 만들어주어도 지나침이 없다. 태어나면서부터 아기에게 큰 소리로 책을 읽어주면 나중에 성공적으로 읽고 쓰는 데 튼튼한 기초가 된다는 연구 결과도 있다.

전반적으로 말해서, 엄마가 똑바로 펴줘야 하거나 정리해야 하거나 피해 다녀야 하는 아기용 물건이 적으면 적을수록, 훨씬 더 좋다는 얘기다. 엄마가 잠도 제대로 못 자고 몽롱하게 보낼 그 첫해, 당신은 할 수만 있다면 최대한의 평온을 얻어야 할 것이다.

장난감

광고에서 뭐라고 하든, 아이가 뭐라고 칭얼대든, 장난감이라는 것은 더 많다고 더 좋은 것이 결코 아니다. 사실 톨레도 대학의 연구팀이 발표한 어떤 보고서에 의하면, 장난감을 적게 줄수록 아이는 더 차분하고 한층 더 창의적으로 더욱 집중해서 놀게 된다고 한다.

평온하고 넉넉한 환경이 아이들에게 주는 혜택은 그야말로 어마어마하다. 부모들은 아이의 발달을 위해서라면 어떤 물건이든 풍족하게 제공해주고 싶겠지만, 동시에 그런 물건들을 세심하게 '큐레이트'해줄 책임도 있다는 걸 알자. 장난감이 지나치게 많으면 아이들은 산만해질 수 있고, 장난감에 압도되어버릴 수 있으며, (참 역설적이게도) 따분해할 수도 있다. 그러므로 장난감을 자꾸 더 많이 안길 게 아니라, 그걸 갖고 놀 수 있는 넉넉한 공간과 아이의 상상력을 활용하는 기회를 많이 주어야 한다.

장난감에 대해서는 좀 더 '가벼운' 접근법을 택해서, 신중하게 고르고 자유자재로 덧붙이거나 뺄 수 있는 작은 양의 놀이기구들을 아이에게 주도록 하자. 최신 트렌드로 불리는 전자 장난감보다는 짓기나 창의성을 촉진하는 단순한 장난감, 또는 블록이나 책이나 동물 형상이나 놀이 음식, 크레용, 인형, 옷 입혀주기 액세서리 등의 흉내 놀이 같은 것들을 골라주면 좋다. 기껏해야 아이가 버튼이나 누르면 되는 수동적인 장난감은 피하

자. 한 가지 장난감을 갖고 아이가 여러 가지 방법으로 놀 수 있으면 더더욱 좋은 일이다. 플라스틱 제품보다는 천연자원으로 만들어진 장난감이 더 바람직하고 시장에서 대량으로 유통되는 '캐릭터' 장난감들은 가능한 한 오랫동안 아이가 갖지 못 하도록 하자.

장난감에 관해서 전반적인 가이드라인은 한 번에 예닐곱 가지 정도를 아이에게 주라는 것이다. 나머지는 어디에다 따로 두었다가, 아이가 이미 갖고 노는 예닐곱 가지를 정기적으로 교체해주면 된다. 이런 체계를 지켜나가면, 아이가 장난감이 너무 많아서 압도되는 일도 없고, 오래된 장난감도 다시 만나면 새롭게 느낄 것이다. 그리고 아이가 계속해서 거부하거나 무시하는 장난감이 눈에 띄면, 그런 건 바로 없애버림으로써 '가벼워지자.'

사실 장난감을 실제로 자꾸 더 사주기보다는 '진짜배기 놀이로 초대'하는 기회를 만들어주는 게 더 낫다. 다시 말해서 아이가 찬찬히 뜯어보고, 탐색하고, 마음 내키는 대로 실험해볼 수 있는 장난감들을 이리저리 참신하게 짝지어주는 것이다. 예를 들자면, 페인트, 풀, 단추 몇 개, 아이스캔디 꽂았던 막대기 등을 담은 접시라든지, 모래, 자갈, 파이프 청소기 따위가 담긴 통 같은 것을 추천해볼 수 있겠다. 그런 것들을 주위에서 손쉽게 얻을 수 있는 재료로 만들어보자. 미술용품, 가정용품, 재활용 품목들(종이상자, 자투리 원단, 마분지로 만든 튜브 등), 대자연에서 얻는 것들(꽃, 솔방울, 나뭇잎 등), 장난감들(블록, 장난감 자동차, 사람 형상 등)이 모두 그런 재료가 된다. 인터넷에서는 이러한 아이디어들을 얼마든지 얻을 수 있다. 다만 아이의 안전을 꼭 염두에 두어야 하고, 아이의 연령대에 어울리는 물건들을 골라야 한다는 점만 명심하자.

이처럼 최선의 노력을 기울인다 해도, 아이는 여전히 서로 주고받는 선물, 파티가 끝나고 얻는 선물 주머니, 치과의사가 공짜로 나눠주는 것 등, 그 가치를 의심하지 않을 수 없는 장난감을 갖게 될 것이다. 만약 그런 물건이 마뜩잖아서 고개가 갸우뚱해진다 싶으면, 곧바로 '잠시 보류' 상자에 넣어두고 아이가 굳이 찾는 경우에만 꺼내 주자. 정말 대단히 특수한 장난감이 아니라면, 아이는 곧 잊어버리게 될 것이고 그땐 안심하고 버리거나 다른 데로 보내면 될 것이다.

아이가 점점 자라게 되면 스스로 물건들을 '큐레이트'할 수 있도록 곁에서 도와주자. 장난감을 얼마나 많이 가져도 되는지 한도도 설정하도록 가르쳐주고(봉제완구는 이 바구니에 쏙 들어가는 크기만 갖는 거야, 알았지?) 새 장난감을 받았을 땐 옛 장난감을 포기해야 하는 법이라고 격려해주자. 아이들에게 일찍감치 가르쳐주자, 어떻게 해야 '가볍게' 살 수 있는지. 그래야만 그들도 성인이 될 때까지 지니고 갈 훌륭한 철학을 갖게 될 테니까.

가지고 싶어 하는
물건이
적은 사람일수록
하느님과
가장 가까이 있는 자다.

소크라테스

장식물

주변을 장식하는 물건들은 우리를 따뜻하게 해주는 것도 아니고, 우리에게 저녁 한 끼 먹여주는 것도 아니며, 이메일 메시지를 보내주는 것도 아니다. 그런 점에서 장식물은 우리에게 가장 실용적인 소유물이 될 수는 없다. 그러나 그것들은 우리에게 미학적인 즐거움을 선사하며, 내 공간을 참으로 나답게 만들 수 있게 도와주고, 대자연과 인간의 창조물이 모두 얼마나 사랑스러울 수 있는지를 상기시켜준다.

'가벼운' 장식의 관건은 "여백 white space"이다. 어떤 물체를 둘러싸고 있는 그 넉넉한 '비어 있음' 말이다. 만약 어떤 물건이 오로지 아름다움만으로도 보관할 만한 가치가 있다면, 그 물건에는 그런 공간을 주어야 마땅하지 않겠는가? 열 개도 넘는 회화 작품, 도자기 작품, 혹은 기타 예술 작품들이 잔뜩 들어차 있는 방으로 성큼 걸어 들어간다면, 어느 것에다 관심을 집중해야 할지 알 수가 없는 법. 그저 두어 점이 전시된 방이라야 뭐가 특별한지를 즉시 알아차릴 수 있는 것이다.

일본의 전통 가정에는 이런 목적으로 '토코노마 床の間'라고 부르는 자그마한 벽장이 있어서, 한 번에 딱 한두 개의 장식품만을 디스플레이하는 데 사용된다. 선택되는 작품은 가을 낙엽이나 봄에 흐드러지게 피는 꽃들처럼 계절을 반영하고, 예술과 자연을 함께 감상하는 맘을 불러일으킨다.

이와 비슷한 무언가를 고려해보자. 어떤 한 공간을 정해서 나만의 '토코노마'로 이용하는 것이다. 벽난로라든지 콘솔 테이블 혹은 자그마한 선반을 예로 들 수 있다. 그리고 위와 같은 세심함으로 거기 전시할 물건들을 엄선하자.

만약 한 번에 디스플레이할 수 있는 양보다 더 많은 장식품이 있다면 (그리고 그 어느 것도 버리거나 남에게 주기 싫다면), 여분을 다른 데 넣어두었다가 계절마다 한 번씩 교체해주면 될 것이다. 그러면 새 장식품을 구입하지 않고도 언제나 새로운 모습을 뽐낼 수 있게 된다. 그러고도 혹시 한 번도 전시품에 끼이지 못하는 게 생기면, 그런 것은 '아웃 박스'에 넣었다가 다른 사람의 집을 아름답게 빛낼 기회를 주도록 하자.

간결하면서도 매력 만점인 공간을 원하는가? 그 가이드라인으로서 대충 이렇게 충고하고 싶다. 방 하나에 장식품 세 개까지만! 가령 거실에는 벽에 거는 그림 한 점, 벽난로 위에 꽃바구니 하나, 그리고 커피 테이블 위에 공예품 그릇 하나면 충분하다. 그럼 주방에는? 창틀 위에 예쁜 양초 하나, 고색창연한 에나멜 주전자 하나, 그리고 수제 프린팅의 티 타월 한 장이면 될 것이다. 그러고도 좀 더 장식하고 싶은 맘이 있다면, 아이템들을 하나씩 죽 늘어놓지 말고 여러 장의 사진을 담은 컬렉션, 혹은 꽃봉오리 화병이나 작은 도자기 두어 개를 오순도순 함께 묶어 전시하면 좋겠다.

기억하자, 장식품이라고 해서 반드시 상점에서 사 온 것일 필요는 없다. 나의 공간을 꾸밀 수 있는 가장 '가볍고도' 순간적인 방법은 자연을 이용하여 장식하는 거다. 꽃, 나뭇잎, 호박, 조약돌, 암석, 조개껍질, 그릇에 가득 담긴 과일들... 이런 자연의 풍성한 산물보다도 더 멋지게 계절을 축하할 수 있는 게 어디 있단 말인가? 게다가 이런 것들을 이용하면, 해마다 한 번씩 경축일용 대량생산 장식품 따위를 끄집어내야 할 필요가 싹 없어지므로, 이보다 더 좋을 수가 없는 것이다. 솔방울이며 호랑가시나무 가지 같은 것은 플라스틱 산타클로스와 비교할 수 없으리만치 예쁜 데다, 계절이 지나면 퇴비로 사용할 수도 있으니 공간도 잡아먹질 않아서 더더욱 좋다.

마지막으로 한 마디. 무슨 잡지 기자라든가 온라인 인플루언서가 이런저런 디자이너 제품이 예쁘고 '시크'하다고 떠벌린다고 해서 그런 것으로 집안을 가득 채우는 어리석음은 범하지 말자. 나의 장식품은 나만의 취향과 경험을 반영해야 한다. 나의 여행에서 가져온 기념품이라든지, 의미가 충만한 예술작품, 혹은 친구가 선물한 수제품 같은 것 말이다. 내 마음을 따뜻하게 감싸주는 것들을 골라보라, 그러면 내 집을 아름답게 꾸미는 데 그리 많은 장식품이 필요하지 않을 것이다.

가구

'가벼운 터치로' 집에 가구를 들이려면, 나한테 꼭 필요한 것만 가지도록 하자. 남들이 내가 가질 거라고 기대하는 것은 소유할 필요가 없다. 가구를 소개하는 저 잡지들이며 카탈로그 따위는 당최 신경 쓰지 마시라. 내 침실에는 침대 곁 작은 탁자라든지 화장대나 경대 따위가 필요 없다고 생각한다면, 번듯한 침실 가구 세트 한 벌이 무슨 소용이란 말인가. 자그마한 좌석으로도 충분하다면 코끼리 같은 덩치의 조립식 가구로 거실을 가득 채울 필요가 어디 있겠는가. 또 주방의 테이블에 앉아서 일하는 게 즐겁다면, 굳이 책상을 살 필요도 없는 것이다. 여기저기 구석에도 의자나 테이블이나 캐비닛이나 책꽂이 등으로 채우기보다 그냥 비워둘 수 있잖은가.

가외로 넉넉한 바닥면적을 누릴 수 있다면 참으로 멋진 일이다. 집이 훨씬 넓어진 느낌을 주는 데다, 활동할 수 있는 공간도 더 많아지니까. 이 런저런 가구를 풀 세트로 사기보다는, 필요에 따라 단품 위주로 사는 편이 바람직하다. 식기의 경우가 그러했듯이 가구도 그 하나하나가 서로 짝이 되고 어울려야 한다는 법은 없다. 아니, 그렇게 일습으로 맞춘 가구보다 하나씩 따로 장만한 가구가 오히려 내 집을 더 매력적으로 만들어 준다. 그러므로 서두를 것 없다. 콘솔 테이블을 하나 장만하겠다고 작심하기 전에 정말 그것 없이는 살 수 없는지를 찬찬히 생각해보자.

가장 부담이 없고 '가벼운' 가구 풋프린트footprint를 원한다면, 다기능 가구를 선택하자. 예를 들어서 손님을 위한 침대로 변신할 수 있는 소파, 죽 펼쳐서 확장하면 파티 테이블이 될 수 있는 식탁, 개구쟁이 꼬마의 장난감을 숨길 수 있는 기다란 오토만 의자 같은 것들 말이다. 의자를 고를 때도 필요하면 집안 어디든 쉽게 움직일 수 있는 타입으로 선택하고, 곁테이블側卓; end table을 구할 땐 하나씩 따로 써도 되며 여러 개를 묶어서 커다란 상으로도 쓰는 것을 사도록 하자.

이사를 자주 하는 사람이라면 주저하지 말고 '조립 가구flat-pack' 생활을 기꺼이 포용하는 것이 어떨지? 물론 단번에 쓱싹 해체되는 가구를 가리켜 멋지고 화려한 물건이라고 할 사람이야 없겠지만, 그래도 그것은 이동하기가 한층 더 쉽고도 저렴하여 이사할 때 좀 더 원활한 움직임을 가능하게 해준다. 다루기 어려운 거실 가구 세트 때문에 바람 부는 대로 자연스럽게 움직이며 살고픈 욕망이 억제되어서야 쓰겠는가. 이젠 정말 한곳에 정착할 준비가 되었다고 느낄 때가 오면, 좀 더 영구적이고 후대에까지 물려줄 만한 품질의 가구에 얼마든지 투자할 수 있다.

설사 정착할 각오가 되더라도, 가구란 기능이 우선이라는 점을 잊지 말자. 지나치게 귀중한 가구나 너무 섬세한 가구는 내 마음에 부담이 될 뿐이다. 아이들, 반려동물, 매일 피할 수 없는 일상의 혼란에도 잘 견딜 수 있는 가구, 혹은 긁히고 찍히고 닳을수록 그 나름의 개성이 살아나는 가구를 선택하자. 고급 소파를 덮은 저 눈부시게 하얀 커버는 보기에 참 아름다울지 모르지만, 그 때문에 늘 신경 쓰이고 조마조마하다면 그게 부담이 아니고 무엇인가.

내 가구를 '가볍게' 들어 올려주려면, 내 집의 진정한 일꾼은 무엇인지부터 가려내자. 각 방의 침대, 소파, 식탁과 커피 테이블 등등. 보존해야 한다면 바로 그런 것들을 지켜야 한다. 동시에 자기 몫조차 제대로 못 하는 가구들, 특히 잡동사니들을 더 끌어모으는 것 외에는 별로 쓸모가 없는 가구들도 알아차려야 한다. 가령 기껏해야 정크 메일을 얹어놓는 것 외엔 용도가 없는 탁자를 뭣 때문에 놔두겠는가? 그런 탁자가 차라리 없으면, 정크 메일들은 곧바로 쓰레기통으로 들어갈 테니 더 낫지 않겠는가? 그런 가구는 단번에 없애버리자, 그러면 한층 더 가볍고 바람 잘 통하고 평온한 공간을 누리게 될 것이다.

둘 :
일상의 발걸음을 가볍게

우리가 사는 행성을 좀 더 가볍게 사뿐히 밟도록 하자.

그것이 이 행성을 향한 우리의 사랑을 보여주는 길이다.

그렇다고 전기 끊고 들판에 나가

직접 식량을 만들라는 뜻은 아니니, 조금도 걱정할 것은 없다.

발걸음을 가볍게 하자는 생각은 거의 노력을 들이지 않고서도

어마어마한 효력을 발휘할 수 있는 것이다.

그저 환경친화적인 습관을 몇 가지만 채택해보라,

그러면 이 지구와 멋진 조화를 이루면서 살아가는 것이

얼마나 쉬운 노릇인지를 곧 알게 될 터이니!

쓰레기 줄이기

우리는 아름다운 공원을 걸으면서 쓰레기를 여기저기 흘리고 다니진 않는다. 그런 예쁜 곳을 지나면서 종이수건이나 플라스틱 백이나 다른 쓰레기를 떨어뜨리는 법은 없다. 당연하지 않은가. 그 땅을 처음 봤을 때의 상태대로 고스란히 보존하려고 조심을 한다.

불행하게도 우리가 사는 행성은 왜 그처럼 양심적으로 대해주지 못하는 걸까? 미국의 경우, 환경보호국의 발표에 의하면 국민 1인당 1일 쓰레기 배출량은 2Kg이라고 한다. 연간 728.5Kg에 해당하는 양이다. 물론 이 가운데 일부는 재활용되고 있지만, 대부분은 소각되거나 매립되고 마는 실정이다. 우리가 한 걸음씩 삶의 발자국을 남기며 나아가는 동안, 그 뒤에는 거대한 쓰레기 산이 하나씩 남는 모양새다.

그러지 말고 이 지구 위에서 좀 더 '가볍게' 살면 안 될까. 힘닿는 데까지 쓰레기를 줄여가면서 살면 안 될까. 그러기 위해 가장 효과적인 방법 가운데 하나가 각 가정에서 사용하는 일회용 제품들을 줄이는 것이다.

소비자들이 쓰는 제품을 만드는 것도, 버리는 것도, 모두 우리의 행성에 피해를 준다. 그렇기에 우리가 구매하는 물건들이 가능한 한 오래도록 쓰이기를 바라는 것이다. 그저 두어 시간밖에 (심지어 몇 분밖에) 쓰지 못하는 것들은 그걸 만드는 데 쓰이는 자원이나 버릴 때 필요한 매립지 같은 것을 도저히 정당화할 수 없을 것이다. 우리의 대자연에게 조금이나마 사랑을 선사하는 셈 치고, 내가 할 수 있는 모든 노력을 기울여 그런 물건들은 피하도록 하자.

무언가 흘렸을 때 종이수건 대신에 천으로 된 수건을 쓰고 재사용하자.

종이 냅킨을 쓰지 말고 직물로 된 걸 사용하자. 보기에도 더 우아하고 친환경 상차림에도 안성맞춤이다.

플라스틱 백 사용을 받아들이지 말고 식료품점에 갈 때는 나만의 장바구니를 들고 가자.

종이 접시나 플라스틱 수저 따위를 쓸 게 아니라, 식탁에서는 진짜 도구를 사용하자. 소풍이나 야유회 같은 기회에는 대나무, 스테인리스 스틸, 에나멜 접시 같은 걸 써보자.

한 번 쓰고 버리는 캡슐이나 포드[pod]로 커피를 만들지 말고, 드립 기계나 물을 부어서 끓이는 방식을 사용하자. 필터 역시 종이가 아니라 스테인리스 스틸로 만든 걸 쓰자.

일회용 기저귀 대신에 천으로 만든 걸 사용하자. 환경에도 해가 되지 않을 뿐 아니라, 아기의 엉덩이에도 훨씬 더 부드러운 기저귀가 된다.

면도할 때는 일회용 면도날 말고 전기면도기나 안전면도기를 사용하자. 혹은 날을 교체하게 되어 있어서 재사용 가능한 것도 좋다.

종이로 선물 포장을 하지 말고, 한국이나 일본에서 흔히 볼 수 있듯이 선물을 예쁜 천에다 넣어서 접는 기술을 시도해봄이 어떨까.

일회용 물병을 사서 물을 마시지 말고, 재사용할 수 있는 병에다 수돗물을 받아 마시자.

내 점심은 포일이나 플라스틱 포장지에 담지 말고, 도시락이라든지 재사용 가능한 스낵-샌드위치 봉지 같은 친환경 용기에다 넣자.

알고 보면 내가 할 수 있는 일은 정말 무궁무진하다. 다시 사용할 수 있는 티 볼, 실리콘 베이킹 컵, 리필할 수 있는 액체 비누 디스펜서, 재활용 가능한 농산물 봉지, 충전해서 되풀이 쓰는 충전지, 유리 음식 보관 용기, 리필하는 펜이나 프린터 카트리지, 양모 드라이어 볼, 손수건, 스테인리스 스틸 빨대, 일회용 칫솔 대신에 헤드만 교체하고 핸들은 계속 쓰는 칫솔 등등.

한 걸음 더 나아가, 최소한으로 포장된 물품을 선택하자. 스낵 팩도 피해야 하고 내용물이 하나씩 따로 포장된 제품도 사지 말며, 가능한 한 벌크로(포장 없이 대량으로) 사는 편이 낫다. 조그마한 전자제품이나 화장품처럼 지나치게 많은 양의 플라스틱 안에 제품을 꽁꽁 집어넣는 일이 없는 브랜드를 지원해주자. 온라인 구매의 경우엔 여러 아이템을 뭉쳐서 함께 주문함으로써 하나의 상자에 같이 받을 수 있도록 하자.

마지막으로, 음식쓰레기도 잊어서는 안 될 일이다. 입에 대보기도 전에 어찌어찌 유효기간이 지나거나 상해버린 그 모든 음식물! 해마다 수백만 명이 굶주리고 있는 현실임에도, 우리는 수백만 톤의 음식을 그냥 내다 버린다. 좀 더 '가볍게' 쇼핑하고 요리하기 위해선, 우선 적당한 양을 조리해야 한다. 그리고 깨끗이 다 먹지 못할 것 같으면, 값싸다고 해서 큼직한 식품을 사는 일도 없도록 하자. 먹고 남는 음식 찌꺼기는 최대한 퇴비로 쓸 수 있게 노력하자.

쓰레기 줄이기를 목표로 삼았다면, 그 첫걸음은 언제나 경각심을 갖는 마음이다. 그렇게 하려면 우선 주방에 있는 쓰레기통만 빼고는 모든 쓰레기통을 없애버리는 것이 좋다. 서재며 침실에는 아예 쓰레기통을 두지 말고, 화장실 찬장에 작은 봉지 하나만 남겨둬도 충분하다. 쓰레기를 처리하기 위해 집 이쪽 끝에서 저쪽 끝까지 걸어가야 한다면, 쓰레기가 얼마나 많이 나오는지에 정신을 바짝 차리지 않을 수가 없을 테니까.

* 시도 때도 없이 사용하는 일회용 제품이 있다면, 그것을 재사용 가능한 버전으로 대체하라. 그러면 배출되는 쓰레기의 양이 눈에 띄게 달라지지 않는가?

* 쓰레기통을 한 번도 비우지 않고서 일주일을 (혹은 그 이상을) 견딜 수 있는지 시험해보라. 그런 목표를 설정해놓으면, 가능한 한 뭐든지 재사용하고, 재활용하며, 퇴비로 만들겠다는 마음이 불쑥불쑥 생길 것이다.

* 무언가를 구매할 때엔 그것을 사용한 다음에 궁극적으로 어떻게 처분할 것인지를 고려하자. 그 물건(혹은 그 포장물)이 머잖아 내 쓰레기통을 가득 채우게 될까? 만약 그렇다면 낭비가 덜한 대체 제품을 찾아보자.

그토록
가벼운 발걸음이니
설사 그 발에
밟힌 꽃이라 해도
결코
아프지 않으리라.

월리엄 셰익스피어

가볍게 먹기

인간은 생리적으로 지구와 한 몸이다. 지구와 똑같은 원소로 만들어 졌고 지구와 서로 의존하는 관계이기 때문이다. 그렇다면 지구에 유익한 것이 우리 인간에게도 유리하다는 진리가 전혀 놀랍지 않다.

'가볍게' 먹는다는 것은 해로운 방식이 아니라 조화로운 방식으로 먹 는다는 얘기다. 한 끼 한 끼 식사를 자연과 교제하는 놀라운 기회라고 받 아들여야 할 일이다. 내가 먹는 음식물이 어디서 온 건지, 어떻게 재배되 거나 자란 건지, 어떤 영향을 환경에 미치는지, 일일이 마음을 주고 관심 을 집중하자. 그리고 나 자신과 이 지구를 위해 건강한 선택을 해야 할 것 이다.

(1) 우선, 우리 땅의 음식을 먹자. 저 멀리 지구 반대편에서 온 게 아니 라 내가 속한 공동체나 지역에서 나는 작물을 선호하는 것이 정상이다. 주 변 음식물은 훨씬 짧은 거리를 이동하기 때문에, 운송과 가공 그리고 냉장 등의 과정에 필요한 에너지가 훨씬 적기 때문이다. 논밭에서 내 식탁까지 걸리는 시간이 적으니 연료도 절감되고 가스 배출량도 적으며, 한층 더 신 선하고 맛있고 영양이 풍부한 음식을 먹는 것이 가능해진다.

그뿐이랴, 내가 먹는 음식의 원산지가 내 주변이라면, 농토나 녹지 공 간을 보존할 수 있게 되어 우리 지역의 과도한 개발과 확산을 예방해준다.

게다가 공장식 농장의 단일재배 방식과는 반대로 규모가 작은 농장들은 다양한 작물을 심기 때문에, 지역 농업의 생물 다양성biodiversity을 촉진하기도 한다.

(2) 둘째, 계절에 순응하여 먹자. 한겨울인데 토마토나 블루베리를 먹겠다고 지구 반대편에서 오는 작물을 살 필요는 없지 않은가. 그런 작물은 탄소발자국도 엄청난 데다 맛도 별로다. 계절에 따라 우리 지역의 과일과 채소를 사는 편이 낫다. 여름엔 옥수수, 가을엔 사과, 겨울엔 오렌지, 봄이면 딸기, 하는 식으로 말이다. 미국에서 '공동체지원농업CSA; community-supported agriculture 프로그램'이라고 불리는 운동과 비슷한 것이 있다면, 거기 참여하는 것도 고려해봄 직하다. 그런 프로그램에 등록하면 농장에서 직배송하는 신선한 식재료 바구니를 정해진 가격에 매주 받게 된다. 자연과 좀 더 하나가 될 수 있으며, 그 풍요로움에서 새로운 기쁨도 누릴 수 있다.

(3) 셋째, 먹이사슬food chain의 하위에 있는 것을 먹자. 주로 식물성 음식을 먹자는 얘기다. 가축 생산은 대기를 오염시키는 데다, 고기를 만들기 위해 많은 (동물사료용) 곡물이 필요해서 극도로 효율성이 낮다. 그리고 없어서는 안 될 물과 에너지와 토지 등의 어마어마한 투자를 감안한다면, 차라리 곡물을 바로 소비하는 편이 훨씬 친환경적이라 하겠다.

지구 위를 좀 더 '가볍게' 걷고 싶다면 육류 소비를 줄이자. 육류를 끼니마다 빠지지 않는 음식이 아니라, 어쩌다 즐기는 특별 요리로 만들자. 원한다면 천천히 시작해도 좋다. 채식 위주의 식단을 실험하면서 일주일에 한두 번 식사에서 육류를 완전히 빼는 식으로 말이다. 가령 요즘 젊은 이들에겐 "고기 없는 월요일"이 인기 높은 전략이다. 그리고 육류를 취하더라도 기왕이면 내가 사는 지역에서 환경에 해를 끼치지 않고 키우는 동물을 찾아보도록 하자.

(4) 넷째, 유기농 제품을 먹자. 합성 농약과 화학비료는 화석연료를 소모하고 온실가스를 배출하며 토양에서 필수 미생물을 고갈시킨다. 또 지하수를 오염시키고 인간의 건강에 심각한 위험을 불러온다. 유기농은 비료로 분뇨와 퇴비를 사용하고 자연적인 형태의 농약을 쓴다. 따라서 좀 더 건강한 토양과 물과 공기, 그리고 내 식탁 위의 좀 더 건강한 음식을 의미한다.

(5) 마지막으로 조금 덜 먹자. 동아시아의 유교사회가 권장하는 '먹고 싶은 양의 80%만 먹자'는 가르침과 관습을 즐거이 수용해보는 것이 어떨까? [일본에서는 이를 '하라하치부腹八分'라고 부르며 한국에서도 이 용어로 제법 널리 알려져 있다_옮긴이] 그러니까, 숨이 찰 정도로 배가 부를 때까지 먹지 말고 웬만큼 흡족하다 싶으면 숟가락을 놓자는 뜻이다. 가령 지구 위에서 가장 건강하고 가장 장수하는 사람들이 적지 않다는 오키나와의 관습을 따라 식탁에 앉으면 '80%까지만'이라는 주문을 외우도록 하자.

특별히 가공식품 섭취를 최소화하도록 신경을 쓰자. 가공식품에 담긴 방부제로 내 몸을 오염시키고, 그 포장재로 지구를 오염시키는 짓은 가능하면 피해야 할 것이다. 식생활의 기초는 과일, 채소, 홀 그레인, 견과류, 콩류 같은 자연식품이 되어야 하며, 다른 모든 것은 극히 제한적으로 써야 한다. [홀 그레인^{whole grain}은 전곡^{全穀}이라고도 불리며, 정제하지 않은 미정제^{未精製} 곡식, 배아나 껍질을 제거하지 않은 곡식을 가리킨다_옮긴이] 이렇게만 되면 나는 이 지구 위에서 '가벼이' 살 것이고, 그처럼 '가벼워진' 느낌을 더할 나위 없이 사랑하게 될 것이다.

* '내 고장 음식 먹기'에 도전해보자. 가령 한 달 동안 내가 사는 곳에서 반경 320킬로미터 내에서 재배했거나 키운 식재료만 먹겠다고 다짐하는 것이다. 이것은 내가 먹는 음식이 어디서 왔는지를 알아내는 멋들어진 방법이 되기도 한다.

* 동네에 있는 재래시장을 들러보고 지금 시즌에는 어떤 작물이 나와 있는지, 익숙해지도록 하자. 그리고 배운 것에 따라서 메뉴를 짜고 나의 식사가 요즘 수확한 농수산물의 축하연이 되도록 하는 게 어떨까?

* 다음 식사할 땐 잠깐 수저를 놓고 내 배(위)가 어떤 느낌인지, 깨닫도록 하자. 앞에 놓인 그릇과 접시가 깨끗이 빌 때까지 혹은 헉헉 소리가 나기 직전까지 먹지 말고, 더 배가 고프지만 않으면 숟갈을 내려놓자.

가볍게 씻고 청소하기

몸을 씻고 집을 청소하는 것도 마치 깊은 산 속 시냇물에 발을 담그는 것처럼 해야 한다. 깨끗하게, 상쾌하게, 자연과의 조화를 잃지 않으면서.

하지만 불행하게도 우리의 씻기는 흔히 '화학약품에 푹 담그기'에 더 가깝다. 우리 몸과 집을 씻는 데 사용하는 제품들이 우리 건강과 지구에 해로운 경우는 한둘이 아니다. 독성이 있는 재료를 포함하고 있어서 피부나 호흡기 질환에서부터 만성 질환에 이르기까지 정말 다양한 부작용을 초래한다. 그뿐인가, 이러한 화합 물질의 대다수는 배수관으로 씻겨 내려간 후에도 분해되지 않고 수로水路에 축적되어 해양생물에 해를 끼치고 우리가 사용하는 물을 오염시킨다.

그런 물질을 쓰지 말고, 일상의 미용 청결과 집안 청소에는 독성이 없는 자연산 물질을 사용함으로써 '가벼운' 씻기를 실행하면 좋겠다.

화학물질로 범벅이 된 화장실용품 대신에 유기물질을 찾아보는 건 어떨까. 예를 들어서 꿀로 얼굴을 씻어보자. 모공을 단단히 잡아주고 피부를 촉촉하게 해주며 꿀이 가진 항균성은 여드름 치료에도 도움을 준다. 간단히 얼굴을 물에 적신 다음, 가공하지 않은 천연 꿀을 티스푼으로 하나 정도 부드럽게 얼굴에 발랐다가 물로 깨끗이 닦아내면 된다. 마스크팩 방식으로 세안하기를 원하면, 15분 정도만 얼굴에 붙여놓았다가 말끔히 씻으면 되겠다.

오트밀 또한 아주 훌륭한 세안제가 될 수 있다. 빻은 귀리를 따뜻한 물에 넣어 반죽을 만든다. 그것을 얼굴에 부드럽게 문지른 다음 씻어내도 좋고, 혹은 일단 마르게 두었다가 느긋하고 편한 스파에서나 받을 법한 안면 마사지를 해보는 것 역시 좋은 방법이다. 그것은 기름기와 불순물을 제거하고, 피부 자극이나 염증을 줄여주며, 피부의 수분 밸런스를 회복시켜준다.

자연에서 얻는 보습제로 말하자면 올리브 오일만한 것도 없을 것이다. 얼굴을 닦을 때나 목욕할 때 발라도 좋고, 딱딱해진 표피와 마른 입술 및 갈라진 입술에 바르기도 안성맞춤이다. 그뿐 아니라, 화장을 지우는 용액이나 헤어 컨디셔너로서도 더할 나위 없다. 다만 품질이 낮은 올리브 오일은 화학적으로 가공한 것이므로, 반드시 엑스트라 버진 올리브 오일을 사용하도록 하자.

이 같은 천연 세제를 열거하자면 엄청난 길이의 리스트가 될 것이다. 우유, 요거트, 땅콩, 강낭콩, 오일, 허브 같은 것들도 내가 쓰는 위생제품에 함유된 화학물질을 대체할 수 있다. 가까운 재래시장에 나와 있는 친환경 미용 브랜드와 상점들을 찾아보자. 또 다른 대안으로, 인터넷에서 DIY 레시피를 검색해서 마음에 꼭 드는 천연재료로 샴푸며, 보디워시며, 페이셜 트리트먼트 등을 직접 만들어보는 것도 정말 신나는 일이다. 단, 피부의 작은 부분에다 첩포貼布 검사patch test를 미리 실시해봄으로써 알레르기를 유발하거나 민감한 물질은 피하는 것이 안전하다.

자, 우리의 미용을 위한 루틴으로부터는 이제 말끔히 독성을 제거했는데, 그럼 우리 집은 어떨까? 듣기만 해도 끔찍스러운 물질들을 쓰지 않으면서 우리 집도 반들반들하게 윤이 나게끔 유지할 수 있을까? 물론이다, 얼마든지 그렇게 할 수 있다.

우선 생각나는 구조대원은 베이킹 소다. 베이킹 소다는 화학성분이나 냄새 없이도 고약한 냄새를 잡아주고 반들반들하게 닦아주며 얼룩이나 때를 제거해준다. 물을 좀 더해주면 살짝 연마성인 문지르는 파우더가 되어 프라이 팬, 냄비, 싱크대, 보관 용기, 조리대 등의 표면을 깔끔하게 닦을 수 있다. 세탁물에 끼얹어준다든지 진공청소기를 돌리기 전에 카펫에 뿌려주거나 뚜껑 없는 통에 넣어 냉장고 안에 놔두면 악취를 잡을 수도 있다.

효과 만점의 또 다른 일꾼은 백식초白食醋 white vinegar다. 같은 양의 식초와 물을 스프레이 병에다 가득 채워놓으면 언제나 쓸 수 있는 다목적용 살균 세정제가 된다. 이것을 창문, 레인지 상단부, 보관 용기, 타일 등에 사용해보자. 여러 가지 균이며 박테리아도 죽이고 곰팡이가 생기는 것도 막아준다. 그뿐인가, 묵은 때도 없앨 수 있고, 화장실 변기 청소기로도 훌륭하다. 또 거기에 래빈더나 레몬 같은 '이센셜 오일essential oil'을 몇 방울 떨어뜨리면 한결 더 기분 좋은 향기를 선사하기도 한다.

마지막으로 전통적이지만 멋들어진 '캐스틸 비누Castile soap'를 사용해보자. [올리브 오일 기반으로 만드는 캐스틸 비누 혹은 카스티유 비누. 이 명칭은 올리브유가 많이 나는 스페인 카스티유Castille 지방의 이름에서 따왔다. 하지만 영어로는 Castile이란 철자로 변했고 '캐스틸'이라 발음된다_옮긴이] 접시, 세탁물, 마룻바닥, 표면, 손, 얼굴, 몸, 머리칼 등 거의 모든 종류의 '클리닝'에 사용할 수 있다. 천연자료 기반의 아이디어를 좀 더 많이 얻고 싶으면, 인터넷이나 유기농 살림 가이드를 참조하자.

아무튼 '가볍게' 씻기의 핵심은 자주 씻어야 한다는 점이다. 조리대 같은 것도 매일같이 닦아줌으로써, 한층 더 강력한 세척제를 써야 하는 때나 기름때가 눌어붙는 일이 없도록 하자. 박테리아를 99.9퍼센트 없애주는 강력 세제들은 유익하기보다는 오히려 그 피해가 더 크지만, 좀 더 부드럽고 위생적인 일상의 관습은 우리의 건강과 면역력을 증진하는 이로운 미생물들을 보존하는 데 도움 된다.

* 보습제, 비누, 샴푸 같은 제품의 레이블(label)을 차분히 읽어보자. 그 안에 내가 알아볼 수 없는 재료, 그 이름의 발음조차 어려운 재료는 들어있지 않은가? 만약 그렇다면, 천연재료 기반의 대안을 찾아보도록 하자.

* 앞으로 한 달 동안은 집을 청소할 때 화학제품 대신에 백식초와 물을 섞은 용액을 쓰자. 그 결과가 만족스러우면, 앞으로도 계속 그런 용액을 사용하자.

* 우리 집에서 해로운 화학제품을 깔끔하게 몰아내고 싶은가? 미국의 경우, 이럴 땐 지자체 담당자에게 전화를 걸어 적절한 제거 방법도 물어볼

수 있고, 유해 폐기물 수거 행사에 관한 정보도 얻을 수 있다. 한국에서
도 비슷한 도움을 지방자치 기관으로부터 얻을 수 있지 않을까. 한번 알
아보자. 이런 화학물질을 그냥 쓰레기통에 집어넣거나 싱크대에 부어버
리는 것은 무책임할 뿐 아니라 범법 행위이기도 하다.

짧고 가벼운 시

삶의 무게가 자꾸 버거워진다면 짧고 가벼운 시를 읽어보자. 예쁘고 참한 단시短詩들은 여러 가지 사물에 대하여 전혀 새롭고 참신한 관점을 부여하기 때문이다. 게다가 나를 억누르고 있는 세속의 근심을 (하다못해 잠시만이라도) 잊어버리게 만들기 때문이다.

불과 몇 마디의 말로 이루어져 있지만, 이런 짧은 시들은 놀랍게도 심오한 의미를 읽는 이에게 전해준다. 게다가 간결하고도 우아하며 거의 힘조차 들이지 않는 것처럼 말이다.

산길 따라

달콤하고도 귀엽다,

흐드러지게 핀 제비꽃

17세기 일본에서는 '한 줄도 길다고 할' 정도의 짧은 정형시 하이쿠俳句가 유행했다. 위의 하이쿠는 이 분야의 대가로 알려진 마츠오 바쇼松尾芭蕉의 작품이다. 그는 기교와 정교한 스타일에서 자유롭고 꾸밈없이 곧이곧대로 쓰인 운문을 귀하게 여겼다.

그렇다, 이런 짤막한 시는 간결하고 아름답다. 하지만 내가 '가볍게' 살아가는 데 그것은 어떤 식으로 도움을 줄 수 있을까?

[1] 우선, 이런 시는 간명하고도 우아한 표현의 기막히게 멋진 본보기다. 단어 하나하나를 세심하게 골랐을 뿐 아니라, 주제와 무관한 것이라고

는 한 톨도 없다. 나의 여러 가지 활동이나 약속이나 재산 따위는 말할 것
도 없거니와, 내가 살아가면서 쓰는 말 한마디라도 그렇게 마음을 활짝 열
고 깨어 있는 상태에서 선택할 수 있다면 얼마나 좋을 것인가! 위에서 예
로 든 마츠오 바쇼의 삶도 사실은 그의 시와 다를 바 없이 여유가 있었다.
그는 예술을 추구하기 위해서 다른 모든 것을 거의 포기했으며, 그저 소박
한 오두막에서 살았던 때가 있는가 하면, 걸어서 전국을 돌아다녔던 때도
있었다.

[2] 둘째로, 짧고 가벼운 시는 우리를 자연과 연결해준다. 온갖 꽃이
며 별이며 나무며 연못이나 땅 위의 피조물들에 관한 단순하면서도 심오
한 관찰로써, 그런 시들은 저 광활한 세계에서 내 자리가 어디인지를 다시
금 생각하게 만들고, 우리 인간이 그런 피조물들과 하나라는 사실을 상기
시켜준다. 내가 우주와 조화로운 하나임을 느낀다면, 직장동료가 나한테
했던 시시콜콜한 얘기라든지 돈이 모자라 살 수 없었던 그 명품 핸드백 따
위로 인해 스트레스를 받는 일은 절대 없을 것이다.

[3] 셋째, 짧은 시들은 나로 하여금 바로 이 순간을 살 수 있도록 힘
을 북돋워준다. 그것은 과거지사에 대한 심적인 장애라든지 미래에 대
한 온갖 걱정을 떨쳐버릴 수 있도록, 내 마음의 초점을 현재에다 맞추게
해준다. 그것은 깨어 있으라는 선과 같은 부름이요, 내가 매일 같이 경험
하는 것에 집중한다면 삶의 진정한 아름다움과 의미를 엿볼 수 있다는 각
성의 소리이기도 하다.

적게 사기

인정할 건 인정하자. 우리가 구매하는 물건들 가운데 많은 것이 딱히 필요해서 사는 건 아니다. 그 물건이 꼭 필요하기 때문이 아니라, 그걸 광고에서 봤기 때문에, 혹은 내가 무언가 새로운 것을 원하기 때문에, 혹은 할인 판매를 하고 있어서, 사는 것이다. 말이야 바른말이지, 설사 그걸 사지 않는다 한들 내 삶은 틀림없이 눈 하나 깜짝하지 않을 것이다.

그러니 나의 소비를 확 줄일 수 있는 절호의 기회가 아니겠는가! 내가 해야 할 일은 아무것도 없다. 그저 이 경박한 구매를 거부하기만 하면 된다. 그러면 집안의 공간도 넉넉할 것이고, 지갑은 더 두툼해질 것이며, 그다지 노력을 들이지 않고도 지구는 더 건강해질 것이다.

첫걸음은 그런 물건들을 인식하는 것이다. 어제 혹은 지난주 혹은 지난달에 내가 무엇을 샀는지, 기억할 수 있는가? 나는 별생각도 없이 기분에 따라 쇼핑을 하고 뭔가 새 물건을 구매하기 일쑤다. 그러면 이런 물건들은 내 보금자리에 둥지를 틀고, 나는 언제 그랬냐는 듯이 깨끗이 잊어버리고 만다.

내가 사는 것들에 관해서 마음이 '깨어' 있으려면, 그것들을 일일이 추적해야 한다. 다시 말해서 내가 사는 모든 것들의 리스트를 만드는 것이다. 일단 그걸 종이 위에 옮기고 나면, 산 물건을 벽장에 숨긴다고 해도 그

충동구매를 잊어버릴 수는 없게 된다. 시시때때로 그 리스트를 검토하여 꼭 필요하지 않았던 것에는 체크 표시를 해두자. 절대로 필요한 먹을 것, 화장실용품, 기본적인 옷가지, 가사용품 등을 제외한 모든 것에 말이다.

그런 체크 표시는 나에게 무엇을 말해주는가? 혹시 옷이나 신발이나 장식 소품이나 공예품 만드는 재료 같은 걸 지나치게 사들이는 경향이 나한테 있는 건 아닐까? 그런 걸 알게 된다면 어디서 절약을 시작해야 할지 감이 잡힐 것이다.

실제로 절약을 하려면 '노-쇼핑'에 도전해보자. 3개월, 6개월 혹은 1년이란 시간을 특정하고, 그동안 구매를 억제하는 것이다. 옷이나 장식품이나 전자제품처럼 말썽 많은 범주의 물품들을 정해놓을 수도 있고, 아니면 필수품 외에는 전부 구매를 자제하는 방법도 좋다. 추가로 더 동기를 부여받고 싶다면 내가 정한 목표를 친구들이나 가족이나 소셜 미디어 지인들에게 공개해버리는 건 어떨까. 더 많은 사람에게 말해버릴수록 내가 약속을 지킬 확률은 높아지니까. 게다가 다른 누군가가 내 노력에 영감을 얻어 자신도 구매를 줄이려고 애쓸지도 모른다.

또 있다. 대량 구매하면 가격을 확 내려준다는 유혹에 빠져 필요 이상으로 사는 일이 없어야겠다. 묶음 판매니, 점보 세트니, 할인 꾸러미니, '원 플러스 원' 따위에 홀딱 넘어가 필요하지도 않은 걸 끼워 산다든지 너무 많은 양을 사는 일만 피하면 된다. 한 봉지만 사면 충분한데 3봉지를 저렴하게 산다 한들, 그게 정말 싼 것이 되겠는가. 게다가 쓰레기만 늘어날 뿐이지.

가능한 한 적게 사는 것이 왜 그렇게도 중요할까? 우리가 지구라는 이 행성을, 그리고 그 행성이 품고 있는 소중한 자원들을, 70억 명의 사람들과 함께 누리고 있기 때문이다. '가벼운' 소비를 실행함으로써 우리는 지금 세대와 미래 세대를 위하여 지구의 풍요로움을 아껴 쓸 수 있는 것이다. 나에게 꼭 필요한 만큼만 쓰자, 그러면 음식과 땅과 물과 에너지는 모든 인간이 쓰기에 넉넉할 것이다. 내가 너무 많이 사겠다고 나서서 다른 누군가가 고통을 당하게 만들어서야 쓰겠는가.

한 걸음 더 나아가 생각해보자. 내가 적게 사면 처리할 쓰레기도 적어진다. 그것은 지구를 위해 언제나 좋은 일이다. 더 규모가 작은 소비는 태우거나 땅에 묻거나 바닷속에 버려야 할 쓰레기도 적다는 의미다. 그것은 좀 더 깨끗한 공기, 좀 더 청명한 물길, 좀 더 아름다운 지구를 뜻하게 된다.

우리가 누군가의 집에 초대받아 손님으로 간다면, 주인네의 서랍들을 샅샅이 뒤지거나, 냉장고에 들어 있던 음식을 다 먹어 치우거나, 쓰레기를 산더미 같이 남기고 떠나지 않는다. 꼭 필요한 만큼 사용하고 마모와 손실은 최소화하려고 애쓸 것이다. 마찬가지로 우리는 지구에 초대받은 손님이다. 그와 꼭 같은 존경심을 갖고 주인인 지구를 대해야 한다. 환경에 남겨줄 유산이 플라스틱 산더미라든지, 머리 깎듯 밀어버린 수풀이라든지, 대기를 가득 채운 스모그煙霧뿐이라면 창피하지 않은가. 가능한 한 적게 사고 그 흔적은 최소한이 되도록 하자.

＊ 다음 달은 점포나 온라인에서 구매한 모든 내용을 한 달 내내 계속해서 기록해나가자. 그런 다음 월말에 그 기록을 검토해보면, 어떤 면에서 소비를 줄일 수 있는지를 결정할 수 있을 것이다.

＊ 내가 지나치게 많이 갖고 있는 것이 무엇인가? 티셔츠, 화장품, 주방용품? 그런 물건들은 모두 사용하거나 다 닳아 없어질 때까지 일절 구매를 중단하자.

＊ 뭔가를 구매하기 전에 '가볍게' 생각하자. 지금 사려는 물건이 정말로 필요한 건지, 혹시 다른 방법으로 내 욕구를 충족시킬 수 있는 길은 없는지, 곰곰 생각해보자. 가령 이미 갖고 있는 물건으로 해결하거나, 친구로부터 빌어서 쓰면 안 되는지, 연구해보자는 것이다.

중고품 사기

무언가 사야 할 물품이 있을 땐, 혹시 이미 사용한 것은 없는지 찾아보자. 그것이야말로 가장 지구에 친화적인 소비 방식이다. 새로이 만들어진 제품의 구매를 피함으로써 에너지와 천연자원을 절약하고 참으로 멀쩡한 중고품이 땅속에 파묻히는 일도 막을 수 있다. 어떤 물건이 오래오래 활용되면 될수록 더 좋은 일이다. 그 사이에 몇 사람의 손을 거친다 하더라도 더 좋은 일이다.

사실 어떤 물건이든 이미 다른 사람이 소유했던 것을 살 수는 있다. 하지만 우선은 나의 삶의 발걸음을 '가볍게' 만드는 과정에 특별히 막강한 영향을 미칠 수 있는 몇 가지 범주의 물건에 초점을 맞추도록 하자.

(1) 우선 중고품 시장에 살며시 발을 들이밀 수 있는 가장 훌륭한 분야가 바로 옷이다. 옷이 닳기도 훨씬 전에 벌써 싫증이 나서 못 견디는 사람들이 얼마나 많은지! '살짝' 사용된 옷가지가 풍성하게 공급되는 까닭이 거기에 있다. 아니, 아예 입어보지도 않고 중고가 돼버린 옷을 찾기도 별로 어렵지 않을 정도다. 만약 아이가 있는 부모라면 이미 다른 아이가 입었던 옷을 쇼핑하는 것은 특히 재치 있는 일이 아닐 수 없다. 하루가 다르게 크는 아이들이라 금세 못 입게 될 새 옷을 뭣 때문에 굳이 사겠는가?

(2) 둘째로 환경에 큼직한 '풋프린트(발자국)'를 남기는 물건으로는

가구를 들 수 있다. 새로 만든 가구를 사느라 돈을 펑펑 쓰는 대신, 중고품을 찾아보자. 사람들이 점점 더 자주 이사를 하고 그 비용은 하늘 높은 줄 모르고 올라가는 판이라, 새 보금자리를 찾고 있는 소파며 테이블이며 책상과 의자며 책장 등을 발견하기란 그리 어려운 노릇이 아니다. 그런 가구들에 보금자리를 제공해주자. 그러면 숲속의 나무가 한 그루라도 더 잘리지 않고 살아남을 것이다.

(3) 스키, 자전거, 헬스 기구 등이 필요한가? 역시 중고를 찾아보자. 이런 중고품들은 대체로 계속 사용하기에 전혀 부족함이 없다. 그런 중고를 사용함으로써 돈도 상당히 많이 절약할 수 있는 데다, 그것들이 쓰레기로 전락하는 일도 막을 수 있으니 얼마나 좋은가. 혹시 아이들이 운동할 때 사용할 기구가 필요하다면, 지자체의 물품 교환 프로그램을 알아보자. 이런 프로그램을 이용하면 내 아이가 커버려서 못 쓰는 하키 스케이트나 스키 부츠를 갖다주고 좀 더 큰 사이즈를 얻을 수 있을 것이다.

(4) 잔디 깎는 기계, 나뭇잎 빨아들이는 블로워, 원예용 도구, 각종 공구들도 마찬가지다. 중고품을 찾아 구하고 계속 사용하자. 어떤 경우든 오랫동안 반들반들 새것처럼 유지할 수야 없겠지만, 오래 사용하도록 튼튼하게 제작된 제품들을 언제나 찾을 수 있다.

(5) 정말로 탄소 풋프린트를 제대로 낮추고 싶다면, 새 자동차를 사지말고 중고차를 사도록 하자. 자동차 한 대를 제조하려면 어마어마한 자원과 에너지가 소모되기 때문이다. 다른 사람이 소유했던 차를 구매한다면이 문제를 피해 나가도록 하자. 그리고 연료 효율이 높은 모델을 선택하

자. 다만 구매하기 전에 그 자동차의 경력보고서Vehicle History Report를 세심하게 검토하고 시승試乘도 반드시 해봐야 한다.

과거의 중고품 구매는 단순히 내가 좋아하는 상점에 들르는 것 이상으로 훨씬 많은 품을 팔아야 했다. 차고車庫 세일, 벼룩시장, 중고품 위탁 판매점 등을 부지런히 돌아다녀도 뭔가를 얻어걸리는 것은 그야말로 복불복福ㅣ福이었다. 그러나 참으로 다행스럽게도 온라인 쇼핑이 중고제품을 위한 시장을 혁명적으로 바꾸어놓았다. 그저 검색만 해보면 내가 찾고 있는 물건을 몇 초 안에 찾아낼 수 있으니까! 그다음 중고품 구매 버튼을 한번 클릭하기만 하면 되니 얼마나 수월한가. 신제품을 살 때나 조금도 다름없다. 미국 같으면 이베이, 아마존, 스왑닷컴, 쓰레덥닷컴, 포쉬마크닷컴 등의 플랫폼이 갖가지 중고품이며 의류를 판매하고 있다. 그뿐이랴, 내가 어떤 물건을 사용하다가 처분하고 싶을 땐 그런 플랫폼에서 판매할 수도 있다. 같은 동네 안에서 판매자와 구매자를 중개하는 온라인 시장도 꽤 많다. 한국에도 이러한 중고품을 위한 플랫폼이 적지 않을 것이라고 확신한다.

사실 온라인 중고 시장은 지금 우리가 주위에서 보는 오프라인 소매점보다도 훨씬 더 다양한 상품들을 선보이고 거래한다. 내가 좋아하는 유명 브랜드의 약간 철 지난 스타일을 찾아보면서 쇼핑하는 재미도 쏠쏠할 수밖에 없다. 내가 정말 아끼는 스타일의 청바지가 절판되었다 해도, 다른 누군가의 옷장에선 한 벌쯤 찾아낼 수도 있지 않을까. 운이 좋으면 꼬리표까지 붙어 있는 새것을 얻어걸릴 수도 있고!

＊ 지금 당신은 무언가 특별한 제품을 찾아 헤매고 있는가? 그걸 새 제품
으로 구매하기 전에 우선 중고품 위탁 판매점을 둘러보고, 차고 세일을
찾아보거나 신문 광고, 크레익스리스트(Craigslist), 이베이, 기타 온라인
플랫폼들을 체크해보자. 누군가가 쓰던 것이라도 전혀 흠잡을 데 없는
물건을 찾을 수 있을 것이다.

＊ 지금부터 6개월 동안은 절대로 새 제품을 사지 않겠노라고 맹세하자.
그렇게 하는 것이야말로 중고시장에서 환상적인 물품을 찾아낼 수 있는
훌륭한 방법이다.

＊ 갖고 있던 물건에 싫증이 난다고 해서 바로 쓰레기통에 집어넣지 말자.
누군가에 의해서 다시 사용되도록 순환시켜주자. 그런 것들은 중고로
팔거나, 다른 목적으로 돌려쓰거나, 다른 사람에게 그냥 선물로 주자.

가볍게 걸으며 온 세상을
환한 미소로 대하는 사람들,
그들의 내면에 깃든
덕德은 얼마나 아름다운지!

버지니어 울프

내가 지금 입고 있는 셔츠, 앉아 있는 의자, 손에 들고 마시는 커피잔. 이런 것들을 만든 사람이 바로 앞에 있어서 그 눈을 쳐다본다고 상상해보라. 어떨까? 그들의 얼굴에 만족과 기쁨의 표정을 보고 싶지, 어려움이나 절망감을 보고 싶진 않을 것이다.

우리가 구매하는 제품들은 무슨 마술처럼 상점 진열대에 '짜잔!' 하고 나타난 것이 아니다. 옷가지에서 주방용품까지, 가구에서 사무용품까지, 그 물건 하나하나에 숨은 이야기가 있는 법이다. 내가 '가볍게' 살기를 원한다면 그 이야기를 좀 더 들어봐야 한다.

어떤 물건을 사기 전에 그것이 사람과 환경에 미치는 영향이 어떤 것인지 스스로 먼저 물어보자. 아래와 같은 점들을 곰곰 생각해봄으로써, 착한 마음, 선한 마음으로 소비하자.

(1) 누가 이 물건을 만들었나? 그 사람은 인도적으로 합당한 대우를 받았을까, 공정한 임금을 누렸을까, 안전한 근로환경에서 만들었을까? 아니면 그 사람은 발 디딜 틈도 별로 없는 노동 착취 공장에서 쥐꼬리만큼 급여를 받으며 오랜 시간 동안 뼈 빠지게 노동했을까?

(2) 이 물건은 무엇으로 만들었나? 세균 작용으로 분해될 수 있는 천연재료로 만들어졌는가? 만약 그렇다면 그것은 환경을 해치는 일 없이 재

배되고 수확되었나? 아니면, 그 재료는 생산과 처리 과정이 환경에 피해를 줄 수 있는 합성물질인가?

(3) 이 물건은 어떻게 만들어졌는가? 그것은 손으로 만든 것인가, 공장에서 대량 제작된 것인가? 제조사는 친환경적인 관습을 따르고 있는가, 아니면 그들이 속한 공동체 내의 공기와 물을 오염시키고 있는가?

그렇다, 내가 새로 만든 스웨터 한 벌을 살 수 있게 하려고 다른 사람들이 고통을 받고 있거나 생태계가 무너지고 있다는 생각은 참으로 불편한 노릇이다. 하지만 시장에 나와 있는 많은 제품의 경우, 그것이 현실이다. 우리가 이러한 이슈들을 못 본 체하고 보통 때와 같은 소비를 계속한다면, 비극은 한층 더 악화할 뿐이다.

이런 정보를 얻기가 쉽지는 않다. 그래도 최소한 노력은 해봐야 한다. 우선 원래의 레이블을 확인하자. 만약 제품이 노동 및 환경 관련 법규가 제대로 정비되지 않은 나라에서 만들어진 것이라면, 좀 더 깊이 파고들어야 할 것이다. 브랜드라든지 점주의 이력 등을 확인해서, 원자재 조달을 윤리적으로 한다고 알려져 있는지, 아니면 노동 착취나 환경 오염 등을 반복적으로 저지르는지, 알아내도록 해보자.

인터넷 검색으로 구체적인 내용을 찾아내지 못하는 경우, 정보의 원천과 곧장 바로 소통할 수도 있다. 전화나 이메일 또는 소셜 미디어를 통해 소매점포와 접촉해서 물어보는 것이다. "어느 회사가 이 제품을 만드는지, 어떤 환경하에서 제조가 이루어지는지 알고 싶습니다." 착한 구매를 하고자 한다면, 공급망supply chain에서의 투명성을 요구해야만 한다. 만약 그들의 대답이 시원찮거나 정보 요청을 무시한다면, 거기서 구매하지 말고 다른 점포를 찾자. 그리고 그 상점에서 구매하지 않으려는 이유를 말해주자. 기업은 소비자들이 이러한 이슈에 신경을 많이 쓴다는 사실을 알아야 한다.

착한 구매와 소비에는 적잖은 노력이 요구된다. 의심할 나위가 없다. 내가 정말 좋아하는 브랜드의 제조 관행에 고쳐야 할 점이 대단히 많다는 것을 알게 될지도 모른다. 그렇더라도 낙담하지 말자. 이 세상을 좀 더 살기 좋은 곳으로 만드는 여러 기업을 지원하는 기회로 받아들이자.

검색에 약간의 노력만 기울이면 내 돈을 써도 아깝지 않을 회사들을 찾아낼 수 있다. 윤리적이며 환경을 해치지 않고 지속 성장하겠다고 굳게 서약한 회사들, 생산의 기반을 제공한 공동체를 풍요롭게 만들고 힘을 실어주는 회사들 말이다. 그뿐만 아니라 개별 장인匠人으로부터의 직접 구매를 훨씬 더 수월하게 만들어주는 온라인 장터도 아주 많다. 이렇게 되면 수제품을 구매할 때 위에서 열거한 여러 걱정 근심을 깡그리 피할 수 있을 것이다.

윤리적인 구매에는 비용이 조금 더 들겠지만, 이렇게 생각하자. 내가 물건을 싸게 사면 다른 누군가가 그 대가를 치르게 되어 있다고. 무언가를 사는 행위가 우리의 지구나 다른 사람에게 절대로 해가 되어서는 안 된다.

이 세상에서 어떤 변화를 목격하고 싶다면, 나 스스로 '그 변화의 주체'가 되라는 격려를 자주 받는다. 착하고 선한 관행을 지닌 기업을 지원함으로써 "지갑으로 투표할" 수 있을 때, 우리는 '우리가 보고 싶은 변화를 구매할' 수도 있다는 얘기다.

* 내가 사는 물건이 도대체 어디서 오는 것인가에 대해 관심을 가져야 할 일이다. 무언가를 사기 전에 "Made in ~ ~" 레이블을 들여다보고 원산지가 어디인지 확실히 인지하자.

* 세계 각국의 제조환경을 둘러싼 최신 정보에 관심을 기울이기 시작해야겠다. 환경이나 노동자들을 혹사하는 국가 및 기업들로부터는 어떤 제품도 사지 말자.

* 소위 '패스트 패션(fast fashion)'에 푹 빠져 있는 사람이 있다면, 그런 시류時流만 좇는 싸구려 옷들이 그걸 만드는 사람들에게 어떤 영향을 미치는가를 가르쳐줄 필요가 있다. 한국에서는 2019년에 개봉되었던 「더 트루 코스트(The True Cost)」가 바로 이 주제를 다룬 도큐멘터리 영화다. 의류를 구매하는 좀 더 '착한' 방법들을 곰곰 생각해보자.

오래오래 쓸 물건 사기

수십 년을 두고 내 몸에 걸쳐지는 옷, 오랜 세월 동안 들고 다니는 핸드백, 보물처럼 아끼는 주방용품 – 그런 것들을 갖고 있다면 얼마나 뿌듯하고 흡족할지 상상해보라. 이것은 내 삶을 '큐레이트'하고 지구 위를 '가볍게' 걷는 참으로 멋진 방법이다. 사실 우리의 조상님들이 했던 것이 바로 그런 식이었다. 소비재라는 것이 워낙 흔치 않고 비쌌기에, 그분들은 품질과 수명을 대단히 소중한 것으로 여겼다. 그들은 소유한 물건들을 평생토록 사용한 다음 자손들에게도 물려주어 쓰도록 만들기를 바랐다.

그런데, 아, 세월은 어찌나 변해버렸는지! 지금 우리가 살아가는 시대, 물건들은 싸고도 풍부하며 갖가지 스타일이 계절 따라 변하고 있다. 우리는 품질을 보고 구매하기보다 가격과 유행에 기반을 두고 구매한다. (할인 판매 중인 저 재킷이나 토스터를 한 해도 못 쓴들 무슨 상관이람, 그런 걸 또 하나 사면 되는데!)

하지만 그런 것은 '가볍게' 사는 모습이 아니다. 우리가 사는 물건 하나하나가 이 지구에 영향을 미치기 때문이다. 그것을 생산하려면 천연자원을 쓰지 않을 수 없고, 그것을 유통하려면 에너지를 태워 없애야 하며, 사용이 끝난 그것을 버리려면 땅을 파서 집어넣어야 한다. 각각의 단계가 공기 오염, 수질 오염, 토양 오염에 한몫한다.

그런 한 걸음 한 걸음을 '가볍게' 하려면 우리 선조들이 했던 방식으로 물건을 사야 한다. 그러니까, 오래오래 사용할 수 있고 보존하고 싶은 물건을 사야 한다는 얘기다.

평생을 두고 쓸 물건을 산다는 것은 과연 어떤 모습일까? 그것은 금세 망가져서 곧 교체하게 될 싸구려 팬이나 냄비가 아니라 튼튼하게 잘 만들어진 주방용품 몇 가지를 택하는 모습이다. 유행만 지나가면 몇 달 후라도 못 입고 쓰레기가 되는 옷이 아니라, 언제 입어도 무난한 전통의 '쉬프트 드레스shift dress'를 사는 모습이다. [Shift dress는 허리선에 솔기(이음선)가 없고 어깨에서 직선으로 내려와 매우 단순한 디자인의 드레스를 가리킨다_옮긴이] 고장만 나면 매립지로 곧장 보내질 운명이 아니라, 고쳐서 다시 사용할 수 있는 기기에다 돈을 쓰는 모습이다.

(1) 먼저 내구성耐久性을 고려하자. 지금 내가 보고 있는 저 믹서기나 스웨터가 오래 갈 물건인지 아닌지, 어떻게 판단할 수 있을까? 내 직감을 이용해서 판단할 수 있는 경우도 더러 있을 것이다. 싸구려처럼 보이고 느껴지고 가격도 정말 낮다면, 필시 오래 갈 물건은 아니리라. 하지만 대체로 우리는 명성이나 제품 평가에 의존할 수밖에 없을 것이다. 내가 사려는 물건을 다른 사람들도 잘 사용했는지, 그걸 만든 회사가 철저히 그 뒤를 받쳐주고 있는지 알아보자.

평생 품질보증 같은 것을 제공하는 제품이라면 더더욱 좋을 것이다. 가격은 한층 더 높을지 몰라도 제조사가 무상 수리를 제공한다면 구매할 만한 가치가 있는 것이다. 그러면 대체할 물건을 찾느라 시간과 돈을 낭비할 일이 없을 테고, 쓰레기더미가 높이 쌓이는 것을 막는 데도 한몫할 것이다.

(2) 둘째로, 스타일도 고려하자. 가장 이상적인 스타일은 시대의 흐름과 조금도 상관이 없어서 그 물건이 도대체 언제 만들어졌는지조차 알 수 없는 것이다. 의류든 포크나 나이프든 소파든, 오래되지 않은 물품일수록 더 좋다. 하루살이처럼 급변하는 패션과 가구와 장식품 점포들이 파는 '트렌디한' 싸구려 제품들은 웬만하면 피하자. 그런 것들은 조잡하게 만들어진 데다 그 유행도 금세 사라지고 만다. 고전적인 디자인을 고수한다면, 내가 가진 물건들은 결코 유행이 지날 리 만무하다.

(3) 셋째로, 다양성을 지닌 물건을 택하자. 신기한 제품, 특수한 주방기기, 딱 한 가지 의복하고만 어울리는 신발 등 그 용도가 제한된 물건을 사면, 결국 실속 없이 가짓수만 늘어나게 마련이다. 내 취향이나 관심사가 변하면 그런 물건들은 더는 내 욕구를 만족시킬 수 없을 것이다. 그럴 게 아니라 지금이나 앞으로나 내가 필요한 일을 해줄 다목적 제품을 선택하도록 하자.

(4) 마지막으로, 일단 내 손에 들어온 물건은 가능한 한 오래오래 사용하자. 내가 가진 물건이 최상의 컨디션을 유지하도록, 보살피고 손질해주자. 어느 한 부분이 망가졌다 해도 그냥 내버리는 일은 없게 하자. 제조사에 연락을 취해보든지, 사람들이 자발적으로 모여 물건들의 수리를 도와주는 자유로운 모임터인 동네 '만물 수리 카페'에 가보자.

평생을 두고 쓸 물건을 구매할 땐, 충동으로 사지 말고 또렷한 의도를

갖고 사자. 집으로 가져오는 물건들의 기준을 한 단계 높이고, 일단 가져

왔으면 오래도록 지니고 사용하자.

천국이란
우리 머리 위에도
있지만
우리 두 발 아래에도
있다!

헨리 데이빗 쏘로

사지 않고 접근하기

물건을 소유하지 않을 수 있는, 좀 더 '가볍고' 스트레스 적고 한층 마술과도 같은 대안代案이 무엇인지 아는가? 바로 '접근access'이다.

어떤 물건이 아주 잠깐만 필요한 경우는 허다하다. 무슨 수선 작업에 필요한 전동공구라든지, 제대로 예복을 갖춰 입어야 할 행사를 위한 이브닝 드레스 같은 것들. 일단 그런 일이 끝나고 나면 저 회전 톱은 먼지를 뒤집어쓴 채 지하실에 뒹굴 것이고, 저 매혹적인 드레스는 옷장 한구석에 처박혀 있을 것 아닌가. 이런 상황을 생각하면 문득 묻지 않을 도리가 없다. 도대체 뭣 때문에 한 번 쓰고 나면 다시는 사용할 일이 없을 물건에다 돈을 쓰고 아까운 공간을 내주어 보관해야 한단 말인가?

'가벼이' 살고자 한다면, 구매하지 말고 접근만 하자.

급성장 중인 우리의 공유경제에서, 우리는 뭐든지 필요한 것은 다 소유해야 한다는 생각에서 점차 벗어나고 있다. 굳이 소유하지 않고 단순히 접근해 사용하기만 해도 충분할 뿐만 아니라 더 바람직한 물건도 많다는 사실을 깨닫게 된 것이다.

이런 아이디어는 물론 전혀 새로운 것은 아니다. 이미 수백 년에 걸쳐서 우리는 어쩌다 한두 번 쓰는 물건을 이웃에게서 빌어왔다. 사실 여러 세기 전에는 같은 공동체의 구성원들이 지금보다 훨씬 더 많은 물건을 공유했었다. 그런데 무슨 일이 있었던 걸까? 대량생산이 소비재들을 저렴하고도 쉽게 획득할 수 있게 만들었고, 그리하여 우리는 뭔가가 필요할 때 이웃집으로 달려가는 게 아니라 점포로 달려가게 된 것이다.

그러나 무언가를 살 능력이 있다고 해서, 구매가 인간에게 주어진 자원을 가장 잘 활용하는 길이라는 뜻은 아니다. 그리고 다행스럽게도 이제 우리는 헤아릴 수 없이 많은 물건과 그것을 기꺼이 빌려주려는 사람들을 기술 덕분에 만날 수 있게 되었다.

내가 꼭 필요한 것을 친구와 가족과 가까운 이웃 사이에서 찾을 수 없다면, 온라인으로 찾아보라. 이웃들이 모이는 카페나 소셜 네트워크나 공유 애플리케이션 같은 걸 이용해서 내가 필요한 바를 올려보자. 몇 킬로미터나 떨어져 있는 어떤 사람, 다른 경로로는 도무지 만날 일이 없었을 누군가가 즐거운 마음으로 나를 도와줄 것이다.

다른 방법도 있다. 도서관에 가보라. 도서관은 이제 단순히 책만 보는 데가 아니다. '공구' 도서관을 갖춰놓고 멤버들에게 집에서 쓰는 장비나 도구를 빌려주는 공동체가 얼마나 많은지 모른다. 공예나 DIY 작업을 위한 자재들을 빌려주는 '메이커 스페이스'도 적지 않고, 컴퓨터와 레이저 절삭기와 3-D 프린터 같은 장비를 갖춘 '기술' 도서관도 많다.

'물건 도서관Library of Things'은 고객들에게 훨씬 더 폭넓은 물건들을 사용할 수 있게 접근할 수 있는 권리를 제공한다. 다양한 보드 게임, 주방기기, 재봉틀, 캠핑용품, 악기, 어린이들의 장난감, 스포츠용품, 파티용품 등등. 그중 어떤 컬렉션들은 전통적인 도서관 공간에 비치되어 있는가 하면,

다른 컬렉션들은 별도의 독립 장비로 구축하여 약간의 회비나 사용료를 받고 제공하기도 한다.

혹 내가 필요한 것을 빌릴 수가 없으면, 그것을 빌려줄 좀 더 자본주의적인 기업을 찾기란 어렵지 않을 것이다. 물론 약간의 돈은 들겠지만, 그래도 구매해서 소유하기보다는 훨씬 더 경제적일 것이다. 게다가 다 쓰고 난 다음 그것을 어디에 보관해두느냐, 같은 골칫거리가 전혀 없다. 덩치 크고, 비싸고, 어쩌다 한 번 쓰는 물건의 경우엔 정말 훌륭한 옵션이 될 수 있는 이유다. 철물점에서 갖가지 공구를 렌트하고, 스포츠전문 상점에서 운동용품이나 아웃도어 장비를 빌리며, 카메라점에서 촬영 장비를 빌리고, 온라인 부티크나 오프라인 점포에서 예복을 빌리는 것이다. 가뭄에 콩 나듯 어쩌다 운전하는 사람이라면 차량공유 서비스에 가입하거나 시간 단위로 렌트하는 방법을 고려해보자.

'접근하기'는 소유하기에 따라오는 골칫거리 없이 내가 필요한 것을 제공해준다. 너무도 많은 물건을 위해 돈을 쓰고, 유지하고, 수선하고, 때로는 보험에 들고, 어디엔가 저장하느라 숱한 시간과 노력을 낭비할 필요가 없다. 게다가 사용할 일이 별로 없는 물건들 만드느라 지구의 자원이 낭비되는 것을 방지함으로써 지구가 짊어져야 하는 엄청난 부담을 덜어주니 더더욱 가상한 일이 아닌가!

＊ 턱시도, 제설기, 별장 같이 돈깨나 드는 소위 '빅-티킷(big-ticket)' 재산을 사기 전에는, 반드시 그걸 얼마나 자주 사용할지 곰곰 생각하자. 차라리 빌리는 편이 훨씬 더 경제적이지 않을까?

＊ 내가 속해 있는 공동체 안에서 '접근할' 수 있는 옵션을 찾아보자. 공구센터나 기술센터, 메이커 스페이스, 아니면 전통적이지 않은 물품을 렌트하는 도서관이 없을까? 어떤 자원들이 가용한지를 안다면, 그걸 활용할 가능성도 높아진다.

＊ 나한테 다른 사람들과 공유할 물건들이 혹시 없을까? 필요한 이웃에게 물건을 빌려주는 동네 네트워크에 가입하자. 공동체도 구축하고 친선관계도 쌓게 될 것이며 새로운 친구도 생길 수 있다.

가볍게 이동하기

차를 몬다는 것, 그러니까 화석연료를 태우고 이산화탄소를 배출한다는 것이 자신의 탄소발자국 가운데 가장 커다란 요소가 되는 사람들이 많다. 하지만 좀 더 '가볍게' 이 지구 위를 움직일 수 있는 방법도 대단히 많으니, 참 다행스러운 일이다.

먼저, 대중교통이란 옵션부터 탐색해보자. 내가 가고자 하는 목적지까지 버스, 기차, 지하철 등이 있는가? 대중교통은 적은 수의 차량에 많은 수의 승객을 태워 움직임으로써 개인 차량의 경우보다 압도적으로 에너지 효율성이 높다. 도로 위의 정체도 막아주고 공기 오염도 줄여주며, 심지어 사람들의 스트레스까지 덜어준다. 교통혼잡과 싸우느라 지쳐버리는 대신, 우리는 편안히 앉아서 못다 읽은 이메일이나 소설을 느긋하게 읽을 수도 있다.

나날의 출퇴근을 위해 직장동료들과 '카풀'을 하는 것도 고려해 볼 만하다. 직장 내 여기저기 수소문해서 드라이빙 파트너를 구해보자. 출퇴근 경로와 근무 스케줄을 기반으로 해서 운전자를 매치해주는 회사들도 더러 있다. 혹은 승차 공유 앱을 이용해서 카풀 그룹을 구성한다든지, 내가 필요할 때마다 별도로 공유하는 스케줄을 만드는 것도 대안이다.

아니, 더 좋은 방법도 있다. 재택근무를 해도 좋을지를 회사에 문의해보는 것이다. 일주일에 하루만 원격으로 근무해도 탄소발자국을 20% 줄일 수 있다. 또 다른 옵션으로 주4일 근무제에 대해 문의를 해봄이 어떨까. 8시간 교대근무 대신에 10시간 교대근무를 한다면 오롯이 하루는 차를 몰고 나가지 않아도 될 터이다.

가고자 하는 곳에 자전거로도 갈 수 있는가? 페달을 밟는 것은 환경이나 내 건강을 위해 훨씬 좋은 일이다. 세심하게 경로를 기획하되, 가장 짧은 경로를 택하지 말고 지형이나 교통량 등의 변수를 고려해서 가파른 언덕이나 혼잡한 도로를 피하도록 하자. 가장 안전하고도 상쾌한 경험을 하고 싶으면 녹지를 연결해주는 길이나 자전거 도로 같은 것을 찾도록 하자. 자전거 타기나 시내 교통 관련 웹사이트를 방문하면 사람들이 추천하는 여러 가지 루트를 찾아낼 수 있다.

지구를 가로지르는 또 하나의 부드러운 방법은 걷기다. 언제 어디서든 가능하기만 하다면 걷자. 시간은 더 많이 걸리겠지만, 그것은 나의 건강과 복지를 위한 투자로 간주하면 된다. 걷기는 살을 빼고 스트레스를 낮추며 심장마비나 뇌졸중이나 각종 질병의 위험을 줄이는 데 도움이 된다.

반드시 차로 움직여야 한다면, 환경에 미치는 그 영향을 줄이기 위해 좀 더 '가볍게' 운전하자. 한 번 차를 갖고 나갈 때 은행과 세탁소와 마트에 갈 일을 모아서 한꺼번에 처리하자. 트렁크에 들어 있는 쓰레기는 꺼내서 버리고 쓰지 않는 지붕 위의 짐칸roof rack은 제거함으로써, 좀 더 높은 연료의 경제를 도모하자. 액셀러레이터나 브레이크도 '가볍게' 밟자. 페달을 마구 밟지 말고 조금씩 서서히 차를 출발시키거나 정차하며, 일정한 속도를 유지하면 좋겠다. 자동차를 교체할 때가 되면 연료 효율이 높은 차라든 가 전기차 혹은 하이브리드 모델을 선택하자.

자동차가 간간이 필요할 뿐이라면, 군이 사지 말고 차량공유를 택하자. 필요할 때마다 도시 전역에 걸쳐 차량을 구할 수 있으므로, 그냥 한 대를 찾아서 온라인으로 예약한 다음, 집어 타고 떠나면 될 일이다. 어떤 서비스를 택하느냐에 따라 요금을 분 단위, 시간 단위, 일 단위로 낼 수 있어서 좋다. 미국의 경우 ReachNow라든지 car2go 같은 '유동적流動的인free-floating' 프로그램을 이용하면, 차를 쓴 다음 영업지역 내의 아무 곳에서나 반납할 수도 있다.

약간의 창의성과 기획력을 발휘한다면, 내 가정을 차 한 대만으로 충분하거나 아예 차가 없는 집으로 만들 수가 있다. 지금 살고 있는 곳에서 그렇게 할 수가 없다면, 다음 번 이사할 땐 무엇보다 먼저 자동차에 그다지 의존하지 않아도 될 지역을 찾도록 해보자. 녹지가 있거나 보도步道가 있는 곳, 쇼핑센터나 위락시설과 가까운 곳을 그런 예로 들 수 있겠다. 걷거나 자전거로 다니거나 대중교통을 이용하기 쉬운 정도를 가리키는 워크 스코어Walk Score, 바이크 스코어Bike Score, 트랜짓 스코어Transit Score 등이 높은 동네라면 자동차 없이 살고 싶다는 꿈을 현실로 만들어줄 수 있을 것이다.

✳ 내가 사는 곳의 대중교통 웹사이트에서 버스나 기차나 지하철 노선을 확인하자. 자동차가 아니라도 갈 수 있는 곳이 얼마나 많은지, 놀랄 것이다. 현재 대중교통을 이용하지 않는 사람이라도, 모험심을 발동해 하루쯤은 대중교통으로 출근도 해보고 다른 곳에도 가보자.

✳ 내가 사는 곳의 보도, 자전거 길, 녹지를 이어주는 길 등과 친해지자. 적어도 일주일에 한 번은 자전거를 타거나 걸어서 다녀본다는 과제를 스스로 떠안아보자.

✳ 일주일 동안 바깥에 나가서 해야 할 일의 목록을 만들자. 그중에 꼭 자동차로 나가야 할 일이 있으면 어느 하루를 정해서 한꺼번에 모두 해치우도록 하자. 그렇게 할 일을 묶으면 시간과 연료를 모두 절약할 수 있다.

피스 필그림

'가볍게' 살면, 내 삶의 진정한 목적을 발견할 수 있는 맑음, 또는 명징 明澄함을 얻을 수 있다. 그렇게 되면 이번엔 그것이 한층 더 '가볍게' 살 수 있도록 도와준다. 우리의 소명召命에 공헌하지 못하는 사물들에는 마음을 기울이지 않기 때문이다.

이것을 더할 나위 없이 잘 보여주는 예가 바로 피스 필그림Peace Pilgrim 이라는 이름의 여자다. 본명이 밀드릿 리제트 노먼Mildred Lisette Norman인 이 여자는 1953년 1월 1일, '세계 평화를 위한 25,000마일(4만 233킬로미터) 걷기'를 시작하여, 28년 후 북미대륙을 일곱 번째 횡단하다가 세상을 떠날 때까지 한 번도 멈추지 않았다.

그녀의 이야기는 많은 사람에게 형언할 길 없는 영감을 불러일으킨다. 피스 필그림은 스스로의 뜻으로 '간결함'의 라이프스타일을 택한 다음, 그녀 나름의 깨달음을 체험했다. "어느 한순간, 나는 그 어느 때보다 고양되는 느낌, 높이 들어 올려지는 느낌, 너무나도 솟구치는 느낌을 경험했다. 지금도 기억한다, 그때 난 시간과 공간이 없어진 상태와 그 가벼움을 깨달았던 것이다." 이후 그녀는 자신의 사명을 생각해냈다, 사람들이 내면의 평화를 찾을 수 있도록 도움으로써 세계의 평화를 드높이겠다는 미션을 말이다. 그리고 남은 생을 그 미션에 바치겠노라고 다짐했다.

피스 필그림은 자신의 목적을 추구하기 위해 짐이 되는 것은 하나도 남김없이 내던져버렸다. 그녀는 혼자서 돈도 없이 걸었다. 등에는 단지 옷가지만을 지고 있었으며, 호주머니엔 빗과 칫솔과 펜과 종이만이 들어 있었으니, 그것이 그녀의 유일한 재산이었다.

그녀는 그 어떤 물건도 구하지 않았으며, 누군가가 쉼터를 제공할 때까지 마냥 걷기만 했고 누군가가 먹을 것을 내줄 때까지 굶을 따름이었다. 그뿐이랴, 그녀는 그런 단순한 삶에서 어마어마한 기쁨을 발견했다. "나를 묶어서 끌어내릴 것은 단 하나도 없다. 나는 창공을 높이 날아다니는 새처럼 자유롭다."

우리에겐 참으로 다행스럽게도, 그녀의 친구들이 그녀의 가르침이며 주고받은 대화와 소통했던 내용을 〈피스 필그림; 어록에 남은 그 삶과 업적Peace Pilgrim: Her Life and Work in Her Own Words〉이란 책에 고스란히 남겨놓았다. 범상치 않은 그녀의 여정에 관한 이야기와 그녀의 말에 깃든 지혜와 청정清澄은 우리 모두에게 파워풀한 영감을 제공하여, 필요하지 않은 것들은 버리고 우리의 빛을 살아내는 데 영혼을 집중하도록 만들어준다.

가볍게 거주하기

보편적으로 말하자면, 내가 사는 집이 크면 클수록 나의 탄소발자국도 커질 수밖에 없다. 소유하고 있는 공간이 모두 다 필요하지 않다면, 그 자리를 줄임으로써 '가볍게' 거주하도록 하자.

왜 내가 사는 집이 좀 더 작아야 하는가? 왜 그걸 좋아해야 하는가? 몇 가지 까닭을 헤아려볼까...

집이 작으면 에너지도 덜 소모하게 되니, 이는 우리가 사는 지구에도 득이요 나의 은행 계좌에도 플러스가 된다. 추울 때 덥히거나 더울 때 식혀야 할 공간이 적으면, 전기나 연료의 사용도 줄어들 것이고, 이것은 탄소 배출이나 전기료의 절감으로 이어진다. 집을 충분히 '다운사이즈' 해보라, 그러면 태양에너지나 풍력처럼 환경을 해치지 않고도 지속할 수 있는 대안으로써 집에 동력을 제공할 수 있을 것이다. 그리고 아파트나 콘도처럼 주위를 둘러싼 유닛에 의하여 절연되는 주거지는 독립 주거지보다 훨씬 더 에너지 효율이 높을 수 있다.

작은 집을 짓고 유지하는 데는 목재와 같은 자원이 훨씬 덜 들어간다. 즉, 나무들을 살리게 된다는 뜻이고, 건물 외벽, 단열재, 지붕 널빤지 등 석유 기반 제품들의 사용을 줄일 수 있다는 얘기다. 이처럼 자재의 필요성이 적어지므로, 친환경적인 대안을 채택하기가 수월해지는 것이다.

집이 작으면 그 안에 들어가는 물건들도 저절로 적어진다. 공간이 제한되었으니 가구며 장식품이며 전자제품이며 심지어 전구 같은 것도 그다지 많이 필요하지 않을 것이다. 우리를 떠받치는 지구로서는 얼마나 아름다운 선물인가! 방이 작고, 옷장이 작고, 저장 공간들이 작으면, 물건들을 집어넣을 곳이 없다는 이유만으로도 구매를 줄이기가 한결 쉬워진다.

집이 작으면 깨끗이 청소하고 유지해야 할 공간도 줄어든다. 집안일에 소모하는 시간을 줄이고 싶어 안달인 사람에겐 멋들어진 소식 아닌가! 청결을 유지하기 위한 세제나 기타 화학물질, 전기, 물 등도 적게 필요하니까 물론 지구를 위해서도 좋은 일이고.

집이 작으면 부지도 많이 필요하지 않다. 건축에 필요한 땅이 적어지며, 더 많은 녹지 공간을 지역사회에 남겨둘 수 있다는 의미다. 널찍한 땅을 유지하기 위해 사용되는 그 모든 물과 장비(스프링클러 시스템, 낙엽 제거기 등)와 자재(잔디 씨앗, 비료 등)와 용역(잔디 깎기, 조경 등)도 필요하지 않게 된다.

작은 집들은 흔히 도시 중심과 가까운 인구 밀집 지역에 위치하는 경우가 많다. 그러니까 걸어 다닐 가능성과 대중교통 및 자전거 도로에의 접근성이 좋다는 얘기다. 일이 있을 때마다 차를 몰고 다니지 않아도 된다.

마지막으로 작은 집들은 오래된 집이기 십상이다. 누군가가 이미 소유했던 집을 내가 산다면, 새로 집을 짓는 데 들어가는 자원을 절약하고 낭비를 없애는 셈이다. 다시 말해 그것은 '엄청난 규모의 재활용'이 된다는 뜻이다.

작은 집은 나의 삶에 온갖 긍정적 효과를 가져올 수 있다. 부채도 줄이고 비용도 줄여주니 스트레스도 두드러지게 줄어들 것이다. 아마 예전처럼 오래 일하지 않아도 될 테고 가족과 누리는 시간은 늘어날 것이다. 혹은 급여의 크기가 아니라 나의 열정을 바탕으로 하여 나의 커리어를 선택할 수도 있을 것이다. 지구에 좋은 일이 곧 나에게도 좋은 일이 되는 것이다.

좀 더 '가볍게' 산다고 해서 콧구멍만 한 데 살아야 한다는 건 아니다. 가령 미국의 경우 일반 주택의 평균 크기는 70평 정도인데, 이걸 절반으로만 줄여도 35평의 제법 넉넉한 생활공간이 나오지 않는가? 이것은 대다수 도시 아파트나 소형 빌라에 비하면 궁전이라 해도 지나침이 없을 것이다. 평면도만 제대로 설계하고 영리한 저장 및 다기능 가구 같은 공간 절약 방안만 있다면, 아늑한 오두막집도 덩치 크고 화려한 저택보다 훨씬 더 편안할 수 있는 것이다.

* 내가 사는 공간이 몇 평인지, 몇 제곱미터인지, 측정해보자. 주택평가서나 아파트 리스트에서 자료를 얻을 수도 있다. 지금 내 집이 얼마나 큰지를 안다면, 얼마나 줄일 수 있는지도 제대로 감을 잡을 수 있으리라.

* 내가 사는 공간의 구석구석이 지닌 잠재력을 최대한으로 활용하고 있는가? 아니면 식당이나 손님 방처럼 대개는 비워두고 있는 방들이 있는가? 이 같은 '가외의' 공간 없이도 살 수 있지 않을까?

✳ 꼬마 주택 관련 웹사이트들을 재미 삼아 훑어보자. 사람들이(가족들이) 11평 남짓 공간에서 어떻게 살아가는지 보게 되면, 나 자신의 공간에 대해서 새로운 관점을 얻을 수도 있을 것이고, 좀 더 작은 곳을 찾아보려는 마음이 불쑥 생길지도 모른다.

셋 :
스트레스를 가볍게

쳇바퀴 도는 듯한 나의 일상에서 판박이 지겨움을 없애버리고,

그 자리를 기쁨으로 가득 채우자.

이제부터 읽어나갈 페이지에서

우리는 사소한 일들이며 디지털 세계의 산만함을 벗어던지고,

진정으로 중요한 것들에 마음을 쏟는 방법을 배우게 될 것이다.

일정에 가슴 답답해지는 분주함이 없고 숨 쉴 수 있는 여유가

한결 넉넉하다는 것은 참으로 멋들어진 일이어서,

내가 평정심을 갖고 일사불란하게 그리고 새로운 목적의식을 품고서

하루하루를 살아갈 수 있게 해주는 것이다.

하는 일 줄이기

'가볍게' 살아감에 있어서, 그 목적은 더 많은 것을 이룩하는 것이 아니라 할 일을 좀 더 줄이는 것이다. 물론 이것은 숨 가쁘게 빠르고 모든 게 얽히고설킨 (혹은 '초연결된' 혹은 '과잉연결된') 우리네 세계에서 기대해 온 것과는 정반대다. 사실 우리는 각자의 하루하루 안에 얼마나 많은 것을 욱여넣을 수 있는가, 하는 점에서 서로서로 앞장서고 능가하려고 안간힘을 쓰는 것 같은 느낌이 종종 든다. 누군가가 '요즘 어떠세요?'라고 안부를 물으면 흔히 '바빠요.'라는 대답이 정해져 있는 것처럼 불쑥 나오곤 한다.

우리는 날마다 이런저런 일을 다 해야 한다는 끝없는 압박감에 시달리고 있다. '다' 혹은 '모두'라는 것이 그저 직장과 가정 사이의 균형만을 의미했던 시절, 그러니까 사는 게 훨씬 단순했던 시절에도 그것은 이미 어려운 노릇이었다. 하물며 지금 같은 디지털 시대엔 오죽하겠는가! '모두'라는 것은 (특히 소셜 미디어 덕택에) 천 배나 많고 복잡해졌으니 말이다.

여러 가지 전통적인 책임에다가 이젠 이메일도 놓치는 일 없이 체크해야 하고, 소셜 미디어 포스팅도 업데이트해야 한다. 부업도 성공적으로 영위해야 하고, 나만의 퍼스널 브랜드도 구축해야 하며, 멋진 DIY 프로젝트도 해내야 한다. 블로그도 써야 하고, 세상도 바꿔야 하며, 이 모든 것에 관해 TEDx로 떠들어대기도 해야 한다. 그뿐인가, 친구들, 고객들, 동료들,

생판 모르는 사람들과의 관계조차 잠시도 단절하지 않고 유지해야 한다.

"넌 좀 더 많은 걸 할 수 있다고!" 우리는 끊임없이 그렇게 채근당한다. 적당한 앱과 '라이프 핵life hacks'과 효율 높이기 비결만 있으면, 안 그래도 이미 척척 들어찬 내 삶에다 '좀 더 많이'를 꾸역꾸역 집어넣을 수 있다고 줄곧 세뇌당하고 있다.

그런 이야기, 하나도 믿지 말자! 생산성 전문가들이 뭐라고 말하든 상관없다. 그런 걸 할 수 있는 사람은 아무도 없으니까! 나 자신에게 허락하자. '그따위는 아예 시도조차 하지 않아도 돼!'라고.

아... 그러면 기분이 참 좋아지지 않는가? 그 엄청난 기대감을 없애주는 것만으로도 금세 '가벼워지지' 않는가?

온갖 일을 다 하려고 덤비지 말고, 내가 할 일들을 '큐레이트'하자. 시간이라는 것은 내게 주어진 가장 소중한 자원임을 깨닫고, 그런 시간을 어떻게 쓸 것인가를 최대한으로 신중하게 선택하자.

무엇보다 먼저, 내가 참여하는 활동과 프로젝트와 언약 등의 '숫자'를 '큐레이트'해야 한다. 미술 강의를 듣고 요가를 단련하고 북 클럽에 들어가고 살사 댄스를 배우는 거야 정말 멋진 일이다. 말할 것도 없다. 하지만 그 모든 것에 욕심내지 말고 한 번에 한두 개씩만 과외활동에 참여하는 게 좋다. 그래야만 그것을 즐길 수 있고 약간의 전문성도 배양할 수 있을 것이다.

마찬가지로 어린이 야구단을 코치한다든지 반려동물 보호소에서 일해주는 등 지역사회를 위한 봉사의 노력도 '큐레이트'해야 한다. 또렷한 초점을 갖고 노력할수록, 그 영향력도 훨씬 커진다. 가능하다면 직장에서 떠맡는 프로젝트도 까다롭게 선택하자. 그리고 위에서 주는 임무라면 무턱대고 전부 받아들이지 말고 신중히 고른 몇 가지 일에 철저히 집중하는 게 좋다. 소셜 미디어에서의 이런저런 의무에도 상한선을 딱 정해놓자. 그게 적으면 적을수록 좋다. 그래야 산만해지는 일도 방지하고 디지털 번아 웃digital burnout, 즉, 디지털 활동으로 진을 다 빼는 일消盡도 없을 것이다.

그다음으로, 내 시간을 '큐레이트'하여 가장 바람직하게 배분하자. 예를 들어서 일주일에 이틀 밤을 정해 특정의 취미활동에 할애하는 식이다. 혹은 한 달에 한 번만 주말에 자원봉사 활동에 임한다든지, 업무 관련 회의에 '최대 몇 시간'이라는 제한을 두는 것이다. 무엇보다 특별히 신경을 곤두세워야 할 것은 소위 시간 잡아먹는 귀신time sinks들이다. 이는 TV를 본다든지, 인터넷 서핑을 계속한다든지, 소셜 미디어를 여기저기 훑어보는 것 등을 가리키는 용어다. 여기 10분 쓰고, 저기 30분 쓰고, 하다 보면 대수롭지 않은 시간 같이 보일지 몰라도, 그걸 통제하지 않고 계속했다가는 하루의 상당 부분을 헛되이 날려버리고 만다. 그런 활동을 '하루에 한 시간' 같은 식으로 합리적이고 적절한 시간의 틀 안에 가두어버리자. 혹은 '점심시간에만' 같은 식으로 때를 정하는 것도 한 가지 방법이다.

이건 꼭 기억하자. 얼마나 많은 일을 해내느냐가 아니라, '얼마나 양질良質의 일을' 하느냐가 훨씬 더 중요하다. 별의별 일을 다 한답시고 정신을 분산시켜버리면, 하려는 일에 최소한의 노력밖에 쏟을 수 없는 법이다. 반면에 할 일이 적을 땐, 완수하려는 임무에 철저히 집중할 수가 있고, 내 잠재력을 모두 동원해서 수행할 수 있는 것이다. 일의 가짓수를 줄이는 것이 '정답'에 가까운 것이다, 아니면 압도적으로 우월한 것이냐는 가늠 수있다.

＊ 취미로 내가 가장 좋아하는 게 뭔지를 결정해서 앞으로 한 달 동안은 전적으로 그것만 연습하자. 내 에너지를 충분히 바쳤을 때 그것이 더 많은 즐거움과 만족감을 가져다주는지, 알아내자.

＊ 남을 돕는 자선활동 가운데 내 마음을 설레게 만드는 한 가지만 고르자. 노숙자를 돕는다든지 우리 아이가 다니는 학교에서 자원봉사를 하든지. 이런 대의명분에 좀 더 관심을 기울임으로써 어떻게 그것을 더 촉진할 수 있을지 생각해보자.

＊ 가입할 만한 소셜 미디어 플랫폼을 한두 개 선정하고, 나머지들은 한 달 동안 완전히 무시하자. 이렇게 신경 쓸 데를 확 줄여보니 과연 스트레스도 확 줄어드는가? 만약 그렇다면, 선정했던 한두 개만 빼고는 활동을 중지하거나 삭제해버리자.

가볍게 거절하기

우리 딸이 세 살이었을 땐가, 어느 날 나는 딸아이가 별로 중요시하지 않는 일을 시켰다. 갖고 놀던 장난감을 씻는다든지 브로콜리를 다 먹어치우는 것 같은 일 말이다. 하지만 딸은 한껏 명랑한 목소리로 "싫어요, 엄마."라고 답하더니 딴 데로 가버리는 게 아닌가.

걸음마 배우는 시절의 그 무뚝뚝한 '싫어!'에 무척 익숙했던 나는 딸의 반응에 깃든 그 상냥함 때문에 마음이 녹아버렸다. 나중에야 안 일이지만, 딸은 유치원에서 그런 대답을 배운 것이었다. 거기선 그저 "아뇨, 괜찮아요."라는 한 마디로 아이들을 무슨 활동에서든 제외해주었다. 아이들에게 스스로 의사결정을 할 수 있는 힘을 실어주고, 자기들의 일상을 스스로 통제한다는 의식을 부여한다는 것이었다.

그때 내가 처음 무슨 생각을 했는지 아는가? 우와! 우리 어른들한테도 그렇게 간단하고 쉽다면 얼마나 좋을까. 그다음엔 이런 생각이 들었다. 그래, 어른이라고 되지 말라는 법도 없잖아? 그래서 난 속으로 맹세했다. 담에 누군가 나한테 맞지 않는 부탁을 한다든지 약속을 요구한다면, 일말의 죄책감도 없이 '가볍게' 거절해야지! 근데 그게 희한하게도 제대로 먹혀들더라는 얘기다!

어느 사람이든 웬만하면 'NO'라고 말하기는 싫은 법이다. 'NO'라는 말 자체가 너무 거칠고 퉁명스러운 데다 너무 쌀쌀맞게 들리기 때문이다. 마치 부탁을 거절하는 정도가 아니라 부탁하는 사람을 거절하는 것 같은 느낌이다. 게다가 더더욱 고약한 것은, 'NO'라고 하면서 사과의 말과 변명과 장황한 설명까지 늘어놓기가 십상이라는 점이다. 그렇게 다 풀어놓고 나면, 양쪽 모두 기분이 영 끔찍해지지 않는가.

가볍게 거절할 땐, 'NO'라는 말을 가장 간결하고 가장 우아하게 함으로써 'NO'가 지닌 심각함이나 무게를 확실히 들어내야 한다. 어떤 요청을 거절할 때는, 온갖 말로 사과해야 한다든지 세세하게 설명해야 한다는 의무감을 느끼지 말자. 믿기 어려울지 모르지만, 그냥 "부탁을 들어주고 싶지만, 지금은 해야 할 일이 너무 많아." 정도로만 답해도 누구든 다 이해하고 받아들인다.

'NO'라고 말하는 게 상대의 무릎에다 돌을 하나 떨어뜨리는 것처럼 느껴지긴 하지만, '가볍게' 거절하는 것은 좀 더 친절하고 좀 더 부드럽게 넘어가는 방식이다. 그것은 말하자면 결론만 간단히 전달하고 공기 속으로 증발해버리는 비눗방울 같은 거라고나 할까.

자, 여기 능숙한 솜씨로 '가볍게' 거절하는 법을 보여주겠다.

ONE 나한테 부탁해준 데 대한 고마움, 부탁 내용에 대한 칭찬, 돕고 싶은 속마음 등을 표현하자:
　　"나를 생각해주니 고마워…"
　　"정말 멋진 프로젝트네…"

"내가 도울(참석할/힘을 보탤) 수 있다면 참 좋겠지만 말이야..."

TWO 도무지 내 일정에 맞추어 넣을 수가 없다는 걸 소통하자:

"...하지만 지금은 내 스케줄이 꽉 찼거든."

"...하지만 당장은 그럴 능력이 되질 않아."

"...오, 그런 일이면 내 능력 이상이 필요하겠네."

THREE 마지막으로 (꼭 해야 하는 건 아니지만) 도움 될 만한 제안
으로 마무리하자:

"이런 기회라면 기꺼이 나설 사람을 내가 알고 있는데 말야."

"그 친구랑 연결해줄까? 이건 딱 그 친구 취향이거든."

"자, 이 사람이라면 자네가 활용할 수 있는 탁월한 자원이야."

'가볍게' 거절할 땐 긍정적인 면에 초점을 맞추자. 부탁하는 사람의 기
분이 좋도록 내가 적극 지지한다는 걸 알리고 그가 하려는 일에 대한 열정
을 보이자. 그의 프로젝트에 비록 시간은 못 내더라도 친선과 우호의 정신
을 선사하자. 그걸 제대로만 해주면, 흔히 'NO'에 뒤따르는 죄책감과 실망
을 피할 수 있다.

특히 어떤 부분이 가장 좋은지 아는가? 말은 'NO'라고 하지만 실상은
'YES'라고 말하는 것이나 다를 바 없다는 점이다. 약간 중요성이 떨어지는
프로젝트를 '가볍게' 거절한다면, 좀 더 중요한 것에 대해선 'YES'라고 답

하는 셈이다. 새로운 임무를 '가볍게' 거절한다면, 현재 진행 중인 임무에
는 'YES'라고 답하는 셈이다. 내 시간을 뺏어갈 또 다른 요구를 '가볍게' 거
절한다면, 나 자신과 내가 사랑하는 사람들에게 'YES'라고 답하는 셈이고.
그것은 (1)내 삶을 확실히 장악하고 통제하는 것, (2)확고한 의도 아래 내
삶을 '큐레이트'하는 것, (3)나에게 가장 의미 있는 것을 위해 내 시간과 에
너지를 비축하는 것에 'YES'라고 말하는 태도다.

* 내가 거절하고 싶은 아주 흔한 부탁을 생각해보자. 가령, "너, 이 모금
  운동을 좀 도와줄 수 있니?" 같은 부탁. 이런 부탁에 대한 응답을 미리
  만들어서 연습해보자. 그러면 실제로 누가 그런 부탁을 해올 때 준비가
  되어 있지 않겠는가.

* 이런저런 부탁들이 이미 내 인박스에 들어와 있다면, 더 질질 끌지 말고
  '가볍게' 거절하자. 부탁받은 즉시 'YES'라고 답하지 않았다면, 앞으로도
  'YES'라는 답을 주면 안 된다. 이 같은 잠재적인 일들을 더는 모호하게
  놔두지 말자.

* 다음번 누군가가 시간을 내달라고 부탁하면, 대답하기 전에 잠시 '가
  볍게'를 생각하자. 이 일에 책임을 지면 날 내리누르는 짐이 될 것인가,
  나를 높이 들어 올릴 것인가? 그 결과에 따라서 부탁한 사람에게 답을
  주자.

조용한
삶이 주는
기쁨은
얼마나
달콤한지!

윌리엄 드러먼드 William Drummond

스케줄이 없는 삶

내가 가장 가벼웠던 시절, 내가 가장 행복했던 시절, 내가 가장 자유로웠던 시절. 살면서 그러했던 때를 생각해보라. 어린 시절의 여름날들, 연례행사였던 휴가, 실컷 게을렀던 일요일 아침들. 그런 때엔 모두 한 가지의 공통점이 있었다. 그래, 아무런 스케줄이 없던 때였다.

연신 시계를 쳐다보며 살 때는 평정심을 느끼기 어렵지만, 그렇게 해야 한다는 강박감은 집요하기만 하다. 플래너(일정계획표)와 캘린더와 앱 등이 분 단위까지 따져가면서 나의 하루하루 일정을 짜준다. 생산성 전문가들은 그렇지 않아도 이미 꽉꽉 차 있는 나의 어젠더에 한층 더 많은 것을 욱여넣는 방법을 떠들어낸다.

우리의 삶에 스트레스를 유발하는 가장 중요한 이유 가운데 하나가 바로 '과잉 스케줄링 overscheduling '이다. 우리는 이 과제에서 저 과제로 헐레벌떡 뛰어다니면서 준엄하기 짝이 없는 시간표를 따라 내달리고, 행여나 남들보다 뒤질세라 항상 안절부절못한다. 어쩌다 10시 회의나 오후 1시 약속이 약간 지연되기라도 하면, 그날의 나머지 시간까지 갈팡질팡하게 마련이다.

좀 더 '가볍게' 좀 더 평온하게 살고 싶으면 내 시간을 스케줄로 채우는 짓부터 그만두자. 이런저런 일정을 자꾸 집어넣을 게 아니라, 뭔가를 일정에서 빼내기 시작하자. 말이야 쉽지, 그래, 하기야 행동보다는 말하기가 쉽다. 하지만 자그맣게 시작해보는 거다. 꼭 들어가지 않아도 되는 월간 혹은 주간 활동(약속)을 골라서, 그런 스케줄이 없을 때 내 삶이 어떻게 변하는지 알아보자. 내가 그 회의 겸 점심을 건너뛰거나 자기계발 워크숍에 빠진다 해도, 세상은 어쩌면 멈추지 않고 계속 잘 돌아갈지 모른다, 그렇지 않은가.

이런저런 약속들 사이에 숨 좀 쉴 수 있는 여유라도 가지게 완충지대를 약간 만들어놓자. 잠시 발걸음을 멈추고 온종일 중심을 잃지 않도록 다잡는 기회를 그런 완충지대가 제공한다. 평온한 느낌, 고삐를 단단히 잡고 있다는 느낌이 자신감과 수행 능력을 부추긴다. 그리고 나의 스케줄에 어느 정도라도 제동을 걸 수 있어야만, 뭔가가 잘못되더라도 모든 일정이 와르르 무너지는 사태를 막을 수 있다.

한 가지 임무를 마치고 다른 일로 넘어가기 전에 30분의 자유시간을 갖는 것에 대해 죄책감을 느낄 필요는 없다. 그런 간격까지 다른 일로 메꿀 생각은 추호도 하지 말자! 스케줄에 여유를 갖는 것은 거기에 뭔가 다른 일을 집어넣으려는 게 아니다. 쉬지 않고 일을 계속하는 대신 잠깐 나만의 여유를 가지려고 여백을 만드는 것 아닌가. 눈코 뜰 새 없이 바쁜 날(아무리 잠시라도) 멈추는 시간을 갖는 것은 심신 양면에 자양분을 주어서 나의 임무를 좀 더 훌륭하게 완수하려는 뜻이다.

일정이 없는 시간은 나의 심적 건강과 웰빙에 결코 없어선 안 될 중요한 요소다. 그런 보물은 보물답게 보호해야 한다. 또 다른 위원회를 이끌겠다, 또 다른 회의에 참석하겠다, 또 다른 프로젝트에 참여하겠다고 동의하는 대신, '가볍게' 거절하자. "정말 그러고 싶습니다만, 제 일정이 도무지 그걸 허락하지 않습니다."

내 시간이 별의별 일로 촘촘하게 쪼개져 있다면, 사는 게 재미없는 노릇이다. 아무 일정도 없이 텅 빈 시간적 여유의 아름다움을 누리자. 그런 게 있어야 놀라운 가능성의 감각도 활짝 열린다. 하루 동안 내가 할 일을 빠짐없이 다 아는 대신, 약간의 '우연히 찾아온 행운' 같은 걸 위한 공간도 좀 남겨두자. 누군가와의 우연한 만남, 예기치 않았던 행사, 절대로 미리 계획할 수는 없는 행복한 발견 같은 것 말이다.

'과잉 스케줄'에 묶여 있을 땐 마치 성난 열차처럼 삶을 질주한다. 다음 역에 시간 맞추어 도착하는 데 온통 정신이 팔려서 차창 밖의 경치는 즐길 겨를도 없다. 그런 스케줄을 훌훌 벗어버릴 때, 하루하루를 새처럼 가벼이 날면서 꼭 필요한 일은 수행하되 도중에 가끔 날갯짓을 멈추고 나무에 올라 주위를 둘러보고 어쩌면 흥겨운 맘으로 휘파람도 불 수 있을 것이다.

삶은 분 단위가 아니라 순간순간 단위로 측정되어야 한다. 아이와 함께 신나게 웃거나 배우자와 즐겁게 얘기를 주고받거나 공원을 활보할 때는, 이다음엔 뭘 해야 하는가를 걱정할 일이 아니라 '지금'에 오롯이 집중하자. 미리 일정을 짜지 않은 순간들을 위해 여유 공간을 만들어주자. 바로 그런 순간들이 내 인생을 그토록 즐겁게 만들어주니까 말이다.

＊ 하루에 한 시간쯤은 아무 스케줄 없이 비워두자. 오롯이 한 시간을 비워도 좋고 30분씩 나눠도 좋겠다. 그런 시간을 이용해 긴장을 풀고 재충전하도록 하자. 나가서 걷든지, 명상을 하든지, 차를 한 잔 마시든지, 뭐든 적당하다고 생각되는 방식으로 하면 된다.

＊ 매주 한 번씩 해야 하는 의무사항을 스케줄에서 빼자. 대신 무언가 다른 것으로 그 시간을 채우고, 그때가 되면 '잃었다 되찾은 시간'으로 기꺼이 받아들이자.

＊ 일주일에 한 번은 (아마도 토요일이나 일요일이 되겠지만) 온종일 아무 스케줄도 없는 하루를 만끽하자! 시간의 흐름에 괘념치 말고 물 흐르듯 자연스럽게 일과가 펼쳐지도록 내버려두는 것이다.

스토아 학파

'가볍게' 살아간다는 생각은 사실 고대의 철학, 특히 스토아학파의 철학Stoicism에 그 뿌리를 두고 있다. 이 스토이시즘은 기원전 3세기경 그리스에서 확립된 하나의 학파로서 이후 로마인들이 이어받아서 세련되게 다듬었다. 이 철학의 가르침은 논리학, 물리학, 윤리학 등을 아우르지만, 전체적으로 보면 선량한 삶을 살기 위한 일종의 실용적인 철학이었다.

사람들이 흔히 믿는 바와는 사뭇 다르게, 스토아학파는 감정을 억누르는 것을 옹호하고 지지했던 게 아니다. 오히려 그들은 분노, 근심, 두려움과 같은 부정적인 감정들을 능숙하게 조절할 수 있고 한껏 줄일 수 있다고 믿었다. 아울러 그들은 인간의 행복이란 온갖 사물에 대한 우리의 관점에 전적으로 달려 있다고 가르쳤다. 이걸 간단하게 표현하자면, 무슨 일이든 우리가 그것 때문에 당황하거나 화내지 않는다면 그다지 나쁜 일이 아니라는 말이다.

스토아학파는 평정심을 (그러니까, 내면의 침착과 흔들리지 않는 마음가짐을 유지하는 것, 특히 어려운 상황에서 유지하는 것을) 옹호하고 지지했다. 그들은 인간의 삶이 변화와 불확실로 가득 차 있다는 것을 깨달았다. 그래서 그런 현상에 대처하는 최고의 방법은 타인들이나 외적인 사건처럼 우리가 통제할 수 없는 것들에 집착하지 말고, 반응이나 의견이나 생각처럼 우리가 통제할 수 있는 것에 초점을 맞추는 것이라 믿었다. 가령 에픽테토스는 이렇게 충고했다. "모든 일이 내가 바라는 대로 일어날 거라고 바라지 말라. 오히려 모든 사물이 어쩌다 보니 자연스레 그렇게 되어 있기를 바라야 한다. 그러면 네 삶은 조용하게 흘러갈 것이다."

그리고 오늘날의 미니멀리스트와 상당히 비슷하게도, 스토아학파는 자신의 욕망을 절제節制하고 장악하고 통제하는 것이 가장 소중하다고 믿었다. 그들은 지나친 금욕禁慾을 지향한 것이 아니라, 물질적인 재화라든가 세속의 쾌락으로부터 거리 두기를 실천했다. 재화와 쾌락을 얻는 것에 너무 연연하지 않고, 또 재화와 쾌락이 없는 경우에 너무 마음 상하지 않기 위해서였다. 그들은 이미 가지고 있는 것을 고맙게 생각했고 (마르쿠스 아우렐리우스의 말마따나) "행복한 삶을 영위하는 데는 정말이지 그리 많은 것이 필요하지 않다."는 진리를 인식하고 있었던 것이다.

좀 더 영감을 얻고 싶다면, 세네카의 〈마음의 평정에 대하여De tranquillitate animi〉라든가 아우렐리우스의 〈명상록Meditations〉 그리고 에픽테토스의 〈편람便覽 Encheiridion〉과 〈담화록Diatribai〉 같은 스토아 철학의 고전적인 저서들을 자세히 읽어보자. 현대어로 이루어진 여러 가지 번역물이 있어서 즐거운 마음으로 읽을 수 있으며 현대인에게 시사하는 바도 크다.

플러그 뽑아놓기

옛날 옛적에는 일단 일터에서 벗어나기만 하면 업무에 대해선 일절 신경 끊고 다음 날 아침까지 보낼 수 있었다. 옛날 옛적에는 누가 나한테 전화로 연락하고 싶으면 내가 반드시 집으로 돌아가야만 했다. 옛날 옛적에는 친구들이랑 부딪히지 않고서는 그들이 뭘 하고 있는지 도통 알 수가 없었다. 옛날 옛적에는 신작로를 걸어 내려가서 점심을 먹었으며, 전철에서도 전화기를 들여다보는 일 없이 앉아 있었다.

그래, 그런 날들이 있었다. 하지만 지금은 평일, 휴일, 주말 가리지 않고 하루 24시간 내내 누구든 나랑 연락이 될 것으로 기대하고, 20년 전에 알았던 지인의 최근 소식도 알 수 있을 것으로 기대하며, 생판 모르는 사람들 인생의 별의별 시시콜콜한 속사정까지도 추적할 수 있을 것으로 (아니, 심지어는 내 인생의 온갖 내용까지도 공유할 것으로) 기대한다. 커피숍이나 공원 벤치에 느긋하게 앉아 주변 경치나 즐기는 것이 더는 편안하게 느껴지지 않는다.

언제나 연락이 닿는다는 것에는 물론 유리한 면도 있다. 만나게 되어 있는 친구가 약속에 늦으면 문자를 보내주고, 움직이면서도 날씨를 확인할 수도 있다. 그러나 그 폐단은 사뭇 심각하다.

(1) 우선 가상의 소음이 끊임없이 들려와 단 한 순간도 나를 가만두지

않는다. 문자, 전화, 이메일, 포스팅, 헤드라인, 기타 온갖 형태의 혼란이 종작없이 들이닥친다. 그것도 몇 시인지조차 따지지 않으니, 무엇이든 내가 지금 하고 있는 일에서 정신을 빼앗기지 않을 도리가 없다. 줄곧 이렇게 방해를 받으니 생산적으로 일할 수가 있겠는가 말이다!

(2) 둘째, 내 친구들이 (혹은 내가 모르는 사람들이) 무엇을 하는지, 무엇을 입고 먹는지, 무엇을 사고 성취하는지 등을 아는 것은 불만으로 가는 지름길이다. 내 삶을 그들의 삶과 비교하면 내가 멋있지 못하고 재주도 떨어지고 성공도 이루지 못한 것처럼 느끼게 된다. 지금 내가 하지 않고 있는 일만 끊임없이 생각하게 되고 성공의 대열에서 빠질 것 같은 두려움만 키운다.

소음과 압박과 기대 등은 내 일상의 삶에 짐을 한층 더 얹어놓는다. 하지만 천만다행히도 '가벼워지는' 것은 어렵지 않다. 그저 플러그를 뽑아버리면 되니까.

평온과 평정으로 가는 가장 빠른 길은 내 스마트폰의 '알림' 기능을 꺼버리는 것이다. 온갖 앱이며 포스팅이며 최신 뉴스 등등이 끊임없이 주의를 요구하지 않는다면, 나의 삶은 훨씬 더 평화스러울 것이다. 원한다면 걸려오는 전화나 문자 메시지를 켜두는 것은 좋지만, 알림 기능은 꺼버리자. 어떤 온라인 상점이 무슨 행사를 한다든지 아는 사람이 페이스북에 무슨 글을 올렸다고 해서 그 즉시로 반드시 알아야 할 필요가 어디 있는가.

마찬가지로 컴퓨터 역시 이메일 알림 기능을 꺼놓으면 조용해질 수 있다. 상상해보라, 누군가가 몇 분 간격으로 계속하여 내 사무실로 들어와

서는 어깨를 톡톡 치면서 이런저런 질문을 던지거나 부탁을 한다면 어떻겠는가? 아무 일도 해낼 수가 없을 것이다. 논스톱으로 들이닥치는 이메일 또한 똑같은 효과를 지닌다. 하루 중 메시지를 확인하고 응답하는 시간을 특별히 정해놓고, 다른 시간에는 그냥 무시하자.

전화기도 컴퓨터도 소리 없이 조용한 그 엄청난 행복감을 한번 경험해봤다면, 점심 식사 중이나 저녁 식사 후 같이 하루의 어느 시간대에는 완전히 플러그를 빼버리는 것을 고려해봄이 어떨까? 모든 전자기기의 전원을 빼놓고 산보하러 나가거나, 친구와 이야기보따리를 풀어놓거나, 책을 펼치는 게 좋지 않을까? 새롭게 발견한 이 평화와 고요를 어찌 사랑하지 않을 수 있겠는가. '플러그를 빼버린' 주말이나 휴가를 시도해보는 거다! 그것이 정상이었던 시절이 그다지 먼 옛날도 아니지 않은가.

옛날 같으면 전화기 코드 때문에 우리는 (그리고 전화하는 상대방은) 영락없이 전화기에 찰싹 달라붙어 있어야 했다. 그러나 오늘날엔 무선기술 덕분에 우리는 자유롭다는 환상을 가지게 된다. 하지만 자유는커녕, 이제 우리는 예전보다 훨씬 더 교활하고 눈에도 안 보이는 코드 때문에 일에 얽매이고 광고 제품에 붙들리고 회사들에 꼼짝없이 묶여버리고 말았다.

하지만 플러그를 뽑아버리면, 이와 같은 가상의 쇠사슬을 벗어던지는 셈이다. 내 시간과 관심을 어떻게 쓸 것인지, 마케터나 앱 개발자나 소셜 미디어 회사한테 맡기지 않고 나 스스로 결정하는 것이다. 나의 하루하루를 내가 통제하고 내 마음을 해방하여, 좀 더 고상하고 삶의 질을 높이는 것을 추구한다는 얘기다.

✻ 전화기의 꼭 필요하지 않은 '알림' 기능은 모두 꺼버리거나 무음으로 해놓자. 그런 다음, 일과 중에 좀 더 침착해지고 좀 더 집중할 수 있는지를 느껴보자.

✻ 일정한 기간을 두고 '아무도 나에게 연락할 수 없는' 상태를 한번 실험해보자. 가령 저녁이나 주말 동안에는 업무 관련 이메일이라도 응답하지 않음으로써 직장동료들의 기대치를 다시 설정하는 식이다.

✻ 식사 시간이나 가족끼리 모이는 시간에는 모든 종류의 기기를 금지해보자. 스크린을 응시하는 대신에, 사랑하는 사람들을 마주 쳐다보거나 창밖이라도 바라보는 기회를 기꺼이 받아들이자.

디딤돌

큼직한 프로젝트는 나를 억누르는 큼직한 부담으로 느껴질 수 있다. 그 일의 엄청난 중대성에 압도되어서, 침대에서 용수철처럼 발딱 튀어 일어나 그 일에 도전하는 대신, 두려움에 지레 눌려서 책상으로 엉금엉금 기어가기 일쑤다. 도대체 어디서부터 시작해야 할지도 알 수 없어서 자꾸 미루기만 하다가, 데드라인이 점점 다가오고 일은 한층 더 심각해지면서 스트레스는 갈수록 커지기만 한다.

하지만 조금도 두려워할 필요가 없다. 나는 '가볍게' 살 수 있을 뿐 아니라, 일 또한 '가볍게' 할 수 있으니 말이다. 그러기 위해선 큰 바위 같은 프로젝트를 한층 더 작고 더 관리하기 수월한 몇 개의 디딤돌로 나누기만 하면 된다.

예를 들어 한 편의 소설을 쓰겠답시고 책상에 앉았다고 상상해보자. 그 어마어마한 목표는 제아무리 산전수전 다 겪은 작가라도 오금이 저리게 만들기에 충분하다. 하지만 가만히 앉아서 우선 딱 챕터 하나만 쓰기로 한다면 그 위협은 훨씬 견디기 쉬울 것이며, 어떤 한 장면만 쓰자고 작정한다면 더욱더 해볼 만할 것이다.

자, 그럼 그 소설을 훨씬 더 잘게 쪼개서, 가령 한 번에 딱 한 문단만 쓰겠다는 목표를 세웠다고 가정해보자. 어떻겠는가? 커피 브레이크 전에 딱 한 문단만 쓴다고? 전혀 문제없다! 점심 식사 전에 또 한 문단만 쓴다고? 즐겁게 할 수 있지! 이러다 보면 어느새 몇 개의 문단이 모여서 하나의 장면이 완성되고 이어서 한 챕터가 이루어지고 결국은 책 한 권이 오롯이 탄생하는 것이다.

이처럼 '디딤돌stepping stones'을 놓는 것이야말로 생산성을 드높이는 막강한 전략이 된다. 잘게 쪼갠 그 하나하나의 임무는 놀랍게도 완수하기 쉬워서, 나에게 성취감을 선사할 뿐 아니라 전체 프로젝트의 완성을 향한 모멘텀도 구축해준다.

요리나 코딩이나 외국어 배우기처럼 엄청 어렵고 위협적으로 느껴지는 것이라면 뭐든지 이 테크닉을 활용할 수 있다. 학습곡선 전체를 자그마한 레슨으로 잘게 나누고, 그 하나하나의 스킬을 얻는 데 매일 10~15분만 바치는 것이다. 이런 식으로 접근하면, 엄청난 분량의 시간을 바칠 수 있을 때까지 (그런 때는 영영 오지 않을지도 모른다) 기다리는 대신, 완전한 성공을 향해 매일 한 걸음씩 다가가게 될 것이다. 그뿐이랴, 그렇게 일을 '가볍게' 만들어준다면, 그 일은 지겨운 의무사항이 아니라 재미로 느껴질 것이다.

이런저런 목표를 세웠을 때도 같은 식으로 접근하자. 흔히 이런 목적은 얼마나 야심만만한지, '성취 불가능'으로 보이기 쉽다. 나의 이 소소한 순간들을 모아서 어떻게 그 엄청난 목표를 이룩할지, 상상이 안 간다. 그래서 대신 거기에다 지리멸렬한 주의만 가득 채우는 것이다. 그러면 이번엔 '아이고, 내가 한 발짝도 앞으로 나아가지 못하고 있구나' 하는 무거운 실망감만 남게 된다.

커다란 목표를 '미니 목표'로, 일련의 자그마한 '실행 아이템'으로 잘게 쪼개자. 예컨대 밤에 애들을 침대에 다 눕혀놓은 다음의 시간을 이용해서 "내 사업을 시작하자!"고 덤벼드는 것은 참으로 까마득한 목표다. 그러나 "3가지 아이디어의 브레인스토밍"이라든가, "기업가정신에 관한 신문 기사 읽기" 혹은 "훌륭한 멘토가 될 만한 분에게 이메일 보내기" 같은 목표라면 얼마든지 해볼 수 있다. 이처럼 내가 꾸준한 페이스로 전진할 수 있도록 해주는 몇 개의 디딤돌을 만들어내자.

이런 전략은 나에게 유연성 혹은 융통성을 주기도 한다. 가령 지금 나의 목표가 '직업 전환'이라고 해보자. 당장 사표를 내고 대학원에 등록하는 식으로 허둥지둥 뛰어들 게 아니라, 야간 강좌를 듣거나 원하는 분야의 전문가들과 얘기를 나누는 등, 올바른 방향으로 작은 걸음을 내딛는 편이 낫다. 그 작은 걸음이 잠시 멈추어 사태를 평가할 기회를 제공하며, 행여 마음먹은 대로 일이 풀리지 않는 경우의 방향 전환도 쉽게 만들어준다.

디딤돌은 그저 전진을 위한 촉진제에 그치는 게 아니다. 디딤돌은 묵직한 프로젝트도 한없이 가볍게 느껴지도록 해준다. 커다란 부담감에 짓눌려 허덕이지 말고, 그걸 작은 일감으로 쪼개서 발아래 놓아보자. 그러면 부쩍 쾌활해지고 활력에 넘쳐서 작은 일감 사이를 '가볍게' 뛰어다니며 결승선까지를 완주하게 될 것이다.

＊ 나의 목표 하나를 택해서 그것을 가장 작은 여러 개의 단계로 나누어
놓자. 한 시간 이내에 완료할 수 있는 작은 단계로 나눌 수 있다면 가장
이상적이다. 그런 작은 임무들에 전념할 수 있는 시간을 정해두자.

＊ 어떤 새로운 스킬을 배우고 싶은가? 짧은 비디오 강의 형태로 이루어지
는 미니 레슨을 온라인으로 찾아보자. 기초를 완전히 정복하는 재미있
는 커리큘럼을 짜보자.

＊ 뭔가에 걸려서 옴짝달싹 못 하고 정체된 프로젝트가 있다면, 색다른 방
향으로 움직일 방법을 생각해보자. 일련의 작은 변화를 시도함으로써
전체 경로의 변경이 얼마나 가망 있는지 알아보자.

많은 일을
성취하는 것은
마음이 평온한
사람들이다.

헨리 데이빗 쏘로

안전망

이루 말할 수 없이 수월하게 허공을 휙휙 날아다니는 공중곡예사들. 그 우아함과 용기와 무중력의 모습으로 혀를 내두르게 만드는 공중곡예사들. 그들이 그런 재주를 부릴 수 있는 진짜 이유를 아는가? 그들에겐 안전망이 있기 때문이다. '가볍게' 자유롭게 그리고 우리의 잠재능력을 십분 활용하면서 살고 싶다면, 우리도 그와 비슷한 시스템이 필요하다. 떨어질 때 우리를 잡아줄 안전망이 필요하다는 얘기다.

인생은 예측할 수 없다. 부드럽게 순항順航하고 있는 것 같다가도, 예기치 못한 사건이 생겨 나의 세계를 뒤집어버릴 수 있다. 물론 나쁜 일을 언제나 예방할 수 있는 것은 아니지만, 나쁜 일에 대처할 수 있도록 안전망을 설치해놓을 수는 있다. 그런 안전망은 내가 공중에서 떨어지더라도 충격을 줄여주고 재빨리 튀어 오를 수 있도록 도와준다.

자, 중요한 것부터 먼저 얘기해보자. 조금씩 고름이 생기고 있을지 모르는 곳부터 주의 깊게 봐야 한다. 내가 만약 원인 모를 통증으로 앓기 시작한다면, 그건 어떤 질환이 생기고 있다는 신호를 내 몸이 보내는 것이다. 남편이(혹은 아내가) 왠지 서먹해지는 것 같다면, 우리 관계에 금이 가기 시작하는 것일지 모른다. 직장 내 분위기가 어쩐지 날카로워지고 있다면, 한바탕 대개편이 물밑에서 진행 중인지 모른다. 내 취약점이 어딘지를 안다면, 방어막을 세울 수 있지 않겠는가.

병을 얻기 전에 건강한 라이프스타일을 채택한다든지, 부부의 성격 차이가 화해 불가능 상태에 이르기 전에 상담을 받는다든지, 해고당하기 전에 미리 이력서를 제대로 갖추어놓는 것처럼, 잠재적인 문제점이 본격적인 위기로 터지기 전에 미리 잘라버릴 수 있다면야, 최상의 시나리오일 것이다.

그러나 아무리 노력을 기울여도 충분치 않을 때가 있는 법. 안전망이 해결사가 되는 것은 바로 그럴 때다. 그런 안전망은 필요한 치료를 받게 해주는 건강보험이나, 도저히 구할 길 없는 결혼에서 벗어나도록 도와주는 은행 계좌, 혹은 새 일자리를 찾도록 도와주는 전문 네트워크와 다를 바 없다.

안전망을 구축한다는 것은 잘못될 수 있는 모든 일을 걱정한다는 의미가 아니다. 그것은 만에 하나라도 일이 어그러지는 경우 하나의 방패를 준비한다는 것뿐이다. 즉, 일이 생긴 후에 반응하는 게 아니라 선제적^{先制的}으로 대응하는 것이다.

안전망에는 쬐끄만한 것에서부터 커다란 것까지 다양하다. 필요에 따라 마음대로 골고루 쓰면 된다. 자잘한 일상에서는 (지갑에 비상금을 좀 넣어 다니거나 아이 돌봄에 있어 비상시 대책을 갖는 것처럼) 안전망이 스트레스를 낮추는 정도지만, 극단의 경우 (자연재해에 대비하여 음식과 물과 필수품을 챙기는 것처럼) 안전망은 목숨을 구할 수도 있다.

나에게 안전망이 있으면, 어느 한 사람이나 특정한 상황에 의존하지 않아도 된다. 내 직장이나 집, 나의 인간관계처럼 내 삶의 멋진 것들을 고맙게 여겨야 한다. 하지만 그 어떤 것도 영원하진 않다는 사실을 깨닫자. 설사 커다란 손실이 생기는 한이 있어도 절대 내 삶을 완전히 망가뜨리는 일은 없게끔, 육체적으로나 심리적으로 그리고 재정적으로 자신의 입지를 확보해놓자.

비상시를 위한 자금, 영적的인 단련, 친구와 가족의 밀접한 네트워크 등 안전망이 아주 튼튼하다면, 어떤 위기가 닥쳐도 좀 더 가볍고 우아하게 극복할 수 있다. 일단 안전망이 설치된 후에도 계속해서 그 망을 강화하고 덧붙이자. 그 망이 튼튼하고 빠르게 회복할수록 필요할 때 한층 더 쓸모가 있는 법이다.

그뿐이 아니다. 안전망은 내가 잠재력을 극대화하도록 힘을 실어준다. 발아래 안전망이 있다는 확신도 없이 허공에 한 발이라도 내디딜 공중곡예사가 어디 있겠는가? 우리도 마찬가지다. 자칫 한 걸음 잘못 내디디는 것이 재앙을 의미한다면, 우린 좀 더 소극적으로, 그러니까 땅에 더 바짝 붙어서, 안전하게 살아가는 법이다. 안전망이 있기에 우리는 위험도 무릅쓸 수 있고, 좀 더 높은 데를 노릴 수도 있고, 추락할까 두려워하지 않고서 믿음의 도약을 할 수도 있는 것이다.

＊ 나만의 안전망을 점검하자.

　• **재정적 안전망**: 나의 주된 자산을 보호하기 위한 비상 기금과 보험은 마련해놓았는가?

- **직업상의 안전망**: 나에겐 직장동료들의 네트워크 및 고용 면에서의 옵션이 있는가?
- **의료 안전망**: 나는 질병을 예방하는 건강보험 및 사고라든지 심각한 병에 걸렸을 경우를 위한 건강보험이 모두 있는가?
- **사회적 안전망**: 나는 가족, 친구, 교회, 기타 공동체와의 튼튼한 유대 관계를 갖고 있는가?

* 어디든 빠진 것이 있다면, 그걸 메꾸도록 조치하자. 예컨대, 보험상품을 알아보고, 예상치 못한 비용에 대비하여 저축계좌를 개설하고, 개인적인 관계들을 구축—강화하자.

* 나는 어떤 위험에 도전하고 싶은가? 그리고 그렇게 하려면 어떤 종류의 안전망이 도움을 줄 수 있을까?

하고자 애쓰는 일을 아무리 줄인다 해도, 반드시 해야 할 일은 있게 마련이다. 집안이 저절로 깨끗해질 리는 없으며, 저녁 식사가 저절로 준비될 리도 없고, 이메일에 대한 답이 저절로 쓰일 리도 (적어도 아직은) 만무하다. 어떨 땐 한낱 일상적인 임무에 너무도 억눌린 느낌이라, 다른 일은 거의 성취할 수가 없는 것이다.

하지만 걱정은 금물! 최소한의 시간과 노력으로 여러 가지 일을 해치우기 위해선, 몇 가지 루틴만 있으면 된다. 그래, 따분하게 들릴 것이다, 잘 안다. 그러나 나는 루틴이라는 것을 발레 연습의 일과와 비슷하다고 생각한다. 내가 너무나 잘 알기에 정확하고 우아하며 쉽게 할 수 있는, 안무가 된 일련의 동작들 말이다.

가령 요리를 예로 들어보자. 요리를 즐기는 사람이라면, 거기에 원하는 대로 시간과 노력을 바쳐도 좋다. 그렇지만 기나긴 일과를 마치고 식탁 위에 건강한 음식을 차리는 일은 많은 이들에게 엄청난 스트레스의 원천이 될 수 있다. 먹여야 할 아이들까지 있다면 더더욱 그럴 것이다. 이럴 때 (최소한 평일만이라도) '루틴'이 있다면, 반쯤은 텅 빈 냉장고 앞에서 쩔쩔매거나 식사 시간이 코앞에 닥쳐서야 가게로 달려가는 일은 미리 막을 수 있다.

요리를 '안무'(연출)하려면 파스타, 닭고기, 두부, 생선 등 금세 손쉽게 만들 수 있는 요리로 표준 레퍼토리를 만들어놓고, 소스나 향신료에만 변화를 줌으로써 다양하게 음식을 만들어보자. 예를 들어 찐 두부와 채소로 간단한 요리를 만들고 그 위에 커리, 땅콩, 검은콩, 달콤새콤 양념, 혹은 생강과 마늘 소스 등을 얹어주는 식이다. 만들 수 있는 종류는 무한히 많고, 과정도 상당히 효과적이다. 아무것도 없는 데서 새로운 레시피를 시도하기보다는 단순히 나만의 표준 요리를 준비하고 토핑에 변화를 주기만 하면 된다. 그렇게 되면 유산슬 라면 같이 복잡한 요리 실험은 주말로 미루어도 좋다.

다른 집안일도 마찬가지로 '안무'해보자. 일주일에 한 번 할 일은 주중 어느 특정한 날로 지정하는 게 좋다. 진공청소기는 월요일에 돌리고, 빨래는 화요일, 침실 대청소는 수요일, 하는 식으로. 이렇게 해놓으면 15분가량 바짝 땀 흘려 해치울 수 있고, 밀린 집안일을 끝내느라 토요일 온종일을 희생해야 한다는 그 절망적인 예상을 피할 수 있다. 또 가능하다면 여러 임무를 식구들에게 골고루 나누어주자. 무거운 짐도 나누어서 지면, 각자의 부담은 좀 더 가벼워지니까.

내가 하는 일에 다소 반복적이고 흥이 나지 않는 측면이 있다면, 루틴이 도움을 줄 수 있다. 그런 측면들이 고통스럽지 않게 하려면, 내가 정기적으로 작성하는 그 모든 보고서며 정산표며 이메일이며 기타 서류들을 위한 모형을 미리 만들어두는 게 좋겠다. 사용하는 언어와 양식을 표준화해놓으면, 상황에 따라 적절한 데이터를 떨어뜨려 주기만 하면 될 것이다.

할 수 있는 모든 걸 자동화한다면, 더욱 좋다. 가령 퍼스널 케어 제품이나 사무용품 등을 정기적으로 구매하는 경우, 온라인 구독 프로그램에 가입하면 알아서 문 앞까지 배달해준다. 매월 지불도 온라인으로 하고, 주택담보대출 이자나 전기료 및 가스료 같이 매월 반복되는 비용은 은행 계좌에서 자동 이체되도록 해두자. 컴퓨터 자료들은 클라우드에 백업을 자동 보관하도록 세팅하고, 이미지의 사이즈 조절이나 파일 정리 같은 반복 작업도 수행하도록 세팅해놓자.

또 모바일 앱을 이용해 쿠폰을 내려받고 이벤트 알림도 받도록 하며, '콘텐트 수집자 혹은 통합관리자content aggregator'를 통하여 자동으로 맞춤형 헤드라인과 기사와 블로그 등을 얻도록 하자. 사람의 손길이 필요한 임무를 위해서는 가상의 조수助手를 고용하는 것도 생각해볼 수 있을 것이다.

안무(연출)만 제대로 해준다면, 나의 일은 세련되고 우아한 발레처럼 부드럽게 흘러갈 것이다. 그러면 하루하루의 임무들을 춤추듯 '가볍게' 해낼 수 있고, 좀 더 노력이 많이 드는 일들을 위한 시간과 에너지를 축적해놓을 수 있을 것이다.

* 나는 어떤 집안일을 끔찍이도 싫어하는가? 그 일을 좀 더 빠르고 수월하게 마치기 위해 루틴을 '안무'하자.

* 업무에 관련된 임무 가운데 어떤 것이 내 시간을 지나치게 잡아먹는가? 그 일을 자동화하거나 어떻게든 간소화할 방법을 '브레인스토밍'하자.

＊ 어떤 일에 다른 사람의 도움을 활용할 수 있을까? 파트너를 불러와 이 인무二人舞 '빠 드 되(pas de deux)'를 추어보자.

그녀의
한 걸음
한 걸음,
우아함이
깃들어 있었다.

존 밀턴

꼭 완벽해야 돼?

어릴 때 어른들이 물감과 하얀 캔버스를 준 적이 있을 것이다. 기억하는가? 그러면 행복한 마음으로 그림 그리기에 푹 빠져서, 온갖 색깔과 감촉과 붓질을 신나게 즐겼고, 오래지 않아 '걸작'을 탄생시키곤 했다. 지금 이와 꼭 같은 상황을 맞았다고 상상해보라. 어릴 때의 그 열정으로 다가가겠는가? 아니면, 뭔가 완벽한 작품을 만들어야 한다는 압박감에 얼어붙고 말 것인가?

완벽! 듣기에는 너무도 멋지지만, 내 어깨에 너무도 무거운 짐을 얹어놓는다. 완벽한 메모를 작성하거나, 완벽한 요리를 해내거나, 완벽한 선물을 찾는 등의 의무를 절절히 느낀다면, 그런 임무는 필요 이상으로 무거워지며 거기서 느낄 수 있을 즐거움조차 모두 빼앗아버린다.

그러니 무슨 일이든 좀 더 '가볍게' 하자. 완벽함이 아니라 '충분히 훌륭함'을 목표로 삼자. 물론 원고를 교정하고 있다든지 수술을 하고 있다면야, 완벽함은 목적으로 삼을 만한 가치가 있다. 그러나 우리가 하는 일의 대부분에는 완벽이 꼭 필요하지도 않고 기대할 수도 없다. 그러니까 우리는 만사를 완벽하게 하려고 개선하고 세련되게 만드느라 노심초사하고 녹초가 되지만, 다른 사람들은 그걸 눈곱만치도 알아주지 않고 신경도 안 쓴다.

우리가 하는 일에 항상 긍지를 갖고 최선을 다해야 한다는 사실에는 의심의 여지가 없다. 그러나 일단 결과가 존경받을 정도에 이르면, 더 나아가 완벽에 이르기 위해 자신을 혹사하는 데는 별로 의미 없는 경우가 많다. 그렇게 허비하는 가외의 시간과 노력은 스트레스만 키울 뿐, 보상은 거의 없다.

사실 완벽을 향한 우리의 추구는 때로 순전히 자신을 쇠약하게 만들 수 있다. 목표를 지나치게 높이 잡아서, 도저히 그걸 이룰 수 없다는 자괴감만 든다. 내가 요령이 없거나 재주가 모자라거나 창의성이 넉넉지 못한 걸까 하는 걱정을 하면서, 벌여놓은 일에 완전히 압도되고 위축되는 것이다. 이쯤 되면 열정을 품고 덤벼들기는커녕, 우물쭈물 미루면서 훌륭한 성과를 낼 수 있는 시간만 축내고 만다. 그러다 최악의 경우엔 아무것도 이루지 못한 채 끝나는 것이다.

'충분히 훌륭함'을 내가 포용하게 되면, 훨씬 더 열정적으로 힘든 과제에 임하게 된다. 완전무결하진 않더라도 남부끄럽지 않은 성과를 낼 수 있다는 자신감을 느낀다면, 그걸로 충분하다. 시시콜콜한 세부사항 때문에 안절부절 애태우는 대신, 더 빠르고 더 수월하게 일을 마무리하게 되니까.

최근 몇 년 사이에는 소셜 미디어가 완벽을 추구하는 개인의 기대치를 상당히 높여버렸다. 비교의 대상도 가족이나 친구나 이웃이 아니라, 그야말로 온 세상과 견주도록 만든 것이다. 그리하여 누구나 다 '완벽한' 케이크를 만드는 것 같고, '완벽한' 앙상블을 입는 것처럼 보이며, 모두가 '완벽한' 부모인 것 같고, 그걸 증명하기 위해 '완벽한' 사진까지 찍는 것처럼 느껴질 정도다.

하지만 우리가 그처럼 세심하게 '큐레이트'된 이미지에서 놓치고 못 보는 것이 있으니, 그런 이미지를 무대에 올리는 데 쏟았던 노력과 그것을 둘러싼 불완전의 모습이다. 다할 나위 없이 완벽한 저 마카롱에서 카메라를 움직여, 그 뒤에 있는 세 개의 망가진 마카롱을 봐야 한다. 카메라 렌즈를 완벽하게 정리된 저 옷장에서 뒤로 빼내 마룻바닥에 흩어진 옷들을 봐야 한다. 완벽함이란 유행하는 스타일에 맞출 수는 있지만, 오래 지속되는 경우는 극히 드물다.

반면, '충분히 훌륭함'을 목표로 삼게 되면, 나는 위에서 말한 비현실적인 기대치를 모두 벗어던질 수 있다. 내 가족이 원하는 건 사진에 예쁘게 나오는 저녁 식사가 아니란 것, 사장님은 완벽한 보고서를 늦게 받기보다 덜 완벽해도 필요할 때 받기를 원한다는 것, 우리 아이들은 티끌 없이 깔끔한 집이 아니라 나의 관심과 사랑을 원한다는 것 등을 깨닫게 된다는 얘기다. 내 삶이 무슨 고상한 기준에 미달하진 않을까 하는 걱정은 집어치우고, 나는 실제로 긴장을 풀고 느긋하게 삶을 즐길 수 있게 된다.

그렇게 되면 나는 어렸을 때 누렸던 열의와 왕성한 기운으로 무장하고서 여러 가지 임무, 다양한 프로젝트, 내가 추구하는 바에 다가갈 수 있을 것이다. 완벽의 압박으로부터 해방되어 기꺼운 마음으로 그림 붓을 들 수 있을 것이다.

＊ '완벽' 따위는 훌훌 떨쳐버려도 좋을 임무를 하나만 생각해내자. 한 달 동안 완벽 대신에 '충분히 훌륭함'을 실험해보고, 누구든 그 차이를 눈치채는지 알아보자.

＊ 완벽함 때문에 무언가 새로운 것, 무언가 도발적인 것을 시도하지 못했던 일이 있는가? 결과에 대한 걱정일랑 접어두고 한번 부딪쳐보라.

＊ 나는 다른 사람들이 완벽하기를 기대하는가? 아내(남편)나 아이들이나 직장동료들의 '충분히 훌륭함'을 기꺼이 받아들일 수 있는 몇 가지 방법을 생각해보자.

전형적인 성공의 벤치마크(전형)를 따라다니는 데서 우리 스트레스의 대부분이 생긴다. 넉넉한 크기의 집, 멋들어진 자동차, 또 한 번의 승진 같은 벤치마크 말이다. 그런 것들을 성취하겠다고 우리는 아등바등하지만, 성취한 다음에도 무언가 허전함을 느끼게 된다. 도대체 왜 그럴까? 그 성공은 대체로 (나 자신이 아닌) 다른 사람들이 생각해내고 정의한 성공이기 때문이다.

그뿐이랴, 성공의 전통적인 모습은 우리에게 더 많은 짐을 짊어지라고 강요한다. 저 으리으리한 집을 갖자면 부득불 은행 대출이며 세금도 더 커지고, 방이 더 크면 거기에 넣을 가구도 더 많아질 수밖에! 저 화려한 자동차는 그에 걸맞게 찬란한 보험료와 유지비를 요구할 것 아닌가! 승진하는 거야 좋지만, 거기에 딸려오는 더 거대한 스트레스와 압박감과 집에서도 놓지 못할 업무량은 어떡하고! 우리는 성공하면 사는 것도 좀 더 쉬워질 것으로 생각하지만, 삶은 한층 더 무거워질 뿐이다.

해결책은 뭘까? 나 자신이 생각하는 좀 더 '가볍고' 좀 더 친절하고 부드러운 성공의 모습이 어떤 것인지 정해야 한다. 어떤 종류의 직업, 어떤 집, 어떤 라이프스타일이 나를 행복하게 만들까, 시간을 두고 곰곰 생각해보자.

날 행복하게 만들 집은 고대광실高臺廣室이 아니라, 오히려 청소하고 유지하고 가구 들이기도 쉬운 아담한 집일지 모른다. 그리고 집집이 철제 대문 굳게 닫힌 사치스러운 부자 동네보다 서로 친하고 편안히 걸어서 돌아볼 수 있는 동네를 선호할 수도 있다. 또 주말에 땀 뻘뻘 흘리며 잔디를 깎기보다 야외로 놀러 나갈 수 있게끔 아파트나 콘도에 살기를 원하는 사람도 있을 것이다.

자동차보다는 자전거나 도보로 출퇴근하면서 더 즐거움을 만끽하는 게 좋을 수도 있다. 자가용을 굴리는 대가로 오일도 교환해야 하고 수리도 간간이 해야 하며 주차하느라 골머리깨나 앓는 것보다는 카 셰어링을 하거나 대중교통을 이용하는 편이 훨씬 즐거울 수도 있고.

직장에서의 승진은 어떤가? 소위 바람직한 '워라밸(일과 삶의 균형)'을 승진보다도 더 값지게 여길 수도 있다. 사람들이 감탄할 직책보다는 오히려 유연한 업무 스케줄을 선호하는 것도 이상하지 않다. 그래야만 맨날 야근하는 일 없이 버스 정거장에서 아이들을 만날 수 있도록 일찌감치 퇴근할 수 있으니까. 내가 생각하는 직업전선에서의 성공이란 것은 꼭 최고경영진에 들어가는 게 아닐 수도 있다. 내가 사랑하는 일을 하면서 모든 비용을 넉넉히 제때 낼 수 있는 것도 성공일 수 있으니 말이다.

성공에 대해 새롭고 개선된 나만의 정의는 뭐든 내가 원하는 것일 수 있다. 훌륭한 부모가 된다든지, 사람들을 돕는다든지, 내가 하는 일에 긍지를 느끼거나, 내가 속한 공동체를 더 좋게 만들거나, 내 건강을 잘 챙기는 것 등이 모두 성공일 수 있다는 얘기다. 그런 목표는 훨씬 더 성취하기 쉬울 뿐 아니라, 내 가치관에 부응하기만 하면 훨씬 더 만족스럽게 된다.

한 걸음 더 나아가, 바깥에서 성공의 척도를 찾지 말고 내 나름의 척도를 만들도록 하자. 성공이란 급여의 크기나 은행 계좌의 잔액으로 측정해서는 안 되며, 소셜 미디어에 의해 측정되어서도 안 된다. '친구' '팔로워' '좋아요' 따위의 숫자는 성공과 눈곱만치도 상관없다. 아니, 그따위 숫자를 추구한답시고 허비하는 시간은 오히려 정말로 중요한 일의 성취를 가로막는 장애가 될 수 있다.

마지막으로, 성공하기 위해서는 반드시 유별난(비범한) 삶을 살아야 한다는 생각을 떨치버리자. 사기를 치거나 농간을 부려 크게 한몫 챙겼다는 사람, 상상도 못 했던 베스트셀러를 써서 큰돈 번 사람, 그밖에 온갖 역경을 무릅쓰고 성공한 사람들의 이야기가 우리의 뉴스 피드를 장악한다. ("당신도 얼마든지 할 수 있어!"라는 유혹까지 곁들여서) 지금 우리가 사는 정보의 시대에 이런 일화는 도처에 널려 있어서, 마치 너나 나나 모두 비범해지기를 갈망해야만 하는 것처럼 느껴질 정도다. 하지만 잊지 말자, 그런 것들은 통상적이 아니라 예외라는 사실을! 친절과 배려와 타인을 위한 봉사로 이루어진 '평범한' 삶도 어느 모로 보든 두말할 나위 없이 성공이라는 사실을!

사회의 기준으로 매긴 성공은 마치 거대한 트로피와도 같아서, 덩치 크고 번들거리지만 들고 다니기엔 고역일 수밖에 없다. 다른 사람들이 보기엔 대단할지 몰라도, 나 자신에겐 억압이 된다. 그러지 말고 나 자신이 정의한 성공을 택하자! 좀 더 '가볍고' 내 인격을 고양해주는 성공, 진정 하늘을 훨훨 날아갈 것만 같이 느끼게 해주는 성공을 말이다.

* 고래 등 같은 기와집이나 권리와 임무가 엄청난 직책 같은 '내가 생각하는 성공' 가운데 어느 하나라도 그 무게로 나를 짓누르고 있다면, 좀 더 가벼운 것으로 그런 걸 대체하는 방안을 곰곰 생각해보자.

* 내가 생각하는 성공의 '스위트 스폿(sweet spot)'을 결정하자. 무슨 말이냐 하면, 나를 가장 행복하게 만들어주는 상황이 뭔지를 알자는 것이다. 남을 위해서가 아니라 나 자신을 위해서 일할 때? 일터에 걸어서 다닐 수 있는 마을에 사는 것? 그런 다음, 그 스위트 스폿을 달성할 수 있는 실행계획을 만들자.

* 어떤 평범한 방식으로(가령 친절하게, 정직하게, 너그럽게) 다들 놀라서 뒤로 나자빠질 만큼 성공할 수 있을까?

힘들이지 않는 행동

'가볍게' 살면, 참으로 놀라운 일이 벌어진다. 내가 온갖 짐에서 해방되면서, 안간힘을 쓰는 모습이 나의 삶으로부터 점점 줄어들기 때문이다. 그렇게 되면 전혀 새로운 '가벼움'의 감각으로 내가 하는 일을 수행할 수 있다. 마치 숨쉬기나 마찬가지로 자연스럽기 짝이 없는 수월하고도 우아한 방식으로 나는 움직이고, 말하고, 일하고, 놀게 되는 것이다.

힘들이지 않고 행동하는 이와 같은 상태는 '무위無爲'라는 이름으로 알려져 있다. 이것은 고대 중국의 철학자 노자老子의 생활 매뉴얼이라고 할 수 있는 〈도덕경道德經〉에서 가장 중요한 개념 가운데 하나다. '무위'라는 것은 행한다는 의식조차 없이 무언가를 행한다는 뜻이다. 역설처럼 들리겠지만, 그건 무슨 일이든 하려고 지나치게 안간힘을 쓰는 대신, 그냥 나의 행위가 물처럼 흘러가게 내버려둔다는 얘기다.

이탈로 칼비노Italo Calvino는 〈어느 스키어의 모험〉이라는 단편소설에서 행위의 그러한 '가벼움'을 재치 있게 보여주고 있다. 스키를 즐기러 온 사람들로 북적대는 슬로프. 아직 스키에는 서툰 소년들이 시끌벅적하게 모여 있다가 하늘색 파카를 입은 한 소녀의 부드러운 움직임을 넋을 잃은 채 보고 있었다. "그녀의 움직임은 하나하나 더할 나위 없이 간결했고 그녀에게 완벽하게 어울렸으며, 그래서인지 과장된 몸짓이라곤 눈곱만치도 없었고, 어떤 마음의 동요나 안간힘을 쓰는 기색도 일절 없었으며, 무슨 일이 있어도 반드시 어떤 동작을 하겠다는 결의 따위는 추호도 내비치지 않았다. 그들은 왜 소녀에게 그렇게 매료되었는지를 설명하고 싶어도 할 수 없었을 테지만, 그들의 마음을 홀랑 빼앗아버린 것은 바로 그런 이유 때문이었으리라."

요란스레 떠들며 어설프게 비탈을 와당탕 내려가던 사내아이들은 조금도 서두르지 않고 평온하면서도 정확하게 옆을 스쳐 지나가는 소녀를 보며 눈이 휘둥그레졌다. "그래, 거기, 형체도 없는 삶의 뒤죽박죽 안에 하늘색 파카의 소녀한테만 흔적을 보여주는 그 내밀한 선, 그 조화가 숨겨져 있었다. 헤아릴 수 없이 많은 가능한 움직임의 혼돈 가운데 소녀는 오로지 올바른 것, 명료한 것, 꼭 필요한 것만을 선택했고, 무한히 많은 헛된 제스처 가운데서 진짜 중요한 단 하나만을 실행했다."

어떤 행동을 억지로 끌어내는 짓을 그만둔다면, 나는 초점을 잃지 않고 물 흐르듯 자연스럽게 그리고 안간힘을 쓰는 일 없이 모든 일을 할 수 있다. 그게 무슨 일이든, 마치 내가 그 일을 위해 태어난 것처럼 말이다. 애써 노력하는 문제가 아니라, 삶을 '가볍게' 하고 집착을 버리는 문제다. 그렇게만 되면 나도 소설 속 그 하늘색 파카의 소녀처럼 자연스럽게, 훌륭하게, 그리고 우아하게 내 인생의 여러 단계를 미끄러지듯 움직여나갈 수 있다.

내면의 빛을 살자

우리 모두 '내면의 빛'을 지니고 있다. 내가 내 삶의 참 목적을 발견한 때 불이 붙는 하나의 스파크를 갖고 있다. 가능한 한 가장 간결하게 말한다면, 그것이야말로 내 삶을 '살 가치 있게' 만들어주는 것이다.

당신의 그 '내면의 빛'을 아직 찾지 못하고 있다면, 좀 더 '가볍게' 사는 것이 도움을 줄 수 있다. 당신의 삶에서 과잉(혹은 잉여) 부분을 제거해주면 놀라운 명료함(명징)을 얻게 된다. 일단 산만하고 흐트러진 상태가 없어지면, 나에게 진정으로 중요한 것이 무엇인지를 좀 더 또렷이 볼 수 있다. 그것을 위해 약간의 공간과 시간을 만들기만 해주면 내 삶의 목적이 어떻게 구체화하는지, 참으로 놀랍고도 신기할 뿐이다.

어떤 것이든 그런 '빛'이 될 수 있다. 어떤 대의명분을 위해 싸우는 것, 질병에 대해 어떤 치료법을 창안하기 위해 노력하는 것, 나의 예술로 세계를 아름답게 만드는 것, 내가 할 수 있는 한 최고의 부모가 되는 것 등등. 그러한 '빛'의 혜택은 나 한 사람을 넘어서서 어김없이 이 세상을, 혹은 다른 누군가의 삶을, 내가 그 안에 있기에 한층 더 밝게 만들 것이다.

일단 나의 '빛'을 발견했다면, 그 빛을 살아가는 데 나의 모든 에너지를 집중해야 한다. 내가 어떤 일을 하든 그 빛을 하나의 '필터'로 활용하자. 이 활동은 내가 나의 빛을 살아가는 데 도움이 되는가를 늘 묻자는 얘기다. 신문 기사를 하나 읽든, 무슨 위원회에 들어가든, 어떤 프로젝트를 시작하든, 상관없다. 맨 먼저 그런 활동이 내 삶의 원대한 미션을 성공적으로 이끌어줄 것인지를 곰곰 생각하자. 그렇게 해주지 못할 임무나 약속일랑 아예 잊어버리고, 그런 커다란 목적에 부합하는 것만 포용하자.

온갖 일들을 다 해내려고 안간힘을 쓰면, 그런 내 노력은 방향조차 잡지 못한다. 그런 노력은 금세 물거품이 돼버리고, 노력했다는 흔적도 거의 남기지 못한다. 그러나 추구하는 단 한 가지에 (내 영혼을 뒤흔드는 그 한 가지에) 나의 에너지를 오롯이 쏟아부을 때, 그걸 성취할 수 있는 잠재력은 그야말로 무한하다.

우리는 대개 '꼭 해야 한다고 생각되는 일'을 하면서 우리 삶을 허비한다. 달리 표현하자면, 우리는 부모나 배우자나 직장 상관이 하라고 시키는 일을 하면서 우리 삶을 보낸다. 하지만 내가 '나의 빛'을 살아간다면, 나는 남들이 나에게 기대하는 일이 아니라, 내가 **숙명적으로 하게 되어 있는** 일을 하면서 일생을 보낼 것이다.

나의 소명을 찾아내고 추구하는 것은 정말 엄청난 일이지만, 그럴 수만 있다면 내 삶은 말할 수 없이 '더 가벼워진다.' 한순간에 내가 매일같이 해야 할 일이 (그리고 하지 않아도 될 일이) 수정구슬을 들여다보듯 명료해진다. 그렇게 되면 나의 대의명분에 도움되지 않는 일에 대해서는 아주 쉽게 'NO!'라고 말할 수 있다. 헤아릴 수 없이 많은 시시콜콜한 일을 하는 대신, 나는 몇 가지 중요한 일에 집중하게 된다.

아니, 그보다 더 중요한 게 있다. 내 삶이 방향을 찾게 되면, 머리를 식히기 위한 오락이 더는 필요 없게 된다는 사실이다. 텔레비전, 쇼핑, 소셜 미디어, 유명인들에 대한 소문과 수다, 그 밖의 게을러빠진 엔터테인먼트가 모조리 매력을 잃고 만다. 내 삶의 대의명분에 하나도 도움이 되지 않으니, 당연하지 않은가! 내 삶의 우선순위는 소비에서 창조로 전환하고, 그 결과 성취감과 만족도는 훨씬 더 크게 느껴진다.

자, 그렇다면, 나의 일상 업무라든가 나날이 해야 할 이런저런 일들은 어떻게 되는가? 그런 일들도 나의 좀 더 근원적인 목적에 쓰이게 된다. 내 머리 위를 가려줄 지붕, 깨끗한 환경, 먹어야 할 음식 등은 나의 웰빙에 필수불가결의 요소 아닌가? 내 궁극의 목표를 달성할 수 있도록 나의 안전과 건강을 지켜주니까 말이다.

그렇게 말해놓고 보니, 나의 커리어(경력)를 나의 소명에 맞추어 조정할 수 있는 여러 가지 방법을 고려해야 하겠다. 가령 내가 속해 있는 분야에 머물더라도 초점을 변환할 수 있을 것이고, 혹은 자선을 베푸는 지위에서 내 전문적인 기술을 활용할 수도 있다. 세상을 바꾸어가면서도 능히 생계를 유지할 수 있다면 가장 좋은 시나리오라 하겠다. 어쨌거나 의미 있는 일을 하면서 하루하루를 보내는 것이야말로 '행복의 성배聖杯 the holy grail of happiness'가 아니겠는가!

나의 '빛'은 나의 삶에 의미를 부여한다. 단순히 몸만 이리저리 움직이는 게 아니라, 내가 하는 모든 일에 '이유' 혹은 '목적'이 생기게 된다. 이제 나의 하루하루가 선물로 다가오며, 나의 열정을 추구할 수 있는 또 한 번의 영광스러운 스물네 시간으로 느껴질 것이다. 나의 생각, 나의 행동, 나

의 존재 그 자체가 그런 목적으로 그득할 때, 나는 긍정의 빛으로 찬란해
지는 느낌에 사로잡힐 것이다.

* 나를 환히 밝혀주는 것은 무엇인가? 음악을 창조하는 것이든, 의술을
  베푸는 것이든, 자원봉사를 하는 것이든 상관없다. 이러한 열정이 어떻
  게 다른 사람들에게 기쁨과 평화와 도움과 아름다움과 친절한 마음을
  가져다주는지 신중하게 고려하자.

* 만약 어떤 활동이나 약속이 나의 '빛'으로부터 시간을 앗아간다면, 그런
  일들을 줄이거나 없앨 방도를 미리 생각해보자.

* 나의 현재 직업은 내가 나의 '빛'을 살아가는 데 도움이 되는가? 그 대
  답이 '노'라면, 내가 취할 수 있는 조치를 생각해보자. 지금과는 다른 지
  위, 책임지고 있는 일의 변화, 커리어 자체의 변경 등, 내 업무를 좀 더
  만족스럽게 만들어줄 조치를 말이다.

넷 :
마음을 가볍게

내 가슴을 억누르고 있는 짐들을 들어내고,
좀 더 깨어 있는 마음으로 내 삶의 여정을 계속하자.
이제부터 읽어나갈 글에 담긴 충고는
당신이 자신의 '에고(자아)'를 뛰어넘도록 도와줄 것이며,
당신의 여러 가지 감정을 침착하고 우아하게
다스리도록 거들어줄 것이다.
당신은 '가볍게' 느끼는 방법과
친절하게 행동하는 방법을 배울 것이며,
어쩌면 이 우주와 좀 더 심오하게
연결되는 방법까지도 배울지 모르겠다.

삶의 풍미를 즐기라

도대체 어떻게 해서 내 삶이 이렇게 무거워졌을까? 미처 느낄 겨를도 없었는데 일터에서는 다섯 가지 새 프로젝트가 생겼고, 내 몸뚱어리는 갑자기 20킬로나 늘어났고, 머릿속에는 헤아리기도 어렵게 많은 걱정거리가 휘돌아다니잖아. 그런데도 어떻게 그런 일이 생겼는지 도무지 알 길이 없다니!

사실 그 '어떻게'에 대한 답은 간단하다. 주의를 기울이지도 않고 하루하루를 정신없이 바쁘게 지나왔기 때문에 그런 거다.

'가볍게' 살고 싶다면, 나는 먼저 이 분주한 걸음부터 멈추고 속도를 줄여 내 삶의 '맛을 보아야' 한다. 그 풍미를 즐겨야 한다. 정신을 바짝 차리고 매 순간 현재에 굳건히 발을 디디고, 좀 더 깨어 있는 마음으로 살아야 한다.

넋을 빼놓고 밥을 먹는다고 상상해보라. 텔레비전이나 인터넷 따위에 정신이 팔려 있다든지 그냥 어떤 생각에 푹 빠져 넋을 놓았다고 말이다. 그러면 내가 먹는 음식이 어떻게 날 만족시킬 수 있겠는가? 그러니 자꾸 더 먹게 되고 하릴없이 뚱뚱해지는 것이다.

이와 꼭 마찬가지로 넋을 빼놓고 살아간다고 상상해보자. 내가 지금 보고 있는 것, 듣고 있는 것, 생각하고 있는 것, 느끼고 있는 것에 집중조차

할 수 없으리만치 바빠 죽을 것 같은 상황 말이다. 그렇다면 나의 하루하루는 절대 나를 만족시킬 수 없을 것이다. 그러니 더 많이 일하게 되고, 더 많이 사게 되고, 더 많은 정보를 소비하게 되고, 내 삶의 무게만 자꾸 더하게 되는 것이다.

반면에, 내가 넋을 놓지 않고 '마음을 챙길' 때면, 나는 나의 하루가 지닌 모든 측면을 즐기게 되고 그것으로 인해 만족감을 누리게 된다. 더는 다른 것이 필요하지 않게 될 뿐만 아니라, 더는 다른 것에 할애할 시간도 욕구도 없게 된다.

예컨대 내가 먹는 음식의 풍미를 즐긴다면, 마음이 흐트러지는 일은 적고 훨씬 더 많이 느끼고 감상하면서 먹게 된다. 천천히 씹으면서 음식의 맛과 질감과 그것이 내 몸에 제공할 영양분을 생각한다. 그리고 나의 위가 뒤를 이어 포만감을 느낄 기회를 부여한다. 이렇게 하여 나는 좀 더 '가볍게' 먹을 수 있는 것이다.

내가 나의 소유물(재산)을 '맛보기' 시작하면, 내 스웨터의 포근함, 내 스마트폰의 다재다능, 내 소파의 안락함 등을 이해하고 즐기게 된다. 이미 내가 가지고 있는 것을 소중히 여기며, 나의 물건들을 대체하거나 업그레이드하거나 더할 필요를 느끼지 않는다. 그러므로 나는 좀 더 '가볍게' 소비할 수 있다.

내가 나의 일을 '맛보기' 시작하면, 그 일의 (양보다는) 질에 집중하고 그것이 직장이나 사회에 공헌하는 바에 초점을 맞춘다. 넋을 잃고 분량만 추구하여 추가적인 임무나 책임을 떠맡아 내 가치를 증명하려는 짓도 하지 않게 된다. 그러므로 나는 좀 더 '가볍게' 일할 수 있다.

내가 나의 여가를 '맛보기' 시작하면, 나는 아이들의 놀이나 남편(아내)의 대화나 숲속의 산책 등에서 기쁨을 누릴 수 있다. 쓸데없는 TV 쇼도, 말초신경이나 건드리는 뉴스도, 소셜 미디어의 게시물도 내 마음이나 내 시간을 채우지 않게 된다. 그러므로 나는 좀 더 '가볍게' 여가를 즐길 수 있다.

내가 나의 여러 감정을 '맛보기' 시작하면, 나는 시간을 들여 그런 감정들을 인지하고, 이해하고, 거기에 대처하는 데 필요한 일을 하게 된다. 그런 감정을 무시하지도 않고, 거기에 집착하지도 않으며, 그걸 덮어버리기 위해 나쁜 짓이나 도락에 의존하는 일도 없게 된다. 그러므로 나는 좀 더 '가볍게' 느낄 수 있다.

자, 그런데, 어디서 시작해야 할지 잘 모르겠는가? 우선, 점심을 먹을 때 컴퓨터를 완전히 꺼버리자. 산책하러 나갈 땐 헤드폰을 벗어버리자. 아이들과 놀 때는 스마트폰을 아예 꺼놓자. 정신을 바짝 집중해서 화면을 스크롤 다운하며 뉴스 확인 따위 하지 말고 일하자. 풍미를 즐기는 것은 '가외의' 일이 아니다. 그것은 좀 더 굳건히 이 순간에 발을 딛고 내가 할 일에 임하는 것이다.

삶의 풍미를 즐기면, 무거운 짐이 내 어깨에서 내려질 뿐 아니라, 사회 전체에 가해지는 무게(부담)도 덜어주는 셈이다. 더 많은 사람이 넋을 빼놓지 않고 먹는다면, 비만도 줄어들 것이고 헬스케어 비용도 내려갈 것이다. 더 많은 사람이 맑고 또렷한 정신으로 소비한다면, 환경이 겪는 아픔도 줄어들 것이다. 더 많은 사람이 마음을 제대로 챙겨서 살아간다면, 우리는 좀 더 평화롭게 느낄 것이며 다른 사람이나 우리를 둘러싼 세상과 좀 더 끈끈하게 이어져 있음을 느낄 것이다.

나는 당신에게 감히 약속할 수 있다. 삶의 맛(풍미)을 한번 보고 나면, 절대로 더 많은 것을 원하지 않을 것이다!

* 더 미루지 말고 오늘, 한 입 한 입 내가 먹는 음식의 풍미를 즐기자. 천천히 먹으면서 음식의 색깔, 그 향기, 그 풍미를 감상하자. 그 재료들을 키우거나 재배했던 농부, 그것이 가능하게 했던 너른 대지와 태양과 비를 생각하자. 그렇게 식사를 하고 나면 훨씬 더 배가 부른 것 같지 않은가?

* 내가 사는 동네 골목을 한 바퀴 걸으면서 도중의 모든 세세한 것에 주의를 기울이자. 눈에 보이는 것들, 들리는 소리, 냄새, 심지어 공기의 (맑고 산뜻한 혹은 축축한 혹은 상쾌한) 느낌까지. 어쩌면 예전엔 전혀 알아차리지 못했던 무언가를 발견할지도.

* 남편(아내)이나 아이나 친구와의 대화를 맛깔나게 즐겨보자. 서로의 눈을 마주 바라보며 (전화를 들여다보거나 생각을 엉뚱한 데로 흘려보내지 말고) 상대가 하는 말에 진짜로 귀를 기울이자. 상대방과 완전히 그 자리에 함께 있다는 느낌을 누려보자.

절제와 신중

'가볍게' 그러면서도 '찬란하게' 살 수 있는 비결이 뭔지 아는가? 그리스어로 '소프로시네sophrosyne'라고 하는 것이 바로 그 비결이다. 이 말을 한 번도 들어본 적이 없다고? 괜찮다, 상관없다. 소프로시네는 인생을 절제된 방식으로 살아가는 데서 기쁨을 찾는 고대 그리스인들의 미덕을 가리킨다. 그 본질만 말하자면 중용, 절제, 적당함을 좀 더 사랑스럽게, 좀 더 넓게 확장한 개념이다.

소프로시네를 철두철미 이해하려면 플라톤의 〈카르미데스Charmides〉와 〈국가The Republic〉를 읽어봐야 하겠지만, 여기서는 내 나름의 해석을 제시하면서 그것이 어떻게 좀 더 '가볍게' 사는 데 도움을 주는지를 알려줄까 한다.

내가 이해하는 바의 소프로시네라는 것에는 주로 '마음 챙김, 자기통제, 조화'라는 세 가지 측면이 있다.

'절제'라는 것을 이해하기 힘들어하는 사람들이 적지 않다. 그 개념 자체가 워낙 모호하기 때문이다. 우리 자신에게 넉넉한 재량권을 부여하고 "절제가 있었기에 봉지 안의 과자를 다 먹지 않고 반만 먹었지."라고 말하고 싶지 않은가. 절제는 소프로시네의 '자기 컨트롤(스스로 조절)' 부분이다. 하지만 그건 흔히 자기 부정否定으로 느껴진다.

소프로시네가 반짝반짝 빛나는 것이 바로 이 지점이다. 이 '자기 컨트롤'에다 마음 챙김과 조화를 얹어주면, 절제는 한결 더 실행 가능하고 즐거운 것이 된다.

넋을 잃지 않고 마음을 챙기면, 절제는 각 개인의 것이 되어 대충 어림짐작할 필요가 없어진다. 내가 가진 것이 언제 충분한지를 능히 아는 상태가 되기 때문이다. 넋을 놓고 봉지에 든 감자 칩을 먹어대는 대신, 한 웅큼만 먹어도 만족하니까 더 먹을 필요 없다는 것을 깨닫는다. 그러니까 내가 어디쯤에서 (설탕을 너무 많이 먹거나 물건을 너무 많이 사들이거나 TV를 지나치게 많이 보는 등) 탐닉에 빠지는 경향이 있는지를 인지함으로써 '지나침'의 영역에 발을 디디기 전에 스스로 경계하는 것이다.

자기 컨트롤은 충분할 때 멈추는 것이다. 즉, 마음 챙김이 언제 멈춰야 하는지를 아는 것이라면, 자기조절은 실제로 멈추는 행위다. 그러니까 욕망이 나를 통제하게끔 놔두지 않고 내가 욕망을 통제하는 것이다. 습득하면 기막히게 훌륭한 기술인데, 처음에는 거부할 수 없는 것들에 대한 접근 자체를 제한하도록 도움을 준다. 예를 들어볼까. 내가 단 음식을 너무 많이 먹지 않으려고 노력하고 있다면, 아예 단 것을 집에 두지 말아야 한다. 빵집이나 식당에 갈 때만 단 것을 즐기면 되니까. 그렇게 하면 끊임없이 유혹과 싸울 필요는 없어진다.

조화(하모니)는 충분하기만 하면 행복해하는 마음이다. '절제'를 실행할 때 왠지 궁핍하다고 느끼는 게 아니라, 균형이 잡혀 있고 흡족하다고 느끼는 것이다. 가령 물건을 더 사서 소유하는 것보다 공간과 돈을 절약하는 것에서 더 많은 즐거움을 얻는 것처럼 말이다.

그렇다면 소프로시네는 내가 아침 식사로 도넛을 '먹을 수 없어서' 슬퍼하는 것이 아니라, 내가 훨훨 날 것처럼 기분이 좋아지기 때문에 건강한 음식을 먹는 것이다.

소프로시네는 어떤 패션 블로거가 제안한 트렌디한 옷을 입고 싶어 안달하는 것이 아니다. 그것은 나의 아담한 캡슐 옷장과 그 넉넉한 공간을 사랑하는 마음이다.

소프로시네는 마지못해 억지로 TV를 끄는 것이 아니라, 내가 좋아하는 활동을 위한 '엑스트라' 시간이 생겼다고 짜릿한 기쁨을 느끼는 것이다.

소프로시네는 정리해서 버리는 물건마다 애통해하는 마음이 아니라, 안도의 한숨을 내쉬면서 '과잉' 물품을 훌훌 떠나보내는 마음이다.

소프로시네는 절제해야 한다는 의무감으로 절제를 선택하는 게 아니라, 그것이 심오한 기쁨과 만족을 가져다주기 때문에 절제하는 것이다.

소프로시네를 실천하는 것은 내 모든 생각과 가치관과 행동이 나란히 줄을 맞추고 조화를 이루어, 마치 아주 섬세하게 튜닝을 마친 악기처럼 되는 것이다. 그뿐인가, 소프로시네는 마치 현악기의 줄을 뜯어 나오는 아름다운 선율처럼 바깥세상의 구석구석까지 퍼져나가서, 내가 자연과 더불어 (그리고 다른 모든 사람과 더불어) 조화롭게 살아가도록 도와주기까지 한다.

좋은 일도 지나치게 많으면 나를 무겁게 짓누를 수 있다. 너무 좋은 것만 먹다가 몸무게 늘고, 너무 좋은 것만 추구하다 빚이 늘고, 어떨 땐 너무 좋아하다가 중독되기까지 하니까. 소프로시네는 좋은 것이라도 딱 적당한 만큼만 누리는 것이다. 그래서 내 삶과 내 몸과 내 영혼을 '가볍게' 유지하면서도 즐거움과 만족을 선사한다.

＊ 넋을 놓지 말고 깨닫자. 내가 어디서 탐닉에 빠지는지, 언제 '충분함'에서 '지나침'의 영역으로 넘어가는지. 가령 쿠키 다섯 개 이상, 혹은 폭음하듯 TV 몰아보기 세 시간 이상?

＊ 죄책감을 느끼면서도 즐기는 일을 좀 더 적당한 선까지만 즐길 계획을 세우자. 단 것은 주말에만, 웹 서핑은 최대 한 시간까지만, 혹은 술은 딱 한 잔까지만.

＊ 소프로시네를 실천함으로써 내가 더 건강해지고 행복해지며 금전적으로도 더 건전해질 수 있는 몇 가지 다른 방법을 연구해보자.

선禪을 실천하라

'가벼움'의 존재를 신봉하고 지지하는 철학이 있다면, 그것은 불교의 선종禪宗이리라. 선은 나의 생각, 욕망, 소유, 기대, 그 외 일체의 애착을 다 버리라고 격려한다. 그래야만 내가 물질적인 삶의 온갖 시련과 고난을 극복할 수 있다는 것이다.

만물은 영속하지 않고 덧없다는 것이 선의 가르침이다. 지금 사물이 존재하는 방식, 또는 우리가 희망하는 사물의 존재 방식에 찰싹 붙어 기대지 말고 변화를 기꺼이 받아들여야 한다는 것도 선의 가르침이다. 그러니까 '일단 모든 것이 떨어져나가면, 무엇이든 가능해진다'는 장엄하고도 역설적인 '텅 비어 있음'의 잠재력이 선의 핵심에 자리 잡고 있다.

선은 교조敎條(도그마)와 의식儀式으로부터 자유롭다. 선은 고요히 앉아서 깨달음의 경지에 이르고자 하는 행위, 즉, 좌선坐禪을 중심으로 행해진다. 명상은 마음을 차분하게 가라앉히고 지금의 이 현재에 집중할 수 있게 도와준다. 그렇게 함으로써 나의 본질적인 속성을 깨닫고 우주와 하나됨을 인지할 수 있게 된다.

그 목적은 삶에서 달아나는 것이 아니다. 오히려 이처럼 한껏 높아진

각성(깨우침)을 나의 일상생활 속으로 가지고 들어오려는 것이다. "걷고 있을 땐 걷는 데에만, 먹을 때는 먹는 것에만 집중하라." 평범한 세속의 일을 하고 있을 때조차도, 넋을 잃지 말고 '지금, 바로 이 현재'에 마음을 두고 살아야 할 일이다. 선은 뭔가 특별한 기회를 위한 것이 아니요, 깨달음에 이르기 위해서 매일 걸어야 할 길이다. 선은 우리가 하는 모든 일이 (심지어 채소를 다듬는다든지 마룻바닥을 훔치는 일조차도) 좀 더 명상적이고 의미 있는 것으로 느껴지게 만든다.

그뿐이 아니다. 선이 가져다주는 혜택은 나로부터 세상을 향하여 물결처럼 밖으로 퍼져나가기도 한다. 내가 내면의 평화를 이룩할 때, 그 평화는 다른 사람들까지도 따뜻하게 비춰주는 것이다. 내가 인류와 이어져 있고 우주와 연결되어 있음을 이해할 때, 내 마음엔 모든 존재를 향한 사랑과 연민의 정이 가득할 것이다. 그리고 그들을 돕기 위해, 그들을 해치지 않기 위해, 내 능력이 닿는 한 뭐든지 할 것이다. 이거야말로 사랑스럽고 흡족하며 대단히 평온한 삶의 방식이 아니겠는가!

평정심

드라마는 삶에 향신료가 될지도 모르지만, 내 삶을 저 바닥까지 끌어 내릴 수도 있다. 평정심을 배양함으로써 침착함을 잃지 않고 앞으로 나아 가는 편이 더 나을 것이다. '평정심平靜心 equanimity,' 참으로 아름다운 말이 아 닌가! 그것은 아무리 난감한 상황에서도 침착하며 차분하다는 뜻이다. 다 시 말해서 감정의 롤러코스터를 타는 일 없이 조용하고 안정된 마음으로 인생의 모든 단계를 밟아나간다는 의미다.

물론 나도 안다, 말처럼 쉽지는 않다는 것을. 어떨 땐 무슨 일을 놓고 야단법석을 떨지 않을 수 없으니, 뭐, 어쩌겠는가. 그렇지만 그 뒤에 따라 오는 걱정, 눈물, 다툼 등은 이미 내가 지고 있는 짐 위에 또 짐을 얹는 것 이니, 그걸 감내해야 할 필요가 있겠는가. 사소한 사건이라도 그냥 놔두면 본격적인 큰 싸움으로 번질 수 있고, 나쁜 피는 언제까지나 내 곁을 서성 일 수 있다. 약간의 평정심만 발휘한다면, 이러한 상황들을 애초에 꺾어버 릴 수 있고, 손을 쓸 수도 없으리만치 그런 일이 똬리를 틀며 내 삶을 아주 복잡하게 만들어버리는 일도 미리 막을 수 있다.

가장 먼저, 지나치게 예민하면 안 된다. 만사를 감정적으로 받아들인 다면, 스트레스만 높다랗게 쌓아 올릴 뿐이다. 그런 일들 때문에 짜증을 내 지 말고, 그냥 그 일이 지나가도록 놔두고 내 나름으로 계속 살아나가자.

속는 셈 치고 다른 사람들을 믿어보자. 행여 누가 톡 쏘아붙이는 말을 하더라도, 그건 나를 향한 공격이 아니라 일진 사나운 하루를 겪었기 때문일지 모른다. 다른 사람들도 그들 나름의 힘든 문제와 씨름하고 있다는 사실을 잊지 말고, 그들에게도 약간의 여유를 주도록 하자.

대응하기 전에 약간 뜸을 들이고, 말하기 전에 생각하는 버릇을 들이자. 그저 몇 분의 인내, 혹은 두어 번의 심호흡이 심각한 싸움으로 번지는 일을 막아줄 수 있다. 짧은 생각으로 내뱉은 말이 상황을 악화시킬 수 있으니, 혀를 가볍게 놀리지 않음으로써 상황이 험악해지지 않도록 조심하자.

친절하게 행동하고, 맞서서 으르렁대기보다는 공감을 택하자. 상냥한 한 마디나 도움이 되는 행위는 거의 모든 상황을 긍정적인 것으로 뒤바꿀 수 있기 때문이다. 나의 제스처에 배려심이 물씬 느껴지면 적대감을 가진 사람조차도 깜짝 놀라서 경계심을 풀지 모른다.

만사를 큰 시야로 긴 안목에서 바라보자. 오늘 내가 겪는 최대의 위기도 십중팔구 세상의 종말을 뜻하는 것은 아니다. 아니, 한 주일, 한 달, 한 해만 지나면 이 위기를 기억이나 할까? 그 점을 곰곰 생각해보자.

원한을 품지도 말고 복수를 맹세하지도 말자. 누군가가 나에게 잘못을 저질렀다 하더라도, 부정적인 정서를 품는 것은 불난 데 부채질하는 꼴이어서, 내 분노의 대상이 아니라 나 자신에 더 해를 끼친다. 부글부글 속을 끓이며 복수를 꾀하지 말고, 용서하고 잊어버리도록 하자.

그리고 무슨 일이 있더라도 극적인 사건을 찾아다니진 말자. 우리는 때로는 (자신의 문제와 맞닥뜨리는 것을 피하기 위해서인지 몰라도) 다른 사람들의 일에 괜히 끼어들곤 한다. 그러나 나 자신의 일에만 신경 쓰고 남의 일에는 일절 관여하지 않을 때, 나의 삶은 한결 '가벼워지는' 법이다. 만약 그들이 나의 도움이 필요하다면, 직접 와서 부탁할 것이다.

갈등과 선정주의를 먹고 자라는 문화에서 평정심이란, 말하자면 '잊어버린 예술'이라고나 할까. 사람들은 자기를 비판하는 이에게 지체하는 법 없이 발끈해서 쏘아붙이거나 불평을 털어놓기 일쑤다. 특히 자판기를 두드리고 있을 땐 더더욱 그렇다. 불행하게도 그러한 상호작용은 부메랑이 되어 돌아와 우리를 괴롭힌다. 그럴 게 아니라, 먼저 '잠시 중단' 버튼부터 누르자. 내가 좀처럼 동요하지 않는 성격이 될수록, 내 인생은 한층 더 '가볍고' 행복해질 것이므로.

평정심을 갖는다고 해서 냉정하고 거만한 인간이 된다든지 감정이란 감정은 모조리 꽁꽁 묶어버린다는 뜻은 아니다. 그것은 어떤 상황을 누그러뜨려서 머리 아프고 가슴 아프고 침울하고 애통해하는 사태를 막기 위하여 약간의 '자기통제(자제)'를 실천한다는 의미다. 즉, 미끼를 덜렁 물어버리는 게 아니라 우아하고 차분하게 대응함을 뜻한다.

긴장이 자꾸 높아질 땐 어떤 반응을 하기 전에 반드시 '가볍게'를 생각하자. 마음의 평정을 유지하도록 최선을 다하자. 설사 그렇게 하기 위해선 혀를 꽉 깨물거나, 컴퓨터를 '로그 오프' 하거나, 그 자리를 박차고 떠나야 한다손 치더라도 말이다. 꾸준히 연습한다면, 누구도 따라올 수 없는 침착을 유지하고 지저분한 싸움질을 초월하는 튼튼한 마음의 힘을 키울 수 있다.

✳ 지금 나는 어떤 쓸데없는 드라마에 개입되어 있지 않은가? 가령 직장에서의 경쟁이라든가 게시판에서 벌어지고 있는 말싸움 같은 것? 그렇다면 그 상황에서 빠져나올 계획을 수립하고, 앞으로는 그러한 드라마를 웬만하면 피하도록 하자.

✳ 어떤 상황이 벌어졌을 때 내가 지나치게 반응하는지 생각해보자. 그리고 다음에 그런 상황이 되었을 때 어떻게 좀 더 침착하게 대처할 것인지도 생각하자.

✳ 평정심의 롤 모델을 택하자. 할머니도 좋고 달라이 라마도 상관없다. 다음번 내가 격정의 가장자리에 섰을 때, 그분이라면 비슷한 상황에서 어떻게 대처했을까를 곰곰 생각해보자.

헤아릴 수 없이
많은
우주를 앞에 두고
내 영혼이
냉정과 침착을
잃지 않게 하라.

월트 휘트먼

'가볍게' 느끼기

노여움, 죄의식, 슬픔, 두려움, 걱정 따위로 억눌리고 있다는 느낌을 한 번이라도 가져본 적이 있는가? 그런 감정들은 나의 나날을 어둡게 만들고 나의 영혼을 침체시킬 수 있다. 그런 것들이 어찌나 나를 눌러대는지 내가 거의 제 기능을 발휘하지도 못하는 경우가 더러 있다.

그래도 기쁜 뉴스가 있으니 들어볼까. 그런 감정들을 그냥 놓아버리기만 하면, 나는 훨씬 더 '가볍다는' 느낌이 들 수 있단 얘기다. 옷이며 도구며 시시콜콜한 장식품 등, 여기저기 쌓인 잡동사니 물건들을 없애버린다면, 그건 실제로 애착을 포기하는 일이다. 어떤 물건인지를 확인하고 그 유용성을 평가해서 내 삶에 그것이 필요한지를 결정하는 거다. '이건 내가 전혀 사용하지 않는 냄비로군' '이 드레스는 거의 입는 일이 없어' 하는 식으로 말이다. 이런 물건들에 집착하는 대신, 속 시원히 떠나보내는 것이다.

내면의 잡동사니(그러니까 나를 좌절시키는 온갖 부정적인 감정들 말이다)에 대해서도 위와 같은 '비 애착'을 같은 식으로 실천할 수 있다. 아침에 출근할 때부터 피가 거꾸로 솟구치기 시작하면, 가만 멈추어 서서 생각해보자. "가만있거라, 교통체증에 묶여 오도가도 못 하니까 화가 치미는 거지. 하지만 내가 화낸다고 상황이 나아질 리도 없고, 오히려 내 몸만 딱딱해지고 운전만 위험해지잖아. 이런 감정 내려놓고 숨 좀 내뱉어야 되겠군."

혹은 내가 오매불망 그토록 원했던 승진을 옆의 동료가 차지해버렸을 땐, 이렇게 다스리자. "이거, 저 친구가 성공했다고 내가 질투하고 있는 거 맞지. 이런다고 내가 뭘 성취하는 데 도움 될 것도 아니고, 되레 비참한 생각만 들어. 생산적이지도 않고 말이야. 이런 감정 버리고 지금부터 내가 취할 수 있는 옵션이나 따져봐야겠어."

이러한 감정을 꽉 움켜쥐고 있으면 무슨 소용이 있겠는가? 마음을 활짝 열어젖히고 그런 정서는 떠나보내자.

내가 지닌 물건들과 꼭 마찬가지로 내 여러 가지 감정도 나의 일부가 아니다. 그냥 어떤 상황에 반응하여 일시적으로 생기는 느낌에 불과하다. 그러므로 내 느낌이 '가벼워질' 때는 그 감정을 잘 인식할 수 있고, 몸소 경험할 수도 있다. 때로는 아주 절절하게. 그러나 그런 감정에 집착하지 말고 자연스럽게 떨어져 나가도록 놔두는 편이 좋겠다.

그것은 마치 영화관의 스크린 위로 흘러가는 내 감정들을 지켜보는 것과 같다. 그러니까 그런 감정이 나타나면 알아보는 것이다. "자, 여기 죄의식이 등장하는군," "저 뒤쪽 배경에 있는 건 걱정 근심이잖아?" 하지만 나는 어떤 화면을 정지시키거나 자꾸만 리플레이하는 대신, 그런 감정이 자연스레 흘러가서 천천히 퇴장하도록 내버려둔다.

'가볍게' 느낀다고 해서 부정적인 감정들로부터 자기를 격려하는 것은 아니다. 단지 정신을 똑바로 가다듬어 그런 감정을 인지한다는 것이다.

그런 감정과 인사를 나누고, 어떻게든 그것과 대처하고, 거기 집착하지 않고 작별을 고하는 것이다.

'가볍게' 느낀다는 것은 물 흐르듯 유연하게 느낀다는 얘기다. 나의 감정들이 꼼짝 못 하고 꽁꽁 묶이는 대신 맘대로 밀려오고 쓸려나갈 수 있도록, 내 마음의 모든 통로 혹은 길을 활짝 열어젖히는 것이다.

물론 떠나보내기가 쉬운 감정도 있고 그렇지 않은 감정도 있다. 아주 오래 가거나 깊이 각인된 정서에 대해서는 추가적인 조치를 하는 편이 적절할지 모르겠다.

그 한 가지 전략은 그런 감정들을 털어놓고 이야기하는 것이다. 믿음이 가는 친구나 치료전문가에게 속내를 완전히 털어놓은 것은 그런 감정을 떠나보내는 대단히 효율적인 방법이 될 수 있다. 내가 어떻게 느끼고 있는지, 왜 그렇게 느껴지는지, 그걸 극복하고 앞으로 나아가려면 뭣이 필요한지, 등을 정확하게 써내려가자. 내가 내 감정을 명료하게 밝힌다면, 그것을 좀 더 객관적으로 보게 되고 그런 감정으로부터 훨씬 더 수월하게 벗어날 수 있다.

불쾌한 감정을 떨쳐버리는 첫걸음은 바로 그런 감정에 환한 빛을 비추는 일이다. 그런 감정을 종이 위에 쓰거나 다른 사람과 나눈다면, 그 무거운 부담을 조금이나마 덜어내고 곧장 가벼움과 안도의 느낌을 누릴 수 있다.

고대 이집트 사람들은 사람이 죽은 다음엔 그 마음의 무게를 잴 수 있다고 믿었다. 그리하여 그 마음이 깃털처럼 가벼우면 사후에도 영원한 지복^{至福}이 허락된다고 했다. 나는 내처 이렇게 믿고 싶다, 지금의 내가 좀 더 '가벼운' 마음일 수만 있다면 내가 살아 있는 바로 이 현세^{現世}에서 가없는 행복을 누릴 수 있다고!

* 내 가슴을 지긋이 억누르고 있는 감정의 정체를 파악하자. 그런 다음 어째서 그런 감정이 생겼는지 알아내자. 가령, 어떤 약속을 어겼기 때문에 죄책감을 느끼고 있다든지, 지나간 어떤 사건 때문에 지금 화가 나 있다든지.

* 그 감정을 떨쳐버리기 위해선 어떤 조치를 취해야 하는지 결정하자. 사과를 해야 하나, 뭔가를 수정해야 하나, 아니면 치료전문가를 찾아 가야 하나?

* 매일 한 번씩 나의 감정들을 인식하고 떠나보내는 연습을 하자. (너, 두려움이구나, 안녕? 이렇게 날 찾아와줘서 고마워. 하지만 내 말 들어, 이제 넌 가야 한다구.)

'가볍게' 말하기

말이란 참으로 강력하다. 말은 뭔가를 불러일으킬 수 있고 선동할 수도 있으며, 어루만져 위로할 수도 있고 콕콕 찔러댈 수도 있는가 하면, 치료할 수도 있고 해를 끼칠 수도 있다.

그러므로 우리는 말을 내뱉기 전에 신중하게 생각해야만 한다. 부주의하거나 남의 맘을 상하게 하는 말을 일단 해버리면, 대화를 나눈다고 해서 항상 해소되고 없어지는 것이 아니다. 그런 말은 마음속에 맴돌며 남아서 우리 삶에 상당한 짐이 되고 우리의 나날을 복잡하게 만든다. 아무리 후회해도 소용없다, 결코 입 밖에 내지 말았어야 했던 말은 다시 주워 담을 수 없다.

내가 하는 말이 해로운 것은 아닐지라도, 그냥 말을 너무 많이 하는 경우도 더러 있다. 어색한 침묵의 시간을 메꾸어야 한다는 느낌이 들어, 낯선 사람한테 내 살아온 이야기를 한다든지 별로 중요하지도 않은 이야기를 늘어놓거나 혹은 무심코 대화를 좌지우지하기도 한다. 말을 너무 많이 하면 다른 사람들이 흥미를 잃을 위험성도 있고, 내가 해야 할 말이 하찮게 들릴 수도 있다.

위와 같은 문제들은 '가볍게' 말함으로써 피할 수 있다. 즉, 사용할 단어와 말하는 때와 장소를 극히 신중하게 선택하는 것이다.

이슬람의 작은 종파 가운데 하나인 수피교 격언에 이런 것이 있다. "무언가 말하기 전에는 반드시 세 가지를 스스로 물어봐야 한다. 첫째, 내가 하려는 말은 진실인가? 둘째, 그것은 친절한 말인가? 마지막으로, 꼭 해야 할 말인가?"

(1) **내가 하려는 말은 진실인가?** 다른 무엇보다 먼저 남 얘기하는 것(가십)은 피하자. 소문이란 것은 엉터리일 수도 있을뿐더러, 당사자가 없을 때 험담하는 것은 무례한 짓이다. 과장하는 버릇도 없애자. 남편(아내)이 식기세척기 비우는 일을 깜빡 잊었다고 해서 "집안일이라고는 하나도 도와주는 법이 없어!"라고 말하면 안 된다. 혹은 아이가 수학 시험을 잘못 봤다고 해서, 크면 휴지 줍는 일이나 할 거냐고 으르렁대서도 안 된다. 그리고 내가 전달하려는 정보의 정확성을 항상 검증하자. 그저 주변의 소문으로 들었거나 인터넷에서 본 얘기라고 해서 그게 반드시 옳다는 법은 없다.

(2) **내가 하려는 말은 친절한가?** 친절하게 배려하는 말이 아니거든, 차라리 아예 아무 말도 하지 말라는 것은 우리 모두 어릴 때 배웠던 교훈이다. 증오로 넘치거나 남을 해코지하는 말에서 뭔가 좋은 일이 생기는 법은 절대 없다. 도움 될 만한 틀 안에서 할 수 있는 말이 아니라면, 비난한다든지 남을 고치려 든다든지 남을 평하는 이야기는 자제하는 게 좋다. 그리고 너무나 당연한 노릇이지만, 내 말로써 상대와 싸우거나 대치해서도 안 된다. 어떤 문제든 부드럽고 외교적인 언어를 사용한다면 훨씬 더 수월하게 해결할 수 있으니까.

(3) **내가 하려는 말은 꼭 필요한가?** 모든 이슈에 관해서 내가 어떤 의견을 가지고 있다고 해서 반드시 온 세상이 그 의견을 듣고 싶어 한다는 뜻은 아니다. 그러므로 업무에 관해 아내(남편)한테 불평을 늘어놓거나, 칵테일 파티에서 열심히 자기주장을 해대거나, 여동생한테 최근 연예인 스캔들을 귀가 아프도록 쫑알거리기 전에, 잠시 숨을 고르고 내가 하려는 이야기가 정말 꼭 필요한지 곰곰 생각해보자. 한창 진행되고 있는 대화에 무언가 가치 있는 이야기를 더해줄 수 있을 때를 위해 필요한 말들을 차곡차곡 저장해두자.

반드시 기억하자. 내뱉지 않는 편이 차라리 나은 말들도 있다! 우체국에 갔더니 기다리는 줄이 엄청 길다고 해서 짜증을 표출하는 (그리하여 모두를 불편하게 만드는) 사람이 되어선 안 된다. 저녁 식사하는 자리에서 오늘 하루 일진이 참 고약했다고 떠벌리기 전에, 차분히 생각해보자, 우리 가족이 함께 좀 더 평화로운 시간을 갖고 싶어 하는 것은 아닌지.

사람들과 대화할 때도 그렇지만, 인터넷에서도 마찬가지로 '가볍게' 말하도록 하자. 트위트를 하거나 블로그에서 댓글을 달거나 온라인 포럼에 참가할 때도 위에서 말한 여러 가지 '걸러내기의 비결(필터)'을 사용하자. 적대감에 사로잡혀 직접 얼굴을 맞대고 이야기할 때보다도 더 무례하거나 더 경솔해지려는 유혹을 거부하자. 그리고 지금 내가 올리는 글은 영원히 인터넷에 남을지 모른다는 점을 꼭 명심하자.

내가 '가볍게' 말하면, 참으로 놀라운 일이 일어난다. 즉, 나 자신이 진짜 귀를 기울일 수 있게 된다. 내 생각과 의견만 표출하는 게 아니라, 다른 사람의 생각과 의견을 듣게 된다는 얘기다. 내가 새로운 지식을 얻고 새로운 관점을 배우며 어떤 이슈의 (내가 몰랐던) 반대쪽도 이해하게 된다. 그리하여 나는 더 좋은 엄마(아빠)가 되고, 더 좋은 남편(아내)이 되며, 더 좋은 공동체 참여자가 되어, 나 자신의 삶은 말할 것도 없고 주위 모든 사람의 삶까지 '가볍게' 만들어준다.

* 내가 참여하고 있는 대화를 좀 더 잘 인지하고 문제점이 있다면 정확하게 끄집어내자. 나는 남이 말하는 중간에 끼어드는 타입인가? 불평하고 비난하는 경향이 있는가? 혹은 거들먹거리며 내 주장만 늘어놓는가?

* 내가 좀 더 '가볍게' 말할 수 있는 몇 가지 구체적인 방법을 생각해보자. 가령 직장동료들과 가십을 주고받는 짓을 멈춘다든지. 남편(아내)한테 잔소리 늘어놓는 버릇을 없앤다든지.

* 다음에 다른 사람의 블로그에 댓글을 달거나 온라인 포럼에 참가할 기회가 오면 그땐 아주 신중하게 말을 골라서 하자. 어떤 사람과 직접 대면했을 때 차마 하지 못할 말이라면 절대로 그런 댓글로 쓰지도 말자.

마음이 가볍다면
어찌
하늘이 무거울 수
있겠는가!

찰스 처칠

걷기

몸과 마음과 영혼이 좀 더 '가볍기'를 원하는가? 그렇다면 걷는 습관을 익히자. 세상에서 가장 하기 쉬운 일이 걷기다. 집 밖으로 나서서 그냥 한 걸음 내딛기만 하면 된다.

걷는다는 것이 왜 그처럼 신비로울까?

걸으면 내 기분(무드)이 곧바로 좋아진다. 죽치고 앉아 있던 의자에서 일어나 상쾌한 공기 속으로 들어간다는 자체가 나의 웰빙에 기적을 일으키는 것이다.

걷기는 분주했던 하루에서 한숨 돌리는 일이다. 한꺼번에 몇 가지를 해내겠다는 '멀티태스크'의 욕구를 물리치자. 다시 말해서 이리저리 걸어 다니고 있을 땐 업무 관련 전화를 아예 받지 말라는 얘기다. 온갖 근심들 일랑 남겨두고 (비유적으로든, 진짜로든) 잠깐이라도 좋으니 걸어서 어디론가 가버리자. 돌아올 때쯤이면 원기를 되찾고 마음의 균형도 회복되었다는 느낌이 들 것이다.

걷기는 나의 시야를 넓혀주고 나의 관점을 바꾸어준다. 널찍한 세계 속으로 들어가 보면, 집이나 직장에서 큼직하게 다가왔던 이런저런 골칫 거리들이 왠지 사소하게 보인다. 내가 도회지에 살고 있다면, 눈에 띄는 다른 이들에 비해서 내 문제는 '새 발의 피'처럼 될지도 모른다. 혹은 내가 대자연 안에 들어와 있다면, 그 장엄한 주위 광경에 나의 문제들은 시시한 것으로 변할 수 있다.

걷기는 나를 대지에 가깝게 해준다. 발을 땅에 닿게 하는 그 과정이 나를 가상현실에서 끄집어내 진짜 현실로 데려가는 것이다. 무슨 스크린을 쳐다보는 게 아니라 현실의 저 먼 곳을 응시하면, 과연 인간이란 어떤 존재인가에 대해 다시금 초점을 맞출 수 있게 된다.

걷기는 내 마음을 깨끗이 해주고 하나의 훌륭한 명상이 되어준다. 헤드폰이며 스마트폰일랑 집에 놔두고, 내 발걸음과 호흡에 마음을 집중하자. 차분하고 느긋한 페이스를 정해놓고 리드미컬한 움직임이 내 생각을 조용히 가라앉히도록 만들자.

걷기는 사람들과 나를 연결해준다. 이웃 사람과의 가벼운 담소^{談笑}이건 낯선 사람을 향한 가벼운 미소이건, 사회적인 상호교감은 나의 영혼을 들어 올려준다. 그것은 나와 이웃 사이, 나와 공동체 사이의 유대관계를 튼튼하게 하며, 이 너른 세상에서 나는 혼자가 아님을 상기시켜준다.

걷기는 나를 대자연과 이어준다. 녹지 공간 속을 천천히 걸으면 스트레스와 불안이나 우울증이 줄어든다는 사실을 보여주는 연구 결과도 있다. 나무와 풀과 꽃과 물 사이를 누비며 보내는 시간은 내 몸과 두뇌를 회복하는 효과가 있다. 어쩌면 그런 시간은 내가 아직 지불하지 못한 비용이나 넘치는 메일함 따위를 걱정하기 이전의 상태, 좀 더 태고^{太古}의 상태, 좀 더 이상향^{理想鄕}의 상태를 상기시키는지도 모르겠다.

걷기는 내 몸을 '가볍게' 만든다. 걷기는 칼로리를 태우는 운동이다.

더 많이 걸으면 걸을수록 내가 끌어안고 다니는 무게도 그만큼 줄어든다는 얘기다. 그렇게 되면 나는 좀 더 건강하고, 더 행복하고 더 원기 왕성해질 것이다.

걷기는 내가 이고 있는 짐의 무게를 덜어준다. 밖으로 나가 걸으려면 무거운 걸 들고 다닐 수 없지 않겠는가. 그러므로 세속의 소유라든지 걱정 근심으로부터 자유롭게 내 안에 깃들어 있는 '세상을 소요逍遙하는 스님'을 불러내자. 그 자유를 만끽하고, 더 많은 자유를 내 삶으로 불러들일 방법을 궁리하자.

딱히 목적지를 정하지 말고 걷자. 그리고 그 여정을 즐기자. 한 걸음 내디딜 때마다 걱정과 근심과 부담과 두려움을 하나씩 벗어던진다고 상상해보자. 단 몇 분만이라도 이런저런 물건을 가득 찬 내 집도 잊어버리고, 이런저런 약속으로 꽉 찬 내 스케줄도 잊어버리고, 세계와 하나가 된 나 자신을 상상해보자. 내 발을 통해 몸 구석구석으로 올라오는 대지, 내 육신을 꿰뚫고 흘러가는 공기, 내 살갗에 스며들어 온통 적시는 햇빛(혹은 빗물) 등을 말이다. 그런 것을 체험한 후에 집에 돌아오면 어찌 더 '가벼워지지' 않겠는가!

   * 하루도 빼먹지 말고 걷자. 비가 오든 햇빛이 따갑든, 그냥 동네 한 바퀴라도 좋으니 매일 걷자. 몇 걸음을 뗐는지, 몇 킬로나 걸었는지, 그런 건 신경 쓸 필요도 없다. 누구랑 경쟁하는 게 아니라, 스스로 사색에 잠기는 운동이니까.

✳ 걸을 땐 '지금, 이 순간'에 온통 집중하자. 생각에만 푹 빠지지 말고 주변 환경을 들이마시자. 지금 내가 보는 것, 듣는 것, 냄새 맡는 것, 느끼는 것을 완전히 자각自覺하자. 나무, 꽃, 마주치는 사람 등의 아름다움을 마음껏 누리자.

✳ 볼일이 있을 땐, 가능하다면 걸어서 해치우자. 쇼핑하러 가더라도 산 물건을 들고 걸어서 집으로 돌아가야 한다면, 넋을 빼고 쇼핑하진 않을 것 아닌가. 혹 이사를 하게 되더라도, 집을 찾을 땐 주위를 걸어 다닐 수 있는가를 반드시 고려하자.

양자물리학

질량은 고전적인 뉴턴의 물리학에서 아주 근본적인 속성이다. 행성들의 움직임이나 언덕을 굴러 내려가는 바위 같은 것을 다루는 속성 말이다. 우리가 주변에서 늘 보게 되는 일반적인 물체들의 행동 양식을 묘사하거나 예측하는 것은 무게 및 중력에 기반을 둔 과학이다.

그럼에도 불구하고, 우리 눈에 보이는 것을 넘어서서 바라본다면, '고형固形의 구성 요소'라는 뉴턴의 개념은 원자보다도 더 작은 하위 입자라는 미세한 세계로 잘게 나누어진다. 혹은 그 반대로 우주라는 장대壯大한 스케일로 들어가게 된다. 바로 이 지점에서 양자물리학이라는 것이 작동하기 시작하며, 그것은 물체에 대하여 훨씬 더 영묘靈妙한(딴 세상 같은) 그림을 보여준다.

궁극적으로 우리 인간을 (그리고 다른 모든 존재를) 만드는 구성 요소는 단단한 고체 부스러기가 아니라, 요동치는 양자의 필드(장場)이다. 그러니까 존재를 넘나들면서 반짝이는 입자들의 덧없는 춤이란 말이다. 이거야말로 대단한 '현실의 확인' 아닌가.

그뿐인가, 오늘날 물리학의 표준 모델은 '신의 입자God particle'라고도 불리는 힉스 입자Higgs boson의 존재에 기반을 두고 있다. 힉스 입자의 '양자장量子場 혹은 양자필드quantum field'는 다른 기본입자에 질량을 부여한다고 한다. 이 규정하기 어려운 입자는 2012년 대형 해드론 입자 충돌기 혹은 가속기Large Hadron Collider의 도움으로 추적할 수 있게 되었고, 세계의 과학계는 이를 쌍수로 환영하고 축하했다. 하지만 그럼에도 물리학자들을 정말로 깜짝 놀라게 했고 지금도 그들을 어리둥절하게 만드는 것이 뭔지 아는가? 그들이 발견한 힉스 입자는 자신들이 줄곧 예상했던 것처럼 무거운 입자가 아니라, 너무나도 가벼웠다는 사실이다.

앞으로 양자물리학이 현실의 진짜 속성에 관하여 무엇을 밝혀낼까? 정말 흥미진진하게 지켜볼 일이다. 그러나 우리의 넘쳐나는 무게(짐)를 훌훌 벗어던지면 어째서 그렇게도 기분이 좋아지는가에 대해서는, 아마도 양자물리학이 벌써 하나의 과학적인 근거를 제공하고 있을지 모른다. 왜냐고? 우리 존재의 에선스(정수精髓)를 곰곰이 들여다볼 때, 우리가 발견하는 것은 바로 '가벼움'이니까 말이다!

'자아(ego)' 버리기

우리가 걸머지고 돌아다니는 가장 무거운 짐 가운데 하나가 나 자신의 '에고^{ego}'다.

나의 에고는 내 '자아^{自我}'다. 자신을 이 세계 및 다른 사람들과 또렷이 구분하여, 통상 나 '자신'이라고 생각하는 존재다.

그러니까 나의 '에고'는 마치 -남편(아내), 어머니, 동생, 딸, 변호사, 사이클리스트, 어떤 인종이나 종교나 조직의 구성원, 하는 식으로- 나의 정체성을 구성하는 모든 것을 쏟아붓는 깔때기라고나 할까. 즉, 나 자신의 모습을 나와 온 세상에 그려 보여주는 방식이다.

각자의 에고는 누가 뭐래도 지극히 '나 자신'과 관련되어 있다. 그것은 불쾌하게 느끼거나("그 남자가 나에 관해서 뭐라고 말했다고?") 자긍심을 느끼거나("그 여잔 아무래도 나만큼 스타일이 나지 않거든"), 질투하거나("저 사람이 나보다 부자야"), 걱정하거나("나, 해고당하는 걸까?"), 불안하게 느끼는("나무도 날 좋아하지 않아") 나의 한 부분이다.

또 그것은 온종일 내 머릿속을 떠나지 않고 판단을 하거나("이건 좋아, 저건 싫어"), 우려를 표명하거나("내가 좀 더 훌륭하고, 좀 더 영리하고, 좀 더 예뻐야 할 텐데 어쩌지"), 대체로 나를 미치게 만들며 혼잣말을 그치지 않는 그 나지막한 목소리이다.

자, 그런데 문제는 무엇일까? 나의 에고는 나의 진짜 자아가 아니라는 사실! 그것은 여러 가지 마음의 앙금과 더불어 초래되는 한낱 심리적인 구조일 따름이며, 그것만 없으면 나는 훨씬 '가벼움'을 느낄 수 있다는 사실이다.

나의 에고는 전혀 영속적이지 않다. 내가 아내(남편)가 아니라 해도, 내가 엄마나 변호사나 어떤 종교집단의 신도가 아니라 해도, 나는 여전히 '나'란 말이다. 내가 좋아하고 싫어하는 바가 다르다 해도, 의견이나 소속정당이 다르다 해도, 나는 여전히 '나'이니까.

심지어 나의 육신조차도 (거울 속에 비치는 '나'조차도) 영속적이지 않다. 나의 세포와 조직은 끊임없이 재생再生과 대체代替를 경험한다. 대체로 지금 내 몸을 구성하는 분자와 미생물은 지난주, 지난달, 지난해의 그것과는 사뭇 다르다. 그뿐이랴, 나의 생존 자체가 (땅과 공기와 물과 태양처럼) 내 주변의 환경으로 이루어지고 그런 것에 의존할 수밖에 없다.

육체적으로나 심리적으로나, 나는 끊임없는 변화의 흐름 속에 있다. 나는 고정된 어떤 개체라기보다 오히려 하나의 체험이요, 나에게 호의적인 요소들이 합쳐진 무엇이다.

고로 '가벼워질' 수 있는 얼마나 멋들어진 기회인가! 나의 진짜 '자아'를 잃어버리지 않고서도 나의 에고라는 짐을 훌훌 벗어버릴 수 있다니 말이다! 아니, 사실은 나의 에고를 떠나보냄으로써 도리어 나의 진정한 자아를 찾을 수 있을 정도니까 말이다. 내 머릿속의 그 목소리를 일단 잠재우기만 하면, 놀라운 평화와 침착의 감각을 찾을 수 있다. 진정한 나의 자아는 누구한테 무언가를 증명해 보일 필요가 전혀 없다. 그건 그냥 내 참된 자아일 뿐이다.

내가 나의 참된 자아를 포용할 때, 나는 아름다운 일출의 광경에 황홀해한다. 내가 자연을 사랑하는 사람임을 증명하기 위해 굳이 그걸 소셜 미디어에 공유할 필요도 없다.

내가 나의 참된 자아를 포용하게 되면, 일자리를 잃거나 결혼생활이 끝장나거나 어떤 조직의 멤버십을 잃는다고 해서 내가 산산조각이 나는 일은 결코 없다. 왜냐하면, 내 자아의 가치를 그런 레이블(딱지)에 의존하지 않기 때문이다.

내가 나의 참된 자아를 포용할 때, 사사건건 기분 나쁘게 받아들이지 않게 될 것이다. '나와 온 세상의 대결'이라는 마음가짐을 버릴 것이다. 왜냐하면, 나는 주위의 모든 것과 절대 단절될 수 없음을 깨닫게 되기 때문이다.

나의 에고는 내가 고립된 섬이라고 생각하지만, 사실 우리는 모두 똑같은 의식의 큰 바다 위에 출렁대는 물결에 지나지 않는다. 내가 나의 에고와 결별할 때, 나는 우주와 다시 연결되는 것이다.

그러므로 나의 에고와 그것을 기반으로 하여 쌓아 올린 모든 것을 마음 놓고 떠나보내자. 자아에 대한 내 감각을 규정하고 투사하고 보호함에 따라 묻어오는 그 모든 짐을 미련 없이 내려놓자. 그런 짐들은 나를 짓누르는 것 외에는 아무런 목적에도 부합하지 못하니까.

나의 에고는 애벌레와도 같아서, 안전하지만 크고 무거운 번데기 속에 스스로를 가두어버린다. 내가 나의 참된 자아를 포용할 때, 지상에 묶여 있는 그 껍데기를 벗어버리고 나비처럼 '가볍게' 그리고 자유롭게 훨훨 날아오르게 될 것이다.

* 부지런히 오늘의 일과를 수행하는 중에도 내 머릿속을 휘젓는 그 재잘거림을 의식하자. 마치 친구를 부르듯 그 녀석을 불러보자. "안녕, 나의 에고, 너 오늘 아주 말이 많구나." 좀 조용히 해줄 수 없겠냐고 물어봐도 괜찮을 것이다.

* 나의 외모나 직위나 사회적 신분 따위에 대한 걱정 근심으로 짓눌려 있다면, 나는 그런 것들을 훨씬 넘어선 그 이상이라는 사실을 스스로 상기하자. 지금 당장은 이 땅을 밟고 있지만, 나는 경이롭고도 '가벼운' 천상의 존재이니까.

* 외롭거나 고립되어 있다고 느낄 땐, 내가 이 지구상의 모든 사람 및 우주의 모든 것과 하나라는 사실을 기억하자. 친구든 이방인이든, 온라인이든 오프라인이든, 누군가에게 손을 내밀어 끈을 잇도록 하자. 내 속성 자체로 인해 나는 절대 외로울 수 없다는 사실에 위안을 얻자.

물 흐르듯

삶이 고요하고 잔잔한 호수라면, 우리는 손쉽게 그 물길을 찾을 수 있을 것이다. 하지만 삶은 흘러가는 강을 더 닮았기에, 끊임없이 움직이고 항상 변한다. 흐르는 물결을 거슬러 서 있으려고 안간힘을 쓴다고 상상해 보라. 거기서 잠깐은 버틸지 몰라도 결국은 녹초가 되어 속수무책으로 물길에 끌려갈 수밖에 (더 운이 나쁘면 물 밑으로 가라앉을 수밖에) 없을 것이다.

살아가면서 변화가 달갑지 않을 때도, 똑같은 압박을 느끼게 마련이다. 우리가 어떤 생각에 매달리든, 어떤 인간관계에 집착하든, 어떤 상황에 목을 매든, 그런 것을 고치려고 노력하다 보면 결국은 좌절하고 지쳐버리고 만다. 그러다 마침내 거기 순응하지 않을 수 없을 땐, 한층 더 힘들어진다.

'가볍게' 살 때, 우리는 어떤 것도 영속적이지 않다는 진리를 깨닫는다. 변화의 물결은 우리가 어찌해볼 수 없는 것이므로, 그 흐름을 가로막을 게 아니라 그 흐름을 타고 가야 한다. 그렇게 할 때, 우리는 새로운 상황에 마지못해 끌려가는 게 아니라 자연스럽고도 우아하게 적응할 기회를 가질 수 있다. '물 흐르듯 자연스러운' 것은 약하거나 수동적이라는 뜻이 아니다. 그것은 변화가 자연의 순리이며 불가피함을 이해한다는 의미이고, 변화를 거부하는 게 아니라 받아들인다는 의미다.

사람들은 변한다. 내 마음이 물 흐르듯 자연스러울 땐, 아이들이 계속 아이로 남기를 바라는 게 아니라 무럭무럭 자라나는 모습을 보며 흐뭇해한다. 남편(아내)의 새로운 관심과 생각이 나와 다르다 하더라도 흔쾌히 받아들인다. 나의 우정이 과거에 머물러 있지 않고 시간과 함께 진화하도록 놔둔다.

장소도 변한다. 내 마음이 물 흐르듯 자연스러울 땐, 내가 사는 도시나 마을이나 거리가 어릴 때랑 (혹은 처음 이사 왔을 때랑) 같지 않아도 그대로 받아들인다. 새로 알게 되는 사람들과 아이디어를 기꺼이 나의 공동체 안으로 들여놓을 수 있다. 이걸 반대로 표현하자면, 이런저런 기회가 생길 때 한 장소에 연연하지 않고 거리낌 없이 삶을 최대한 즐길 수 있는 곳으로 옮겨간다.

계획도 변한다. 내 마음이 물 흐르듯 자연스러울 땐, 내가 사는 하루하루, 내가 맺는 인간관계, 나의 경력 등이 나의 기대와는 달리 펼쳐나갈 수도 있음을 인식한다. (비행기를 놓쳐버리거나 직장에서 해고당하는 등) 삶이 나의 계획들을 좌초시킬 때, 절망하지 않고 상황에 순응하며 결국은 만사가 잘 풀리게 되리라 믿는다.

주위 상황은 늘 변한다. 내 마음이 물 흐르듯 자연스러울 땐, 무슨 일이 생겨도 스스로 상기한다. "이 또한 지나가리라." 나쁜 상황도 영원히 계속되진 않으리란 것을 잘 알며, 지금의 어려움에 얽매이는 게 아니라 밝은 미래를 기대한다. 뒤집어서 말하자면, 나는 지금 내게 주어진 축복에 감사하며 어떤 것도 당연하게 받아들이진 않는다.

나 역시 변한다. 내 마음이 물 흐르듯 자연스러울 땐, 얼굴이나 눈가에 주름살이 생겼다고 해서 혹은 생전 처음 흰머리가 났다고 해서 고민하지 않는다. 시간을 되돌리려고 안간힘을 쓰지 않고 우아하게 늙어간다. 고정관념에 사로잡혀 있기보다 마음을 활짝 열어둔다. 예전의 나에 집착하는 대신 지금 변해가고 있는 나 자신을 두 손 들어 환영한다.

내 마음이 물 흐르듯 자연스러울 땐, 사람들과 재산과 아이디어가 내 삶에 찰싹 들러붙어 있게 놔두지 않고, 마음껏 내 삶을 드나들게 한다. 활짝 팔을 벌린 채 인생의 각 단계를 거쳐 가고, 환영하거나 작별함에 전혀 거리낌이 없다. 나의 견해에 있어 딱딱하게 굳어 있지 않고 살아가는 방식에 있어 고정되지 않으며, 호기심과 유머 감각을 잃지 않은 채 유연하게 변화를 맞아들인다.

나는 우주가 아름답게 자기 뜻대로 펼쳐질 것임을 알고 있기에, 긴장을 완전히 풀고 그 우주 안에서 내가 맡은 역할을 즐기는 편이 훨씬 더 낫지 않겠는가. 그렇게 할 때, 나는 어깨를 짓누르는 무게에 가라앉지 않고 생명의 강을 따라 '가볍게' 그리고 조용하게 떠다닐 수 있을 것이다.

* 나는 삶의 어떤 영역에서 변화에 저항하고 있는가? 나의 몸, 내 가족, 나의 일터에서? 내가 만약 그 변화와 싸우지 않고 그 변화를 따라 흘러간다면, 어떤 일이 생길까?

＊ 확고부동 신봉하는 믿음이 있다 하더라도, 그 대안이 될 수 있는 관점을 읽어보거나 경청하자. 나와 다른 관점에 귀를 기울인다면, 다른 사람들을 대할 때 훨씬 더 유연해질 수 있고 이해심이 넓어질 수 있다.

＊ 만사를 최대한 세밀하게 미리 계획해야겠다고 느끼는가? 주말 계획, 휴가 계획, 장기적인 비즈니스 계획 등 어떤 것이 되었건, 모든 걸 꼼꼼하게 계획하려 들지 말고 하루하루를 성실하게 맞이하도록 노력하자. 앞으로 전개될 일이 나에게 놀라움과 즐거움을 선사할지도 모른다.

인간 속성의
극치極致는
바로
부드러움이요
가벼움이다.

매튜 아널드

우리 딸이 다니는 유치원에서는 목록에 올려놓은 몇 가지 임무 가운데 하나를 매일 선정해 아이들에게 그 일을 시킨다. 출입문 잡아주기, 물고기 밥 주기, 정원 가꾸기 같은 일이다. 그중에서 내가 제일 좋아하는 것이 '친절한 친구 소개하기'다. 그러니까 다른 아이의 친절한 행동을 알아내서 반 친구들과 그걸 공유하는 것이다. 참 깜찍하고 영리하지 않은가? 내 소셜 미디어에 올라오는 뉴스 피드에도 그런 글이 있으면 얼마나 좋을까.

친절함은 영혼의 '가벼움'을 이룩하기 위한 최고로 간결하면서도 가장 효과적인 방법이다. 다른 사람들을 위해 친절을 베풀면 나 자신이 더 행복해진다는 사실을 보여준 연구가 적지 않았다. 그렇다, 그처럼 쉽다. 게다가 무슨 엄청난 제스처라든지 거액의 기부가 있어야만 친절한 것도 아니다. 그저 다른 사람에게 착한 행동, 배려의 한 마디, 사려 깊은 행위를 베풀기만 해도 나의 영혼은 높이 날아오를 수 있다.

최선의 결과를 얻고자 하면, 언제 어디서나 누구에게나 친절하게 행동하자. 나 자신 기분이 좋을 땐, 친절하기도 물론 쉽다. 또 내가 좋아하는 사람에게는 호의를 베푸는 것도 전혀 문제 되지 않는다. 내가 피곤하거나 풀 죽어 있거나 불만으로 가득할 땐, 좀 더 큰 노력을 기울여야 한다. 내 앞에 앉아 있는 사람이 '혈압을 높이는 인간'일 때도 마찬가지다. 그러나 바로 그런 상황이야말로, 소소한 친절이 가장 큰 변화를 가져오는 때이다.

아이가 화를 내고 떼를 쓰거나, 침대에 오줌을 싸거나, 새벽 세 시에 엄마 아빠를 깨우는 일이 있어도, 친절하게 대응해야 한다.

온종일 직장에서 시달리다 들어왔는데 아내(남편)가 앙칼지게 쏘아붙이더라도, 친절하게 대응하자.

퉁명스러운 이웃 사람이 찾아와서 불평을 늘어놓더라도, 친절하게 대해주자.

고된 업무에 기진맥진한 종업원이 커피를 쏟거나 주문한 것과 다른 음식을 가져오더라도, 친절하게 대해주자.

소셜 미디어에서 누군가가 나에 관해 고약한 글을 올리더라도, 친절하게 반응하자.

이러한 상황에서 내가 발끈하거나 폭언을 퍼붓거나 보복한다면, 나의 하루는 (아니, 그보다 더 많은 것이) 완전히 망가질 수 있다. 그뿐만 아니라, 이런 상황은 더 많은 부담, 더 오래 가는 부담을 만들어 내가 짊어지고 갈 수밖에 없게 된다. 고혈압이라든지 부정적인 감정 혹은 인간관계에서의 어려움 등이 바로 그런 것 아닌가? 그 반면, 친절은 사람과 사람 사이의 만남을 즉시 '가볍게' 해주어, 양쪽 모두가 어려움과 스트레스에서 자유롭게 된다.

물론 친절하게 행동할 '기회'를 일부러 기다려야 하는 것은 아니다. 내가 모르는 사람들에게 '무작위로' (가리지 말고) 친절해지는 것을 고려해보자. 그렇게 하면 나의 하루와 그 사람의 하루가 더불어 환히 밝아질 것이다. 몇 가지 아이디어를 들어볼까. 거리에서 만난 사람들에게 그냥 칭찬하기, 공공장소에 따뜻한 말이 담긴 쪽지 남기기, 도서관 책 속에다 천 원짜리 지폐 넣어두기, 줄 서서 기다리는 옆 사람에게 커피 사주기, 다른 사람의 블로그에 친절한 댓글 남기기, 양로원에 꽃 사 들고 가기. 어떤가?

개인의 수준을 뛰어넘어 '친절 연습'을 확대해도 좋다. 가령 소비자로서의 나의 선택도 친절이 특징짓도록 하면 어떨까? 그렇다면 노동을 착취해서 만드는 브랜드의 옷이나, 동물을 학대하여 만드는 화장품, 또는 지구를 오염시키는 상품들은 사지 말아야 할 것이다. 그러면 위와 같은 관행에 의해 영향을 받는 사람, 동물, 환경에까지 나의 친절이 퍼져나갈 것이며 전 세계적인 스케일로 부담이 줄어들 것이다.

그리고, 무엇보다 간곡히 부탁하노니, 나 자신에게 친절하자! 매일 아침 거울을 들여다볼 때, 따뜻한 미소와 격려의 한마디를 자신에게 선사하자. 일부러 시간을 내서 나 자신을 '케어'하자. 꼭 필요한 휴식과 운동과 영양분이 빠지지 않도록 반드시 챙기자. 내가 사태를 형편없이 망쳐버렸더라도 친절하게 대해주자. 나 자신을 용서해주고 다음번엔 더 잘하리라고 마음먹자. 스스로를 향한 약간의 사랑이 내 영혼을 얼마나 훨훨 날아오르게 만드는지 모른다!

그뿐이랴, 친절에는 기적과 같은 파급효과까지 있다. 친절이 주는 '행복감feel-good'이란 요소가 너무나 강렬해서, 친절을 베푸는 이는 더 많은 걸 베풀려는 경향이 있고 친절을 받는 사람은 그 친절을 나누고 싶은 마음이 생기는 법이다. 그리하여 친절한 행동 하나가 기하급수적 결과를 가져와,

기쁨과 호의와 '가벼움'을 멀리 널리 퍼뜨릴 수 있는 것이다.

* 하루도 빠짐없이 적어도 한 가지 친절한 행동을 하자. 모르는 사람에게 미소를 던지거나 다른 운전자에게 길을 양보하는 식의 간단한 것이어도 좋다. 그런 친절을 베풀면 기분이 어떤가?

* 나랑 별로 사이가 좋지 않은 사람이 있는가? 그런 사람을 대할 때 진심에서 우러나오는 친절을 보이자. 그의 반응이 어떻든, 그게 무슨 상관이랴.

* 다른 사람이 베푸는 친절을 눈여겨보고 내가 '친절 보도자'가 되어보자. 가슴 따뜻해지는 선행 스토리를 남편(아내)이나 아이들과 나누고 온라인에서도 공유하자.

'가볍게' 사는 것은 정신을 가다듬고 사는 것이다. 달리 표현하자면, 지금 내가 존재하는 이 순간에 완전히 정신을 모으는 것이다. 과거에 연연하지 않고 미래를 걱정하지 않는다면, 내 어깨를 짓누르는 무게는 훨씬 많이 덜어지지 않겠는가?

어떻게 해야 그처럼 '마음을 경건하게 챙긴^{mindful}' 상태에 이를 수 있을까? 명상이 좋은 방법이다. 명상을 통해 나의 주의를 '여기'와 '지금'에 집중할 수 있기 때문이다.

마음을 텅 비워내야 한다든지 황홀한 영혼의 무아지경^{無我之境}에 도달해야 한다는 생각에 주눅이 들 필요는 없다. 오랜 시간 연습을 하고 나면 그런 일도 분명히 생기긴 하겠지만, 우선은 하루에 몇 분 정도만 시간을 내 조용히 앉아 있는 것으로 시작하면 된다. 나의 명상이 아무런 방해도 받지 않을 시간과 장소를 택하자. 그런 다음 (의자도 괜찮고 바닥이라도 좋겠지만 아무튼) 그냥 편안한 자세로 꼿꼿이 앉아서 눈을 감고 긴장을 푼다. 그렇게 앉아서는 호흡하는 느낌에 정신을 집중하자. 들숨과 날숨이 반복되는 그 느낌에. 요란하고 야단스러울 것도 없으며, 복잡할 것도 전혀 없다. 그냥 자연스럽게 숨을 쉬면 된다.

이런저런 생각이 불쑥 솟아오르면 (거의 틀림없이 그렇게 될 것이다)

군이 그 생각을 밀어내려 하지 말자. 판단도 하지 말고 집착도 하지 않는 가운데 그저 그런 생각을 인지한 다음, 구름이 슬그머니 흘러가듯이 둥둥 떠서 사라지도록 놔두자. 그리고는 다시 호흡에 마음을 모으고, 다른 생각이 떠오를 때는 똑같이 대처하면 된다.

그럴 마음이 있다면 누군가의 지도에 따라 명상을 시도해도 좋겠다. 특히 생전 처음 명상을 해보는 경우, 훈련을 받은 명상 전문가가 인도해서 깨달음에 이르는 길을 한 걸음씩 나아가는 것도 도움이 된다. 이렇게 하면서 스스로 사용할 수 있는 명상의 기술과 요령을 터득할 테니까.

명상에는 절대로 어떤 목적이 없다는 점을 명심하자. 이 점이 아주 중요하다. 그 어떤 것도 성취하거나 완수하려고 안달할 필요가 없다는 얘기다. **그저 '이 순간'**에 존재해 있기만 하면 된다. 그게 다다.

명상이란 마음을 빼앗기지 않고 조용히 앉아 있는 것이므로, '마음을 정갈하게 챙기는' 연습으로는 최고의 방법이다. 주의를 흩뜨리는 아이들이나 직장동료나 전화기 소리나 기타 별의별 일들이 주위에 없을 때, 내면의 고요한 상태에 도달하기가 훨씬 더 쉬운 법이다.

그렇게 말해놓고 보니, 사실 우리가 살아가는 시간의 99%는 아이들이며 동료들이며 전화 소리며 온갖 방해꾼들로 둘러싸인 채 지나간다. 그렇다면, 기껏해야 1%밖에 안 되는 시간을 '가볍게' 만들어준다고 한들, 도대체 명상이 뭐 그리 좋단 말인가?

하지만 그게 아니다. 믿거나 말거나, 아주 짤막한 시간이나마 '마음을 정갈하게 챙긴' 상태를 경험하게 되면, 거기서 얻는 혜택은 어마어마하다.

명상의 좋은 혜택은 몸과 마음에 두루 미친다. 혈압이 내려가고 심장 박동이 느려지며, 스트레스와 불안이 줄어든다. 그리고 그 효과는 실제 앉아서 명상하는 시간을 초월하여 넘어선다. 내가 마음을 '챙기기' 위해 두뇌를 단련시키는 데 명상이 도움을 주어, **어떤 상황에서도** (가령 요리를 하거나 열차를 타고 어딜 가거나 회의에 참석하거나 그 밖의 일상 활동을 하면서도) 그런 상태를 한층 쉽게 이룩할 수 있다면 가장 이상적일 테다. 충분히 훈련한다면 명상에서 경험할 수 있는 그 황홀한 내면의 '가벼움'을 나의 일상생활 속으로도 가져올 수 있다.

불교에서는 명상을 깨달음에 이르는 수단인 동시에, 욕망과 고통이 사라지는 완벽한 지혜의 영적 상태로 받아들인다. 우리도 자신만의 '깨달음'이라는 포부를 지닐 수 있다. 내 마음으로부터 모든 짐을 벗어버린다면 적어도 어느 시간 동안은 완벽한 '가벼움'을 느껴볼 수 있을 것이다.

* '제대로 할 수 있을까' 하는 걱정일랑 하지 말고 명상을 시도하자. 몇 분 동안만 그냥 의자에 가만히 앉아서 지금 내가 존재하는 이 순간에 집중하자. 그 정도는 그리 어렵지 않다. 안 그런가?

* 명상을 매일의 습관으로 만들어버리자. 양치질처럼. 처음엔 하루 5분으로 시작해서. 마음 내키는 대로 천천히 시간을 늘리면 된다.

* 무슨 활동을 하는 도중에 '마음을 정갈하게 챙기는' 연습을 하자. 사무

실에서, 전철 안에서, 커피숍에서 줄 서서 기다리는 중에, 고요히 마음을 모아보자. 내 주위에 어떤 혼란이 벌어지고 있든 상관없다. 이렇게 상상하면 된다. 지금 나는 고요한 오아시스에 와 있다고.

마우리하면서
가볍게 한마디

'가볍게'라는 구호를 뒷받침하는 아이디어는 아주 간단하다. 그것은 당신이 좀 더 쉽게, 좀 더 우아하게 삶의 모든 단계를 거쳐 나아가도록 도와주는 하나의 철학이다.

철학, 특히 앞뒤로 따옴표를 붙여 강조한 '철학'이 내가 살아가는 데 무슨 상관이람! 당신은 그렇게 생각할지도 모르겠다. 이메일에 회신도 해줘야겠고, 싱크에는 아직 씻지 못한 접시가 가득하고, 학교 가서 아이도 데려와야 하는 판국에, 삶의 의미를 곰곰 생각한다는 거야 우선순위로 치면 저 밑바닥에 있는 거 아닌가, 하고 말이다.

그렇지만 인생 철학을 갖는다는 것은 바람직한 노릇이다. 앞뒤에 따옴표가 없는 보통 철학 말이다. 사태가 혼란스럽거나 복잡하거나 아주 허리가 휘도록 무거워질 때, 길을 안내해줄 원칙이 있으면 얼마나 멋들어지게 시원하겠는가! 그런 원칙은 울퉁불퉁한 길을 무난히 지나갈 수 있도록 도와줄 뿐 아니라, 나의 존재 자체에 어떤 일체성一體性과 조화를 부여하기도 한다.

아주 간단하게 말하자면, 철학이란 '잘 사는 기술'이다. 세네카가 말했던 것처럼, "철학은 우리 삶을 정해주고, 우리 행동을 이끌며, 무엇을 해야 하고 무엇을 안 한 채로 남겨두어야 하는지를 보여준다. 매시간 일어나는 헤아릴 수 없이 많은 일이 충고를 필요로 하는데, 그런 충고는 바로 철학에서 찾을 수 있는 것이다."

바로 그런 이유에서 나는 이 책 〈가볍게 살고 있습니다〉를 썼다. 그러니까, 여러분들이 굳이 플라톤을 읽거나 실존주의를 이해해야만 좀 더 의도가 명확한 삶, 좀 더 의미 있는 삶을 살 수 있는 것은 아니기 때문이다. '가볍게'는 여러분이 조금씩, 조금씩, 쉽게 친숙해질 수 있는 실용적인 철학이다. 그것은 여러분이 매일같이 바람직한 선택을 할 수 있도록 도와준다. 하지만 정말 그것이 훌륭하고 멋진 까닭은 이거다. 시간이 지나면 여러분들은 그 모든 바람직한 선택 덕분에 훨씬 더 깨어 있고 계몽된 상태에 도달할 수 있다는 사실. 달리 표현하자면, 갖고 있던 신발이 너무 많아 그걸 좀 줄이려고 시작했던 일이 궁극적으로는 여러분의 영혼을 드높여준다는 사실이다.

"가볍게!"라는 모토는 한평생을 위한 철학이다. 그것은 한 달짜리 프로그램도 아니고, 한때 유행하는 자기계발 붐도 아니다. 이 철학은 장기간에 걸쳐, 좋은 시절이든 험난한 시절이든 내 인생의 사계절 모두를 위한 것이다. 그것은 어떤 연령에도 의지할 수 있으며, 몇 번이고 다시 써먹을 수 있는 인생 매뉴얼이다.

이제 막 부모의 슬하를 떠나 독립한 사람에게는, 이 철학이 스스로 앞길을 헤쳐나갈 수 있는 용기를 주면 좋겠다. 그렇게 되면 여러분들은 다람쥐 쳇바퀴 돌리듯 일하고 돈 쓰는 패턴에 사로잡히거나 물질적인 성공만 추구하는 대신, 가진 물건은 적어도 의미는 더 많은 삶을 시작할 수 있을 것이다.

일터에서건 가정에서건 한창때를 구가하고 있는 사람에겐, '가볍게'라는 철학 덕분에 그의 나날이 좀 더 순조롭고 평온하게 흘러가기를 바란다. 여러분이 당면한 문제가 어수선한 주방이든, 까다로운 직장동료이든, 아니면 중년의 위기이든, 지금 읽고 있는 이 책 내용의 도움을 얻어 그 어려움을 뚫고 새로운 항로를 개척하기 바란다. 혹시 살아가는 게 왠지 불만스럽게 보일지라도, 재산이 아니라 '인생의 목적'에다 다시금 내 삶의 중심을 잡도록 이 책이 도와줄 수 있으리라.

혹시 아이들이 성장하여 떠나고 빈 둥지를 줄이고 있는 중인가? 그렇다면 신나게 그 과정을 받아들이기 바란다. 과거의 물건들에 집착하지 말고, 그런 것들을 훌훌 내다 버리고 새로운 '가벼움'의 느낌으로 남은 인생을 살아갈 이 황금의 기회를 축하할 일이다.

"가볍게!"는 물 흐르듯 융통성이 넉넉한 삶의 방식이다. 직접 삶의 모양을 정하고, 틀을 잡고, 그것을 '내 것'으로 만들자. '가볍게'는 일련의 규칙이 아니라, 일련의 도구다. 나 스스로 정한 우선순위에다 그 도구들을 맞추고, 필요에 따라서 사용하자. 이 책을 한 차례 읽고 나면, 당신이 쌓아온 어수선한 잡동사니를 좀 정리해야겠다고 마음먹을지 모르겠다. 그렇게 정리를 하다 보면 보존하고 싶지 않은 집안의 가보를 어떻게 처리할지, 도움이 필요할 수 있다. 몇 달이 지나면, 무슨 요청을 거절하거나 어떤 후회의 마음을 해소하고 싶어질 수도 있을 것이다. 일 년쯤 후에는 명상을 시도할 마음의 준비가 될 수도 있을 것이고. 이렇듯 삶은 놀라움과 도전으로 가득하고, 그런 일이 생길 때마다 '가볍게'라는 철학은 여러분 곁에 있을 것이다.

"가볍게!"라는 것은 미래를 위한 철학이다. 세상이 지금보다 조금이라도 더 커질 일은 전혀 없다. 하지만 더 붐비게는 될 것이다. 앞으로 몇십 년이 지나면 우리가 쓸 수 있는 자원은 더 희귀해질 것이고 더 불편해질 것이다. 인류가 살아남아 번성하려면 우리가 자연에 가하는 충격을 줄여야 할 것이다.

그것을 염두에 둔다면, '가볍게'라는 것은 우리 후손들과 공유해야 할 철학이다. 걸음마 배우는 아이이든, 십대 청소년이든, 대학 생활을 앞둔 청년이든 상관없다. 애당초부터 '가볍게' 살아가고, 이 세계와 조화를 이루어 걸어가며, 필요 없는 짐은 절대 지고 다니지 않는다면, 그 얼마나 멋진 일이겠는가. 그렇게 자신을 짓누르는 것이 하나도 없을 때 어떤 일을 해낼 수 있을지 상상해보라.

사실 이 '가볍게'라는 철학은 우리 딸에게서 영감을 얻은 것이다. 미니멀리즘을 신봉하는 엄마로서 나는 딸에게 어떤 간결하고도 모든 걸 아우르는 충고를 해줄 수 있을지, 늘 궁금해했다. 무언가 간결한 것, 무언가 강렬한 것, 무언가 오래 기억될 것, 딸이 앞으로 살아가면서 기댈 수 있는 지혜의 말씀. 그래서 나는 그 아이에게 말해주고 싶었다. "언제 어디서든 가볍게 살아가렴, 그럼 모든 일이 잘 풀릴 거야."

이 책을 쓰고 있는 중에도 나는 깨닫고 있었다. 그런 철학으로부터 혜택을 볼 수 있는 것이 어디 우리 딸아이뿐이겠는가!

"가볍게!"라는 것은 온 누리를 위한 철학이다. 그것은 성공이나 행복이나 다른 어떤 꿈을 위한 '비결'이 아니다. 그것은 만인의 행복을 위해 공유하고 확산해야 하는 철학이다. 사실 만약 내가 '가볍게' 살기를 실천하기 시작한다면, 주위 사람들도 곧 이를 알아차리기 시작할 것이다. 내가 왜 쇼핑도 덜 하고, 남 얘기도 덜 하고, 사회활동도 덜 하고 있는지 친구들과 가족과 직장 동료들은 묻게 될 것이다. 그런데 이 자그만 주문은 짧고 달콤하고 두루 나누기도 참 쉬우니, 너무도 다행스럽지 아니한가. 장황한 설명이라곤 하나도 필요하지 않으니 말이다. 어떤 경우이든 상관없이 궁금해하는 그들에게 간단히 답해주라. "지금 나는 좀 더 가볍게 소비하고, 좀 더 가볍게 먹고 말하고 일하며, 좀 더 가볍게 살아가는 중"이라고!

혹시 지원군이 필요하거나 이 생각을 널리 퍼뜨리고 싶다면, 뜻을 같이하는 사람들과 연결하기도 어렵지 않다. 그저 소셜 미디어에서 #Lightly라는 해쉬태그를 사용하기만 하면 된다.

상상해보라, 수백, 수천, 아니 수백만 명이 '가볍게' 살겠다고 결심한 세상을! 더 많은 사람들이 가진 물건을 줄여 가벼워진다면, 부채도 줄 것이고 '뱁새가 황새 따라가야 한다는' 압박감도 줄어들 것이다. 더 많은 사람들이 탄소발자국을 가볍게 한다면, 쓰레기와 오염이 줄어들어 지구는 한층 더 아름다울 것이다. 더 많은 사람들이 스트레스를 덜어낸다면, 우리는 좀 더 행복하고 건강하고 곤란함이 줄어든 사회를 이룩할 것이다. 더 많은 사람들이 '가벼운' 영혼을 가진다면, 우리는 인간이 모두 서로 이어져 있음을 깨닫고 공감과 협력의 세계로 함께 나아갈 것이다.

자그마한 한마디이지만 어마어마한 잠재력, 이 모든 것이 바로 당신에게서 시작된다. 당신이 '가볍게' 산다면, 자신을 위해서 훨씬 나은 삶을 실현할 뿐만 아니라, 당신은 더 나은 세계시민이 될 것이다.

무엇보다도 '가볍게'가 우리에게 주는 것은 관점이다. 내가 지고 가던 짐을 벗어 던질 때, 나는 위를 향해 둥실 떠오르게 된다. 마치 열기구를 탄 것처럼. 나는 일상생활의 온갖 드잡이를 초월하여 새로운 '눈'으로 사물을 볼 수 있게 될 것이다. 그렇듯 가벼워질수록 살아가는 일도 한층 덜 어렵게 느껴지는 법이다. 더 높아진 나의 새로운 관점에서 보면, 한때 큼직하게 보였던 문제들이며 나를 억눌렀던 걱정거리들도 더는 그리 대단하게 보이지 않는다.

하지만 내가 높이 날아오르는 데서 끝나지 않는다. 힘과 자유를 얻게도 된다. 박차고 일어나 나 스스로 길을 개척하게도 된다. '가볍게' 사는 것은 아무 목적도 없이 마냥 떠돌아다니는 것이 아니며, 바람에 이리저리 휘둘리는 것도 아니다. 그것은 나의 두 날개를 찾아 훨훨 날아오르기를 배우는 것이다.

가볍게 살라,
더할 나위 없이
가볍게.
무게는 떨쳐버리고
두 날개로
날아오르라.

프랜신 제이

고마운 분들에게 한마디

이 책을 읽어주신 독자들에게 먼저 감사! 내가 나의 빛을 따라 살 수 있게 도와주셨으니까. 여러분들의 든든한 지원은 이 세상 무엇과도 바꿀 수 없다.

내 손을 꼭 잡아주고 나를 응원해주고 어떤 일을 하든 출중한 나의 에이전트 마리아 리바스에게 고마움을 전한다.

원고를 편집해준 데버러 브로디는 내가 작가로 첫발을 내디딜 때부터 나를 믿어주었다. 이 책을 함께 만들게 된 것도 우리 운명이 아닐까. 참 고맙다.

아트 디렉터인 멀리써 로프티는 그녀의 창의적인 마법으로 나의 이 책을 너무나 아름답게 만들어주었고, 일러스트레이터 린 프랭크는 쪽마다 넘치는 달콤함과 환한 빛을 더해주었다. 두 사람에게도 감사!

지치는 기색도 없이 해외 판권 수출을 맡아준 휘트니 리, 탁월하다고 밖에 표현할 수 없는 편집장 리베커 스프링어, 그리고 올리비어 바츠를 위시한 HMH 출판사의 팀원 여러분들도 이 책을 위해 열정적으로 멋지게 일해주셔서 정말 고맙다.

물론 나의 부모님에게도 날 위해 해주신 모든 것에 감사해야 할 터. 행복한 삶을 영위하는 것에 관해서 너무나 많은 것을 그들에게 배웠으니까.

나를 아낌없이 사랑해주는 낭군님에게도 감사! 그이와 함께 헤쳐온 인생은 이루 말할 수 없는 기쁨이었다. 그리고 우리 딸, 엄마의 나날을 이토록 환하고 아름답게 만들어주어서 정말 고마워. 난 내가 너의 엄마라는 사실이 너무 좋아. 나는 남편과 이 딸을 나에게 주신 행운의 별들에게 매일같이 감사하고 있다. 이 두 사람이야말로 나의 힘이고, 나의 기쁨이며, 나의 영감이고, 나를 훨훨 날아오르게 하는 날개이므로.

가볍게 살고 있습니다

초판 1쇄 인쇄 2020년 7월 3일
초판 1쇄 발행 2020년 7월 10일

지 은 이 프랜신 제이
옮 긴 이 권기대
펴 낸 이 권기대
펴 낸 곳 베가북스
총괄이사 배혜진
편   집 신기철, 박석현, 임용섭
디 자 인 박숙희
마 케 팅 황명석, 연병선
경영지원 지현주

출판등록 2004년 9월 22일 제2015-000046호
주   소 (07269) 서울특별시 영등포구 양산로3길 9, 201호
주문 및 문의 (02)322-7241 팩스 (02)322-7242

ISBN 979-11-90242-49-3 03190

※ 책값은 뒤표지에 있습니다.
※ 좋은 책을 만드는 것은 바로 독자 여러분입니다.
   베가북스는 독자 의견에 항상 귀를 기울입니다.
   베가북스의 문은 항상 열려 있습니다.
   원고 투고 또는 문의사항은 vega7241@naver.com으로
   보내주시기 바랍니다.

홈페이지 www.vegabooks.co.kr
블로그 http://blog.naver.com/vegabooks
인스타그램 @vegabooks   페이스북 @VegaBooksCo   이메일 vegabooks@naver.com